HISTOIRE

DE

LA NORVILLE

ET DE

SA SEIGNEURIE

PAR L'ABBÉ A.-E. GENTY

CURÉ DE LA NORVILLE

PARIS

SOCIÉTÉ GÉNÉRALE DE LIBRAIRIE CATHOLIQUE

VICTOR PALMÉ, Directeur Général

76, rue des Saints-Pères, 76

BRUXELLES | GENÈVE
12, RUE DES PAROISSIENS | RUE CORRATERIE, 4

1885

HISTOIRE DE LA NORVILLE

ET DE SA SEIGNEURIE

HISTOIRE

DE

LA NORVILLE

ET DE

SA SEIGNEURIE

Par l'Abbé A.-E. GENTY

CURÉ DE LA NORVILLE

PARIS

SOCIÉTÉ GÉNÉRALE DE LIBRAIRIE CATHOLIQUE

VICTOR PALMÉ, Directeur Général

76, rue des Saints-Pères, 76

BRUXELLES	GENÈVE
12, RUE DES PAROISSIENS	RUE CORRATERIE, 4

1885

HISTOIRE DE LA NORVILLE

CHAPITRE PRÉLIMINAIRE

Après la conquète de la Gaule, les Romains,
pour faire manœuvrer plus facilement leurs
armées au milieu d'un peuple à demi dompté et
pour favoriser leur œuvre de colonisation, cons-
truisirent de grandes voies et relièrent entre elles
les principales villes de cette contrée. Orléans
et Lutèce formaient deux postes importants, l'un
sur la Seine, l'autre sur la Loire. Les mettre en
communication fut un des premiers soins des
légions victorieuses. Dans ce but, elles tracèrent
au milieu des immenses plaines voisines du pays
des Carnutes, puis à travers les régions plus
accidentées des environs de Lutèce, une de ces
routes indestructibles que les ingénieurs modernes
ont quelquefois redressées, mais presque toujours
suivies. Cette voie, après avoir quitté le pays
d'Étampes, entrait dans la région appelée au
IIIe siècle *territorium Castrinse* et venait abou-

tir, sur la rive gauche de la Seine, aux ponts
qui rattachaient l'île de la Cité à la terre ferme.

Tout auprès de cette grande voie, à huit lieues
au sud de Lutèce, au confluent de deux rivières
aujourd'hui nommées l'Orge et la Remarde, dans
un lieu où existait probablement une station
romaine, fut construit un village qui jouit plus
tard d'une certaine célébrité. Il existait au
IIIe siècle. Le prêtre Jonas ou Yon, disciple de
saint Denis, apôtre de Paris, l'évangélisait alors.
Ce village s'appelait Châtres, du mot latin *Castra*,
camp, ou des noms Watris Capum, Watris Cha-
fum, employés dans les anciennes langues du Nord
pour désigner un endroit baigné par des eaux.

Comme la plupart des autres lieux de la campagne, Châtres était composé de maisons éparses
de chaque côté de la voie romaine. Ces différents
groupes d'habitations formèrent plus tard quatre
villages : Châtres, Saint-Germain, La Bretonnière
et La Norville [1]. Cette formation dut avoir lieu
au moment où la ville fut entourée de remparts.
On ne voulut pas étendre ces défenses outre
mesure, ni surtout enfermer dans leur enceinte
la grande route qui reliait les provinces du Nord
au centre de la Gaule. Cette précaution, dictée

---

1. Lebœuf.

par là plus vulgaire prudence, avait pour but d'éloigner de la ville les attaques et les sièges qu'elle aurait dû nécessairement soutenir chaque fois qu'une armée ennemie ou un parti assez fort se serait dirigé d'Orléans sur Paris, ou de la Seine sur la Loire.

Laissées en dehors des remparts, ces différentes parties de Châtres prirent chacune un nom particulier. Si l'on en croit le savant historiographe du diocèse de Paris, le village de La Norville aurait tiré le sien d'une habitation possédée par un certain Leonorius ou Leonardus, peut-être même par un nommé Honorius, ou par une femme du nom d'Aanor. Ce qui donna lieu aux diverses suppositions de cet auteur fut la manière différente d'écrire au XIe, au XIIe et au XIIIe siècles le nom latin de La Norville. Dans les chartes de ce temps, ce village est tantôt appelé *Lanorvilla*, et tantôt *Norvilla*. La première orthographe favorisait l'étymologie : Leonorii ou Leonardi villa, par corruption Lonorvilla ou Lonarvilla, et plus tard Lanorvilla ; la seconde, l'étymologie Honorii ou Aanoris villa, mots qui se transformèrent en Onorvilla ou Anorvilla et Norvilla [1].

1. Leboeuf, *La Norville.*

Quoi qu'il en soit de ces différentes probabilités, il est certain qu'on n'entre dans l'histoire de La Norville qu'à la fin du XIe siècle. En l'année 1090, un seigneur de ce village, nommé Gui, parut en l'abbaye de Longpont comme témoin d'une donation faite à l'église de ce lieu par Gui de Linas au nom de sa sœur Hersende [1]. Ce Gui de La Norville dut faire partie de l'association des seigneurs qui, sous la conduite de Gui Troussel, seigneur de Montlhéry, et plus tard du comte de Mantes, tint si longtemps en échec dans Paris les rois Philippe Ier et Louis VII.

Gui Troussel, vers 1090, avait attiré dans son château une foule de factieux et de brigands de toute espèce. Depuis Corbeil jusqu'à Châteaufort, dans l'étendue d'une ligne courbe de quinze lieues, il avait formé une barrière flanquée de redoutes et châteaux. Les seigneurs du voisinage (et La Norville n'est qu'à une lieue à peine de Montlhéry) s'étaient joints à ce rebelle. La confédération de Montlhéry bloquait ainsi la capitale au sud, interceptait toutes les communications civiles, militaires et commerciales entre Orléans et Paris, enlevait sans façon les voyageurs avec leurs bagages, pillait et dévastait à l'aise toute la contrée

1. Voir pièces justificatives, n° 1.

privée de la protection du sceptre du roi et de la vengeance de sa justice. Elle répandait partout l'exemple du désordre et de l'anarchie et tenait le royaume sous le poids d'une terreur de grand chemin [1].

Philippe Ier lutta longtemps contre cette confédération. L'abbé Suger, contemporain des événements, nous a rapporté ses efforts presque tous sans résultat. Le roi ne put réduire les seigneurs par les armes. Il ne réussit à s'emparer de la formidable citadelle qui leur servait de repaire et à faire entrer dans sa maison la châtellenie de Montlhéry qu'en mariant l'un de ses fils, Philippe, comte de Mantes, avec Élisabeth, fille de Gui Troussel.

Après la mort de Philippe Ier, les seigneurs de l'Ile de France se révoltèrent de nouveau contre Louis, son fils et son successeur. Le comte de Mantes se mit à la tête de la rébellion. A son appel se rendirent aussitôt le comte de Rochefort et ses deux fils, Gui et Hugues de Crécy, Amaury de Montfort, les frères Garlande, Milon de Bray, frère cadet de Gui Troussel, et un grand nombre d'autres. Le nouveau roi mena plus vivement la guerre que Philippe Ier. Il s'efforça de rompre la

1. SUGER, *Chroniques.*

ligue en en détachant quelques partisans. Il put gagner Milon de Bray. Privés du concours de ce seigneur, les révoltés furent bientôt vaincus. Après la paix, Louis VII donna la châtellenie de Montlhéry à Milon. Celui-ci fut dès lors en butte à la haine des anciens confédérés et en particulier à celle de Hugues de Crécy, son cousin germain, qui, pendant les troubles, avait un instant convoité le château de Gui Troussel.

Hugues de Crécy dressa toutes sortes d'embûches à Milon. Il le prit et l'assassina en 1117. Le corps mutilé de Milon de Bray, suivant les désirs précédemment exprimés par ce seigneur, fut inhumé dans l'église de Longpont. Les cérémonies des funérailles furent célébrées avec une grande solennité. Le roi lui-même, accouru à la première nouvelle du crime, y assistait et avec lui l'évêque de Paris, le doyen du chapitre et un grand nombre d'illustres personnages. Quelques jours après ces obsèques, Renaud de Montlhéry, évêque de Troyes, frère de Milon, vint avec Manassé, vicomte de Sens, visiter dans l'église de Longpont le tombeau de son frère. Il versa, dit la chronique, d'abondantes larmes et fit chanter un service solennel pour le repos de l'âme du défunt. Beaucoup de seigneurs du voisinage assistaient à cette triste cérémonie ; de ce nombre était Aymon de La Norville, probablement fils de Gui du même nom [1].

Aymon de La Norville, qui vivait ainsi en l'année 1117, eut deux fils, Gui et Thomas [2]. La fille de l'un d'eux, nommée Comtesse, était en 1190 à la tête de la seigneurie. A cette date, elle eut un différend avec le prieur de Saint-Clément de Châtres, à propos des boucheries de cette ville grevées envers elle de certaines redevances. Elle composa avec le prieur de Saint-Clément, par-devant Maurice de Sully, évêque de Paris. Dans l'acte d'accord, on voit que la dame de La Norville possédait entre autres choses une hotisse tenue par Renaud de Chevreuse, les droits de censive, de garde et de pressurage sur des vignes appartenant au prieur de Longvilliers et à un nommé Gérard Luce.

Comtesse eut quatre fils : Robert, Gautier, Gui et Philippe, et une fille nommée Marguerite. Elle était nièce d'Adam de Saint-Yon [3]. Ses biens furent partagés entre ses cinq enfants. Les uns s'unirent à la famille des de Gravelles, d'autres se retirèrent dans la seigneurie de Repenty et peut-être dans celle des Granges ; Marguerite

1. Pièces justificatives, n° 2.
2. Id., n° 3.
3. Id., n° 4.

épousa Renaud du Plessis ; Gui, chevalier et homme lige du roi Philippe-Auguste, posséda le manoir connu plus tard sous le nom de fief des Carneaux et quelques terres à La Norville. Nous les retrouverons presque tous au XIIIe siècle avec leurs possessions et leurs suzerains.

A partir de cette époque, l'histoire de La Norville s'éclaire, les événements s'enchaînent. Ce village, situé à huit lieues au sud de Paris, sur les coteaux qui dominent au levant la vallée de l'Orge, entre Montlhéry, Étampes et Dourdan, à un demi-quart de lieue de Châtres, sur les bords de l'ancienne voie romaine, depuis nommée la grande route d'Orléans, qui passait alors dans les terres de la Maladrerie Saint-Blaise, au-dessous des Champs-Jolly et en dehors des remparts de Châtres, fut, par sa position même, témoin et souvent victime de la plupart des événements qui s'accomplirent entre Orléans et la capitale. La beauté de son site, la salubrité de son climat, la fertilité de ses terres le firent bientôt connaître. Au XIIIe siècle, le chapitre de l'église Notre-Dame de Paris y achetait la dîme du blé, les Chartreux de Vauvert des rentes seigneuriales, les religieuses de Villiers, près la Ferté-Aleps, y possédaient un manoir, des terres, des redevances et des droits féodaux. Au XIVe siècle, le collège du cardinal Le Moine y acquit des propriétés et des censives. Faire connaître l'histoire de la seigneurie et des seigneurs de La Norville, celle des fiefs libres et celle des fiefs servants, parler des propriétés et des droits possédés par différentes communautés, de l'église et du grand événement qui a mis fin à l'ancien ordre de chose, tel est simplement le but de cet ouvrage.

CHAPITRE PREMIER

Fiefs à La Norville au XIII° siècle. — Les seigneurs de
Ballainvilliers. — Les seigneurs de Gravelles. — Fiefs
dépendant du roi.

Il y avait à La Norville au commencement du
XIII° siècle un fief mouvant des seigneurs de
Ballainvilliers et un autre mouvant des seigneurs
de Gravelles. Les possesseurs de ces fiefs pre-
naient également le nom de « La Norville » de
manière qu'il est assez difficile de les distinguer
entre eux. Il est cependant possible de donner la
suite de ces seigneurs, ou du moins la suite des
personnes nobles qui, en second rang, possédaient
ces fiefs sous les premiers maîtres : les de Gravelles et les de Ballainvilliers.

En 1203, au mois d'avril, on trouve dans le
grand pastoral de l'église de Paris[1] un acte passé
devant l'évêque Odon de Sully, par lequel Renaud du Plessis et Marguerite, son épouse, en-
gageaient pour 20 livres parisis à la Chapellenie
de Sainte-Marie de Corbeil la dîme du blé qu'ils
avaient à La Norville, leurs hotisses et leurs
censives, avec l'autorisation de la dame de Ballainvilliers de qui toutes ces choses étaient mou-
vantes. Philippe de Saint-Vrain et Hugues, son

1. Pièces justificatives, n° 6.

fils, témoins de cet engagement, se portèrent garants de son exécution. Renaud, dont il est ici parlé, était probablement seigneur du Plessis-Saint-Père qui, à cette époque, formait un fief dépendant de Ballainvilliers [1].

Marguerite, son épouse, était fille d'un seigneur de La Norville. En effet, dans un acte du mois de décembre 1225, passé devant l'abbé de Saint-Victor, elle est appelée Marguerite de La Norville. Renaud du Plessis était mort à cette date, et Marguerite avait épousé en secondes noces Reginald de Garancières, chevalier. De son premier mariage, elle avait eu un fils, Henri, et deux filles, Liesse et Ysabelle. Ces deux filles se marièrent : la première, à Pierre de Valenton, écuyer; la seconde, à Philippe de Garancières, chevalier [2].

En 1234, les deux sœurs, avantagées déjà par leur mère, qui précédemment leur avait cédé du consentement de son époux et de son fils la dîme du blé de La Norville, partagèrent entre elles, par-devant Guillaume, évêque de Paris, l'héritage de défunt Renaud du Plessis, leur père. La terre de La Norville échut à Pierre de Valenton et à Liesse, le reste des biens à Philippe de Garancières, à Ysabelle, son épouse, et à Marguerite, leur mère [3].

Dix ans plus tard, la même Marguerite con-

<hr>

1. Lebœuf.
2. Pièces justificatives, nos 7, 8.
3. Id., no 8.

firma, devant l'official de Paris, une donation par contrat de mariage qu'elle avait faite à Pierre de Valenton et à Liesse de toute la censive qu'elle possédait à La Norville et aux environs sur les vignes, prés, terres, maisons et autres possessions, à titre d'héritage personnel, et cette confirmation fut signée de Philippe de Garancières, d'Ysabelle, sa femme, et de Jean, leur frère [1].

En dehors de ces possessions concédées à Liesse, Marguerite conserva d'autres droits à La Norville. Au mois de mars 1254, elle donna, à titre de pure et perpétuelle aumône, aux religieuses de Villiers, toute la dîme venant de ses propres qu'elle possédait à La Norville, près Châtres [2].

En 1245, on voit reparaître le nom des de Ballainvilliers. Pétronille de La Norville avait donné aux religieuses de Villiers une dîme à prendre sur le territoire de La Norville et lieux circonvoisins; Agnès de Sainville et Guillaume, son fils, avaient donné aux mêmes religieuses 60 arpents de terre, 20 sols parisis de menus cens, une pièce de vigne, un manoir entouré d'un verger relevant de la dîme de Pétronille. Ces donations furent approuvées et concédées en cette année par Guillaume de Ballainvilliers [3]; ce qui fait croire que cette Pétronille de La Norville était fille et héritière de Pierre de Valenton et de

---

1. Pièces justificatives. n° 9.
2. Id., n° 12.
3. Id., n° 10.

Liesse, puisqu'à ceux-ci étaient échus, en 1234, les biens et les dîmes de Renaud du Plessis à La Norville qui relevaient, en 1203, de la dame de Ballainvilliers.

Pétronille de La Norville eut deux filles : Odeline qui épousa Guillaume, chevalier, seigneur de Denonville, au diocèse de Chartres, et Marguerite qui épousa Jean de Tigery, également chevalier, habitant au diocèse de Paris. Ceux-ci, au mois de décembre 1250, donnèrent leur consentement à la donation faite par leur mère et par Agnès de Sainville, et se portèrent forts aussi du consentement des enfants de Guillaume de Ballainvilliers et de Guillard de Lers, époux de Jeanne, sœur du dit Guillaume, premiers maîtres du fief des choses concédées [1].

A partir de cette époque, on ne voit plus paraître les seigneurs de Ballainvilliers; mais, en 1257, on trouve le nom d'Odeline, veuve de Guillaume de Denonville, et celui de son fils Guillaume, écuyer [2]; plus tard, en 1282, les noms de Pernelle et Jeanne de Denonville, religieuses de Villiers, d'Ysabelle de Denonville, leur sœur, épouse de Renaud Frangeville, écuyer, et le nom de Pierre de Denonville, écuyer, leur cousin [3].

Renaud de Frangeville et son épouse Ysabelle firent avec Pierre de Denonville, le vendredi d'après l'octave de la Chandeleur, 1282, un par-

1. Pièces justificatives, no 11.
2. Id., no 13.
3. Id., nos 32, 35.

tage volontaire des terres et cens qu'ils possédaient par indivis à La Norville et aux environs,
principalement au moulin de Fourcon. Les terres,
les marcs du pressoir et les rouages échurent à
Pierre de Denonville; les cens de La Norville,
qui montaient à 13 livres 14 sols parisis par an,
tenus en fief du roi, échurent à Renaud de Frangeville. Celui-ci se retira dans sa terre de Frangeville, au pays rémois, après avoir vendu, avec
l'autorisation de Philippe le Hardi, roi de France,
son cens de La Norville aux religieux chartreux
de Vauvert, près Paris. Pierre de Denonville
demeura en possession de ses héritages [1].

Au mois de juillet 1309, le roi Philippe le Bel,
par une charte datée de Viviers en Brie et con-
tresignée Enguerrand, accédant aux demandes
de Guillaume de Denonville, chevalier, lui amortit
7 livres 12 sols 4 deniers parisis de cens qu'il
avait à La Norville, près Châtres, sous Montlhéry;
7 droitures, chaque droiture comprenant 1 septier
d'avoine, 1 minot de froment, 2 chapons et 2 deniers de rente annuelle, le champart de 24 arpents de terre et 1 arpent et demi de vigne,
l'autorisant à vendre, aliéner, donner ces possessions à toutes personnes religieuses, ecclésiastiques et séculières, à les conserver pour lui et
ses héritiers en l'exemptant de payer les impôts
qui pourraient être dus à la Couronne, pour les
cens amortis de sa seigneurie [2].

<hr>

1. Pièces justificatives. nos 33, 34.
2. Id., no 5.

A la même date, comparurent devant Pierre le Bon, enfant, prévôt de Montlhéry, les habitants de Châtres, de La Bretonnière, d'Égly, de Marolles; Thomas et Adam Bertaut; Denise, veuve de Pierre Guerre à pain; Hélouys, veuve de Adam Guerre à pain; Oudin Gervais, de Mondonville; Guillaume Poilevillain, écuyer; Perrot Mignot; Jehan Lambert; Thomas Lambert; Martin de Chériens, prêtre; Jacqueline La Bouvière et Guyot, son fils; Ansel Estramart; Jehan, Perrot, Philippe et Thévenot Chatri; Jehan du Buisson; Thomas de Courcouronné; Perrenelle de Villeneuve; Jehan et Thomas Bouvier, de La Norville, qui possédaient des vignes sur le territoire de Mondonville et de La Norville. Chaque année, les marcs de ces vignes devaient être portés au pressoir de Guillaume de Denonville, chevalier, seigneur de Fourcon, de Edeville et de La Norville. Celui-ci affranchit les vignes de cette servitude moyennant un cens annuel de 4 sols parisis par arpent, payables au jour de la saint Martin d'hiver. Dans cette audience, les habitants ci-dessus nommés jurèrent à Châtres sur les saints évangiles, en présence du prévôt, d'acquitter désormais les cens suivant cette convention [1].

A partir de cette époque, on ne voit plus paraître le nom des Denonville; mais, en 1320, on retrouve celui des de Tigery. Ceux-ci étaient sortis

---

1. Archives nationales, S. 6397, n° 21.

de la même souche que les Denonville. Ils avaient eu pour mère Pétronille de La Norville et avaient conservé des biens au lieu de leur origine. Longtemps une partie du territoire de La Norville fut appelée *La Tigerie*. De plus, ils avaient entretenu des relations avec leurs cousins les Denonville. Un nommé Aufran de Tigery était présent, en 1283, lorsque Guillaume Thibout, prévôt de Montlhéry, alla chercher à Frangeville, chez Renaud, seigneur de ce lieu et Ysabelle de Denonville, sa femme, leur consentement définitif à la vente du cens qu'ils avaient consentie aux Chartreux de Paris.

Le premier dimanche après Pâques de l'an 1320, Jean, prévôt d'Étréchy, écuyer, fit une vente aux religieuses de Villiers des droitures, dîmes, cens, corvées, leurs appartenances et dépendances, sises à La Norville, mouvant en fief du roi. Sur toutes ces choses, Isabeau de Tigery avait à percevoir certains droits sa vie durant à titre de douaire. Ces droits furent réservés dans l'acte de vente [1].

Plus tard, en 1366, Jean le Breton, seigneur de La Bretonnière, rendant, à cause de son hôtel de La Norville, un aveu au roi Charles V, énumérait, dans son dénombrement, cette maison de La Norville et un certain nombre d'arpents de terre en déclarant que toutes ces choses avaient été jadis à « feu Isabeau de Tigery. » La seigneurie de La Norville ayant été réunie à

____

1. Pièces justificatives, n° 15.

celle de La Bretonnière depuis Jean le Breton jusqu'en 1610, il est évident que l'ancien lieu et manoir seigneurial, par conséquent l'emplacement du château actuel, ont appartenu au commencement du XIVe et pendant le XIIIe siècles à la famille des de Tigery, à Pétronille de La Norville et à Renaud du Plessis, originairement sous la dépendance des seigneurs de Ballainvilliers.

Les seigneurs de Gravelles tiraient leur origine d'une ancienne maison d'Auvers Saint-Georges, aux environs d'Étampes. Dans ce village il y avait deux paroisses et deux seigneuries. L'une, celle de Gravelles, était composée de trois fiefs : la Tour d'Auvers, Thivouin et la Grange des Bois[1]. Un seigneur de cette maison nommé Hugues avait, au XIIe siècle, la jouissance de la seigneurie de Montlhéry, probablement comme engagiste. Ce fut sous lui, au témoignage des seigneurs inscrits au commencement du registre dressé par Philippe-Auguste portant dénombrement des fiefs dépendant de Montlhéry, que cette châtellenie perdit plusieurs villages tant du côté d'Étampes que du côté de Corbeil et de Paris[2]. Pour récompenser les services de Hugues de Gravelles, ou peut-être pour rentrer en possession du fameux château fort qui avait tenu si longtemps Paris en échec, les rois

1. Dom FLEUREAU, *Antiquités d'Étampes.*
2. LEBOEUF.

accordèrent à ce dernier des terres aux environs de Montlhéry et en particulier à La Norville. La suzeraineté de cette famille fut ainsi établie au XIII° siècle sur un certain nombre de propriétés dans cette localité.

En 1216, Gui de La Norville, chanoine d'Orléans, engagea devant Pierre, évêque de Paris, à l'église Saint-Vincent de Linas, toute sa dîme de La Norville, pour la somme de 400 livres parisis, du consentement de Robert de Gravelles, son neveu, de qui cette dîme était mouvante [1].

Plus tard, en 1231, à propos de la même dîme, sont mentionnés au grand pastoral de l'église de Paris les noms de Guillaume de Gravelles, chevalier, et d'Ansel du même nom, neveux de Gui le chanoine, qui se portaient caution pour leur oncle. Dans le même acte, Guillaume de Gravelles, écuyer, et Henri de La Norville, chevalier, étaient dénommés celui-là premier maître et celui-ci second maître du fief des dîmes aliénées alors au chapitre de Notre-Dame [2].

Le Guillaume de Gravelles, chevalier, neveu du chanoine, parut encore, au mois de mai 1246, pour terminer un différend survenu entre le chapitre de Paris et les maîtres de fief à propos de la dîme en question ; mais, dans cet acte, il est nommé seigneur d'Écharcon, ce qui laisse supposer qu'il n'habitait plus La Norville [3].

1. Pièces justificatives, n° 16.
2. Id., n° 17.
3. Id., n° 25.

L'autre Guillaume de Gravelles, écuyer, premier maître du fief des dîmes, avait trois frères : Jean, Robert et Réginald de Gravelles. D'un premier mariage avec Éremburge, il avait eu deux filles : Agnès, plus tard épouse de Thibaut de Tignonville, et Jeanne, qui épousa dans la suite Pierre, frère de Thibaut. D'un second mariage avec Jeanne, il eut une fille nommée Euphémie. En parlant de la dîme du chapitre de Notre-Dame, nous reviendrons sur ces seigneurs brouillons et querelleurs à l'excès qui furent excommuniés, en 1245, par le pape Innocent IV, alors au concile de Lyon [1].

En 1256, un Jean de Gravelles ou de La Norville possédait, dans cette paroisse, un fief qu'il avait hérité de son père [2]. En 1257, on trouve encore un René de La Norville.

A partir de cette époque, on ne fait plus mention dans les archives de la famille des de Gravelles. Les Tignonville se retirèrent dans leur seigneurie, aux environs d'Étampes, près de Méréville. Ils y demeurèrent jusqu'en 1630, époque à laquelle la terre de Tignonville passa dans la famille des Prunelé [3].

Les de Gravelles vendirent-ils leur fief au roi? S'allièrent-ils aux autres La Norville? Leurs propriétés, par suite de contrats de mariage, de vente ou autres passèrent-elles aux mains de

1. Pièces justificatives, nᵒˢ 20, 21, 22, 23, 24.
2. Id., nᵒ 38.
3. Dom FLEUREAU, *Antiquités d'Étampes*.

Jean, prévôt d'Étréchy, écuyer, qui vivait à La Norville en **1320**, ou bien en celles de Guillaume Poilevillain, écuyer, résidant en cette localité au commencement du XIVᵉ siècle? Furent-elles acquises par les seigneurs de La Bretonnière qui, au XIIIᵉ siècle, avaient de nombreuses possessions à La Norville? Les documents existants laissent le champ libre à toutes les suppositions. Toutefois, il est bon de remarquer que Guillaume Poilevillain, écuyer, dont le nom vient d'être prononcé, eut une certaine notoriété à La Norville.

En 1309, il promit avec serment aux assises de Châtres, devant le prévôt de Montlhéry, d'observer la convention passée avec Guillaume de Denonville, dont il a déjà été parlé, à cause de deux arpents de vigne qu'il possédait au vignoble dépendant de ce seigneur. En 1328, il échangea avec les religieuses de Villiers 4 sols 11 deniers parisis de redevance annuelle sur deux arpents de terre avoisinant sa maison, près le chemin de Chétainville, pour les droits qu'il avait à percevoir sur deux maisons et le pressurage d'un quartier de vigne, sis à la fontaine naude, appartenant aux religieuses. Une portion du territoire de La Norville, aux environs du bois actuel des Joncs, porta son nom jusque vers 1789. Elle s'appela, pendant le XIVᵉ siècle, la Couture Poilevillain; dans le XVᵉ et le XVIᵉ, l'Aunay Poilevillain; et dans les derniers temps, par corruption. le Champtier Poile-Allain[1].

1. Archives du château de La Norville.

Dans le temps qu'à La Norville un certain nombre de possessions dépendaient des de Gravelles et des de Ballainvilliers, d'autres relevaient directement du roi. Dans le cartulaire de Philippe-Auguste, qui régna de **1180** à **1223**, parmi les noms de ceux qui tenaient de ce prince des fiefs dans la châtellenie de Montlhéry, on trouve celui de Gui de La Norville. Il était un homme lige du roi et tenu, à cause de ses possessions, à la garde de la forteresse pendant deux mois; de même un nommé Thomas Chairmaigre pour ce qu'il possédait à La Norville et pour ce qui lui revenait de son père dans la ville de Châtres [1].

Au mois de mars **1231**, Henri et Thomas de La Norville, chevaliers, vendirent au chapitre de Notre-Dame de Paris un manoir entouré de deux arpents de terre, pour la somme de 51 livres parisis. Cette vente eut besoin d'être confirmée non seulement par Marguerite et Comtesse sa sœur, filles de défunt Gui de La Norville, non mariées à cette époque, mais encore par le roi de France qui leur avait donné en fief ce manoir dans la châtellenie de Montlhéry [2].

Le voisinage du roi fut sans doute nuisible aux de Gravelles et aux de Ballainvilliers. L'autorité royale s'affermissant de plus en plus, chercha, surtout au temps de saint Louis, à évincer autant que possible les grands seigneurs et à diminuer

---

1. LEBOEUF.
2. Pièces justificatives, n° 29.

leur puissance autour de Paris. A La Norville, comme dans beaucoup d'autres localités, les premiers maîtres de fiefs particuliers disparurent pour faire place au souverain. A partir de 1250, le roi est le seul maître dans cette région; les seigneurs ne dépendent plus que de lui. Cet état de choses, certain sous Renaud de Frangeville et Jean d'Étréchy, devient évident par des documents inattaquables, en 1366, sous Jean le Breton, seul seigneur à peu près incontesté de La Norville et de La Bretonnière, sous l'autorité immédiate du roi.

CHAPITRE II

Réunion de la seigneurie de La Norville à celle de La Bretonnière. — La guerre de Cent ans. — Jean le Breton et ses successeurs. — Querelles des Bourguignons et des Armagnacs.

La Bretonnière est une seigneurie fort ancienne. Si l'on s'en rapporte au cartulaire de Longpont, elle existait au commencement du XIIe siècle. A cette époque, un nommé Gautier de La Bretonnière, en prenant l'habit religieux, fit don à l'église de Longpont de la moitié de son patrimoine sise au fief de Voisins, près Brétigny[1].

Au milieu du XIIIe siècle vivait un nommé Jean, sire de La Bretonnière. C'est lui qui fut enterré au chapitre de Morigny, près Étampes. Au rapport de dom Fleureau, il était représenté sur sa tombe armé, l'épée au côté, l'écusson de ses armes sur la cuisse, burelé de dix pièces.

Sa veuve Blanche, par un acte passé à Montlhéry, le 18 décembre 1298, fonda l'église et chapelle de La Bretonnière, sous le vocable de saint Louis, en exécution d'un testament fait par son mari défunt. Le service divin devait y être célébré à perpétuité, et, pour la dotation du chapelain, le seigneur de La Bretonnière avait

1. Lebœuf.

légué différentes pièces de terre, droitures et censives, en particulier 27 arpents de terre sur la paroisse de La Norville qui furent possédés par les curés de Saint-Germain jusque vers 1780[1]. Blanche de La Bretonnière mourut en 1333, le 10 novembre, et fut enterrée à côté de son mari, dans le chapitre de l'abbaye de Morigny[2]. Elle eut un fils nommé Philippe, probablement le père de Jean le Breton sous lequel la seigneurie de La Norville fut unie à celle de La Bretonnière.

Après la mort de Blanche de La Bretonnière, la funeste guerre de Cent ans, commencée en 1337 entre l'Angleterre et la France, étendit ses ravages dans nos contrées. Le roi Jean le Bon, après Philippe de Valois son père, avait quitté les douceurs du château de Chanteloup, près Saint-Germain-les-Châtres, pour la dure captivité des Anglais. Le roi de Navarre, l'ami d'Étienne Marcel et l'allié des ennemis de la France, chassé par les Parisiens en 1358, avait, en se retirant sur Melun, brûlé Châtres (Arpajon) et les environs. Le roi Édouard d'Angleterre en personne était venu mettre deux ans après le siège devant la même ville et l'avait prise. Ses soldats, campés depuis Chanteloup jusqu'à Corbeil, avaient mis le feu partout, ne pouvant exercer leur rage sur les habitants, qui s'étaient retirés dans les villes et dans les places fortes[3],

1. Ordonnance de Mgr de Beaumont, archevêque de Paris.
2. LEBOEUF.
3. DELABARRE, *Histoire de Corbeil.*

lorsque l'onéreux traité de Brétigny vint, en 1360, donner un peu de repos à la France. Avec l'Aquitaine et ses dépendances, avec Calais et ses environs, Jean le Bon, fait prisonnier à la bataille de Poitiers, avait cédé aux Anglais trois millions d'écus d'or pour sa rançon. La France fit ce qu'elle put pour acquitter cette dette. La châtellenie de Montlhéry, dont La Norville et La Bretonnière faisaient partie, outre les tailles qu'elle acquittait, fournit en une année pour la rançon du roi la somme de 714 livres parisis 11 sols 10 deniers[1]. Le numéraire fut épuisé et devint rare à ce point qu'on fut obligé, d'après l'historien Comines, de se servir d'une monnaie de cuir où il y avait seulement un petit clou d'argent.

Jean le Bon étant mort au mois d'août 1364, son fils Charles V lui succéda. Ce fut à ce prince, le 30 décembre 1366, que Jean le Breton, écuyer, rendit en ces termes un aveu et dénombrement de ce qu'il tenait à La Norville en fief du roi, à cause de son château de Montlhéry :

« Sachent tous que je Jean le Breton, escuyer, tienz en fief du roy notre sire, à cause de mon hôtel de Norville, les choses qui s'en suivent :

1º Ma maison de Norville sy comme elle se comporte ;

Item. Environ 15 arpens de terre, séans en deux pièces, c'est assavoir : 8 arpens et demi

1. MALTE-BRUN, *Histoire de Montlhéry.*

séans au chemin de Marole et 6 arpens et demi séans vers Guibeville ;

Item. Environ 5 quartiers de prés à Touche-Bœuf ;

Item. Environ 6 livres 10 sols de cens payés le jour de la feste aux Mors ;

Item. Quatre droitures et demi dues en la dite ville ; toutes les quelles choses furent jadis feu Isabeau de Tigery.

Item. Un arpent de pré séans de lès les marais Pieriesne de Chastres chevalier ; •

Item. 5 arpens de terre séans dessous le Rozay de La Norville ;

Item. Environ 3 arpens séans en ce même lieu ;

Item. Arpent et demi séans au-dessous dudit lieu ;

Item. Environ 3 arpens séans en ce même lieu ;

Item. 4 arpens séans au bout de La Norville ;

Item. 2 arpens séans près le chemin évers Guibeville ;

Item. 3 arpens séans au bout de La Norville, qui furent Dailier ;

Item. Arpent et demi au bout de La Norville, sur la voye ;

Item. 4 arpens séans entre La Norville et Gui-beville, qui furent Triboulle ;

II° Plus cinq arrière-fiefs tenus par diverses personnes à Voisins le Bretonneux.

Et sy plus y avait dont je me puisse adviser,

je l'adveu à tenir du roy notre sire ; en tesmoing de ce j'ay scellé ce présent adveu de mon propre scel, le 30ᵉ jour de décembre, l'an 1366 [1]. »

Ce fut le même Jean le Breton qui fortifia l'hôtel de La Bretonnière. En 1370, les hostilités ayant été reprises entre la France et l'Angleterre, après la rupture du traité de Brétigny, le général anglais Knole, débarqué à Calais, était venu jusqu'auprès de Paris, à Villejuif et à Bourg-la-Reine. Repoussé avec pertes, après avoir fait toutes sortes de dégâts aux environs, il passa dans nos contrées, livrant tout au pillage, et se retira sur Étampes pour entrer en Beauce. Harcelé par Duguesclin et Olivier de Clisson, il fut battu et son armée dispersée à Pontvillain, dans le Maine. Pour arriver à ce résultat, Charles V avait suivi une tactique autre que celle qui nous avait valu les défaites de Crécy et de Poitiers. Au lieu de compromettre son armée dans de grandes batailles, il avait laissé l'ennemi s'engager dans le pays. Attaqué sans cesse, affaibli par la fatigue et les petits combats, celui-ci n'avait pas tardé à succomber. Mais auparavant il avait semé la désolation sur son passage. Les villes défendues et les châteaux forts avaient seuls pu servir d'asile aux malheureux habitants. La campagne avait été sacrifiée et du haut des remparts de Paris, au rapport de Froissart,

---

1. Archives du château de La Norville.

Charles V avait pu voir son royaume en feu à vingt lieues à la ronde.

Les seigneurs particuliers résolurent alors de se protéger contre de pareilles aventures. Ils fortifièrent leurs châteaux et armèrent leurs vassaux pour les défendre. Jean le Breton flanqua de cinq tours son château de La Bretonnière, le fit suivre d'un jardin assez vaste aux angles duquel il fit établir encore de fortes tours. Ainsi fortifié, ce château eut plus d'importance que celui de Châtres et que le manoir de Chanteloup [1].

Jean le Breton donna en 1378 au prieuré de Sainte-Catherine du Val des Écoliers, à Paris, plusieurs pièces de bois qu'il avait au territoire de Marcoussis, vers Montlhéry [2]. Il mourut en 1393 et fut inhumé dans l'église de Saint-Germain. Sa tombe, composée d'une simple pierre plate, est encore devant la grande porte, à l'intérieur de la vieille église. Elle porte l'effigie d'un chevalier armé de toutes pièces et cette inscription en vieux français, qui disparaît de plus en plus, usée par les pieds des passants : « Ici gist noble homme Jehan de la Bretonnière, dict le Breton, et est celui qui fortifia l'oustel de la Bretonnière et trespassa l'an MCCCIIII[xx] XIII (1393) le mercredi VIe jour de may. Dieu en ait l'âme. Amen [3]. »

---

1. L'abbé GAIGNARD, *Histoire manuscrite de Saint-Germain*.

2. LEBOEUF.

3. Mlle DE VARREUX. *Notes*.

Des successeurs immédiats de Jean le Breton on ne sait que peu de chose. L'un d'eux, son fils probablement, nommé aussi Jean le Breton, rendit un aveu et dénombrement de ses seigneuries devant la chambre des comptes, à cause de la prévôté et vicomté de Paris, le 2 mars de l'année 1404[1]. Au compte de la même prévôté, au terme de la Toussaint 1415, un nommé Jean de La Bretonnière reçut 60 sols parisis sur la recette de Montlhéry, pour un muid de froment qu'il avait droit de prendre sur le marché de cette ville. En 1418, le même compte annonce la mort de Jean de La Bretonnière en spécifiant que ses héritiers ne s'étaient pas présentés pour recevoir la somme qui leur était due[2].

Pendant la vie de ces seigneurs, depuis la mort de celui qui avait fortifié La Bretonnière, de graves et de tristes événements s'étaient accomplis aux environs de Paris, entre Montlhéry, Étampes et Dourdan. La Norville et La Bretonnière, situées entre ces villes, à une lieue à peine de Montlhéry, sur les bords de la grande route d'Orléans, avaient dû nécessairement en être les témoins et les victimes.

Charles VI étant tombé en démence pendant l'année 1392, le royaume de France fut en proie à tous les désordres que pouvaient alors causer

4. Bibliothèque nationale, Manuscrits.
1. Archives du château de La Norville.

les rivalités et les querelles des grands. Le duc de Bourgogne, oncle du roi, prétendit gouverner au nom de son neveu. Il eut un rival dans le duc d'Orléans, frère de Charles VI. Bientôt les princes et les seigneurs de France prirent parti : les uns pour le duc de Bourgogne, les autres pour le duc d'Orléans, et, au milieu des intrigues qui s'agitèrent, le peuple fut horriblement opprimé. Les partis toutefois n'en étaient pas encore venus à se déclarer ouvertement la guerre, lorsque, le duc de Bourgogne étant mort (1404), son fils Jean sans Peur fit assassiner à Paris le duc d'Orléans. Le fils de ce dernier, le duc de Berri, allié au comte d'Armagnac, prit alors les armes. Après avoir levé une armée dans le Midi de la France et pris à sa solde un grand nombre de chevaliers bretons, il marcha contre le duc de Bourgogne, maître de Paris et de la personne du roi.

Il s'avança jusqu'à Montlhéry, par la grande route d'Orléans, sans rencontrer de résistance. La Cour fut effrayée ; le roi, dans un intervalle de lucidité et par le conseil du duc de Bourgogne, lui envoya dans cette ville l'archevêque de Rheims, l'évêque de Beauvais, le comte de la Marche et le grand-maître de Rhodes pour traiter de la paix. L'Université même lui envoya des députés, mais on ne put rien conclure. Le duc de Berri, après ces pourparlers, quitta Montlhéry et s'avança jusqu'à Bicêtre. Devant de nouvelles démarches de la Cour et du roi, il se montra moins intraitable et la paix fut conclue en 1410. Le duc de Berri se retira sur Dourdan et le duc de Bourgogne sur Meaux, accompagnés par les malédictions des habitants que le passage des troupes rebelles avait ruinés [1].

Le traité de Bicêtre fut bientôt rompu. En 1411, les hostilités recommencèrent; le duc de Berri marcha de nouveau sur Paris. Il surprit Montlhéry et manqua Corbeil. Au milieu de ces luttes intestines, la désolation la plus grande se répandit aux environs de Paris. Les troupes des deux partis, qui n'étaient point payées et que les chefs ne retenaient que par l'attrait du butin, se livraient à tous les excès. Un mémorial de la cour des comptes rapporte qu'en cette année 1411 la licence des gens de guerre fut telle, en dedans et en dehors de la capitale, qu'elle obligea une grande quantité des bourgeois à quitter la ville pour se retirer dans les bois ou dans les autres cités. Le peu de raisin qui était aux vignes, le peu de blé qui était resté dans les champs, le peu de foin qui était demeuré aux prairies ne put être recueilli, en cette année, qu'après la saint Martin [2].

Cependant, en 1412, la paix fut de nouveau conclue entre les deux partis. Le duc de Berri et les Armagnacs demeurèrent à Paris. maîtres du gouvernement et de la personne du roi. Le duc de Bourgogne se retira en Flan-

1. DANIEL, *Histoire de France.*
2. ID.. *ibid.*

dre (1413). Les Anglais avaient vu avec satisfaction ces luttes intestines affaiblir la France. La trêve conclue avec eux vers la fin du règne de Charles V et renouvelée en 1410 était expirée. Jugeant le moment favorable pour une nouvelle invasion, ils firent débarquer une armée près de Honfleur, en 1415. Les Français marchèrent à leur rencontre ; mais, bien loin d'imiter les prudentes manœuvres de Duguesclin et d'Olivier de Clisson, ils suivirent les errements de Crécy et de Poitiers. Une armée anglaise, en grande partie anéantie par les fatigues d'une longue marche, mit dans une complète déroute l'armée française mal conduite, auprès du village d'Azincourt. Par suite de cette défaite, la France était ouverte aux Anglais.

Devant un si grand malheur, les inimitiés des princes auraient dû cesser. Il n'en fut rien. Le duc de Bourgogne, profitant du mécontentement que le duc de Berri et les Armagnacs excitaient dans Paris, par la dureté de leur gouvernement, leva une armée et marcha contre la capitale, en 1417. Cette ville résista. Dans l'espérance que ses partisans parviendraient à lui en ouvrir les portes, Jean sans Peur se retira vers Montlhéry. Il entra facilement dans la ville, mais il fallut faire le siège du château qu'il parvint également à soumettre. Il s'empara en même temps du château de Marcoussis et fit subir le même sort à plusieurs châteaux et forteresses d'alentour. Il avait pris Étampes et faisait le siège de Corbeil lorsqu'il fut appelé à Tours, par la reine Isabeau de Bavière, femme de Charles VI, exilée de Paris, à cause de ses désordres. Le duc de Bourgogne laissa une garnison dans Montlhéry. Elle désolait par ses pillages toutes les campagnes environnantes et poussait même ses ravages jusqu'aux portes de la capitale. Les Parisiens ruinés firent entendre de vives plaintes. Le prévôt de cette ville Tannegui du Châtel se mit à leur tête et marcha, en 1418, contre les brigands de Montlhéry. Le château fut assiégé et pris, les Armagnacs chassèrent les Bourguignons; mais les habitants de Montlhéry et des environs gagnèrent peu à ce changement. Les nouveaux venus trouvaient le bien d'autrui tout aussi bon que les autres et, en changeant de garnison, la ville ne fit que changer de spoliateurs. « Les troupes de Montlhéry, dit Charles VI lui-même, dans une de ses ordonnances, pillent, robbent, boutent feu sans épargner les églises et mettent même à mort ceux qu'elles savent être à nous[1]. »

Pendant ce temps, le duc de Bourgogne, qui avait fait alliance avec la reine Isabeau contre le roi, le dauphin, le duc de Berri et les Armagnacs, surprenait Paris et s'en rendait maître ainsi que de la personne de Charles VI. Il vint mettre alors le siège devant Montlhéry. Le dauphin, qui avait suivi le parti des Armagnacs, envoya Tannegui

---

1. *Chronique de la Jeunesse*. Notice sur Montlhéry. Année 1834, n° 7.

du Châtel au secours de cette place. Le siège fut levé et pendant une année encore la lutte se soutint entre les deux partis alors qu'Henri V d'Angleterre s'emparait de Rouen abandonné sans secours.

En 1419, le dauphin et Jean sans Peur firent la paix; mais, dans une entrevue qui eut lieu au pont de Montereau, les serviteurs du dauphin assassinèrent le duc de Bourgogne. Pour venger son père, Philippe le Bon, d'accord avec la reine Isabeau, fit alliance avec les Anglais. Alors fut dressé à Arras, le 7 octobre 1419, et ratifié à Troyes, le 21 mai 1420, par le roi, la reine, et le duc de Bourgogne, en plein conseil, le traité qui déshéritait le dauphin et déclarait la couronne de France réunie à celle d'Angleterre après la mort de Charles VI. Les Anglais entrèrent dans Paris, le duc de Bourgogne leur livra les places qu'il occupait. Montlhéry ne leur fut rendu qu'en 1423 par le traité de Meulan et, à partir de cette époque, les étrangers furent presque sans conteste les maîtres de nos contrées jusqu'à la prise de Paris par Charles VII, en 1436.

CHAPITRE III

Aux Le Breton avait succédé dans les seigneuries de La Norville et de La Bretonnière, la
famille des de Lignières. En 1352, un sire de
Lignières possédait le fief et manoir du Couldray-Liziart, paroisse de Briis-sous-Forges, dans
la châtellenie de Montlhéry[1]. Le voisinage des
seigneuries amena peut-être des alliances entre
les deux maisons, ou plutôt donna lieu à des
contrats de vente ou d'échange. Toujours est-il
que certainement avant l'occupation anglaise,
c'est-à-dire avant 1423, et probablement dès la
mort d'un Jean de La Bretonnière en 1418, les
de Lignières furent établis à La Norville et à La
Bretonnière. A ces seigneuries, jusqu'au 16 septembre 1489, fut dès lors unie leur ancienne propriété du Couldray-Liziart. Un aveu et dénombrement du seigneur des Granges à celui de
Bruyères-le-Châtel, les titres de la seigneurie de
La Norville et l'histoire générale ne laissent
aucun doute à cet égard.

Les de Lignières étaient d'illustre race. Leurs

1. Malte-Brun. *Histoire de Montlhéry.*

ancêtres avaient combattu avec honneur les ennemis de la France aux côtés de nos rois, en particulier à la funeste journée de Poitiers. A cause de leurs services et de leur fidélité, ils avaient obtenu des charges de confiance à la Cour. Philippe, baron de Lignières, était grand queux de France sous Charles VI. Il fut le père de Jean V du nom, baron de Lignières, seigneur de Rezay, Thevé, Brécy, La Norville, La Bretonnière et autres lieux. Ce dernier fut marié, en 1400, à Jacqueline de Chambly, fille de Jean de Chambly, dit le Haze, et de Béatrix de la Roche-Guyon. Il était chevalier, conseiller et chambellan du roi et du dauphin alors duc de Guyenne. En 1412, après la mort de son père, il devint grand queux de France à cinq cents livres de pension. Par ordre du roi, il reçut la même année une somme de mille livres en considération de ses services et des pertes qu'il avait souffertes des Anglais. Le dauphin le fit aussi payer en cette année d'une somme pour se mettre en équipage et le suivre en son voyage de Bourges. Toute sa vie, il s'attacha au service du dauphin qui devint plus tard Charles VII.

Lorsque après la mort de Charles VI, arrivée le 21 octobre 1422, le roi Henri VI d'Angleterre fut proclamé roi de France, le duc de Betford, qui gouvernait en son nom, voulut s'attacher toutes les provinces occupées par ses troupes, en deçà de la Loire, du côté de Paris. Il prit les places qui tenaient encore pour Charles VII et punit, par la confiscation de leurs biens, les seigneurs qui avaient suivi le parti du dauphin. C'est ainsi que furent saisies les terres que Jean de Lignières tenait, tant de son chef que de celui de sa femme, aux bailliages de Rouen, Caux, Mantes, Meulan, Senlis et prévôté de Paris dans laquelle se trouvaient La Norville et La Bretonnière. Toutes ces possessions furent données, le 12 janvier 1423, par le régent à Thomas de Ruis, chevalier anglais, son écuyer d'honneur. La Norville fut alors directement entre les mains des ennemis de la France [1].

De Lignières, à la Cour de Charles VII à Mehun-sur-Yèvre, en 1426, eut un différend avec le seigneur de Culan. Ce différend fut la cause de brouilleries fort tristes et fort graves dans leurs conséquences. Le roi s'était fait l'arbitre de cette querelle. Gyac, son premier ministre, avait pris parti pour Lignières et le seigneur Louis de la Trémouille pour Culan. Comme un jour chacun défendait son ami en présence du prince, on s'échauffa. Gyac dit quelque chose de choquant à La Trémouille et celui-ci répondit par un démenti. Charles VII, indigné de ce manque de respect pour sa personne, chassa La Trémouille de sa présence et prit le parti de Gyac et de Lignières contre Culan et son défenseur. La Trémouille résolut de se venger; il s'allia au connétable de Richemont, fit assassiner Gyac

1. LA CHESNAYE DES BOIS, *Dictionnaire de la Noblesse.*

et, grâce à l'appui du connétable, prit la place de l'infortuné ministre. Plus tard, La Trémouille, fort de l'influence que sa position lui donnait, fit disgracier le duc de Richemont. Les intrigues de ce dernier à la Cour du duc de Bretagne, son frère, sa retraite frondeuse, l'impuissance où le réduisit la colère du roi, les résultats fâcheux qui en advinrent pour la France tirèrent ainsi leur origine de cette querelle entre Culan et le seigneur de La Norville, Jean de Lignières, grand queux de France[1].

Ce dernier ne vit pas la délivrance de ses seigneuries; sa mort arriva vers l'an **1433**. Son sceau était un lion surmonté d'un lambel de cinq pièces.

De son mariage avec Jacqueline de Chambly il n'avait eu qu'une fille, Jacqueline, dame de Lignières, qui porta en mariage les grands biens de sa maison à Édouard de Beaujeu, seigneur d'Amplepuits. Celui-ci était petit-fils de Guichard VI, seigneur de Beaujeu, de Dombes et de Sémur en Briennois, surnommé *le Grand*, et fils de Guillaume de Beaujeu, seigneur d'Amplepuits, Chevaignes et Chancelet, époux de Marguerite de Gorse.

La famille des de Beaujeu était une des plus illustres de France. Guichard VI, chevalier, conseiller et chambellan du roi, avait servi dignement Philippe le Bel, Louis le Hutin, Philippe

1. Daniel, *Histoire de France.*

le Long, Charles le Bel et Philippe de Valois. En 1325, par sa valeur personnelle, il avait sauvé la vie au comte Édouard de Savoie dans un combat livré sous les murs du château de Varrey. A la journée de Mont-Cassel, en 1328, il commandait le troisième bataillon français avec le grand maître des hospitaliers et décidait de la victoire.

Guillaume de Beaujeu était, au mois de février 1357, capitaine souverain du pays de Berry. La même année, au mois de décembre, Charles, duc de Normandie et dauphin de Viennois, fils du roi, l'établissait capitaine général et spécial au bailliage de Bourges. Jean, comte de Poitiers, fils du roi et son lieutenant en Languedoc, lui donna, en récompense de ses bons services, cinq cents florins d'or de Florence, par ordonnance du 4 décembre 1359. Il mourut vers 1407 et eut de sa troisième femme Édouard de Beaujeu qui devint, par son mariage avec Jacqueline de Lignières, seigneur de La Norville et de La Bretonnière [1].

Il recouvra ses propriétés sur Thomas de Ruis et les Anglais, après la prise de Paris par Charles VII. En 1453, au mois de juillet, il reçut à La Bretonnière l'hommage de ses vassaux [2]. Ce fut de son temps que Paris et les environs furent ravagés par la famine et la peste. Ces deux fléaux firent des ravages tels, au dire des historiens de l'époque, que la campagne en était dé-

---

1. LA CHESNAYE DES BOIS, *Dictionnaire de la Noblesse.*
2. Archives du château de La Norville.

serté et les terres en friche. On ne voyait presque plus de bestiaux dans les champs, les loups affamés entraient la nuit dans Paris par la rivière et dévoraient un grand nombre de personnes [1].

Plus tard, après la mort de Charles VII, arrivée en 1461, se forma la ligue du Bien public contre Louis XI. Celui-ci, en arrivant au trône, s'était aliéné les grands seigneurs et une partie de la noblesse en enlevant leurs charges aux braves officiers qui avaient aidé Charles VII à délivrer le royaume. La révolte ayant éclaté, Charles le Téméraire, duc de Bourgogne, se mit à la tête des mécontents. L'armée du roi marcha à leur rencontre : elle venait d'Étampes et se dirigeait sur Paris par Torfou et Châtres. Les troupes bourguignonnes, campées à Longjumeau et aux environs, avaient leur avant-garde à Montlhéry. Une grande bataille fut livrée au pied de la forteresse; dans la plaine de Longpont (1465). Elle resta indécise. Lou's XI, avec ses troupes, se retira sur Corbeil. Deux jours après, Charles le Téméraire se retira sur Étampes. Le combat avait été livré sous les yeux des habitants de La Norville et de La Bretonnière qui, de leurs hauteurs, pouvaient facilement apercevoir le théâtre de la lutte. Ils payèrent probablement très cher la vue de ce triste spectacle, en souffrant les dégâts occasionnés par le passage des troupes des deux partis.

1. DANIEL, *Histoire de France.*

Édouard de Beaujeu eut deux fils et deux filles : François, seigneur d'Amplepuits, qualifié abbé de Saint-Germain d'Auxerre dans un titre du 18 avril 1462, il quitta l'habit ecclésiastique pour se marier à Françoise de Maillé, dame de Châteauroux en partie, et mourut, en 1469, sans laisser de postérité ;

Jacques, écuyer, seigneur de Lignières, de La Norville, de La Bretonnière, puis d'Amplepuits après la mort de son frère, vidame de Trille-bardon et de Chermankez les Meaux ;

Anne, épouse de Jean de Baudricourt, décédée sans enfants ; Marguerite, femme de Guillaume de Sully [1].

Jacques de Beaujeu, seigneur de Norville et de La Bretonnière, eut pour femme Jacquette Jouvenel des Ursins, fille de Guillaume Jouvenel des Ursins, chancelier de France, et de Geneviève Héron. De leur mariage naquit un fils : Philibert de Beaujeu, seigneur de Lignières. Marié à Catherine d'Amboise, il décéda sans enfants.

Dès 1469, Jacques de Beaujeu s'occupa de reconstituer ses seigneuries de La Norville et de La Bretonnière. Il fit prendre copie des aveux et dénombrements rendus aux rois par ses prédécesseurs, puis, quelques années après, le 26 février 1474, vendit ses terres à Pierre Leprince, contrôleur de la chambre aux deniers de Louis XI. Cette famille n'était restée en possession de La

---

1. Bibliothèque nationale, Manuscrits.

Norville qu'une cinquantaine d'années. Ses armes étaient d'argent à cinq faces de gueules.

Par l'acte de vente passé devant Antoine Satrin et Thomas Lemaire, clercs notaires à Montlhéry sous Robert d'Estouteville, chevalier, seigneur de Beynes et baron d'Ivry, prévôt de Paris, Jacques de Beaujeu, se portant fort de l'acquiescement de noble dame Jacqueline de Lignières, sa mère, céda à « honorable homme et sage » Pierre Leprince, pour la somme de 1,010 livres payées comptant : 1° le château, village, justice, métairies, terre et seigneurie de La Bretonnière, comme elles se comportaient et étendaient de toutes parts, fiefs, arrière-fiefs, cens, rentes, prés, bois, garennes situés et assis en la châtellenie de Montlhéry; 2° la terre, seigneurie de La Norville, fiefs et arrière-fiefs; 3° la terre et seigneurie du Couldray-Liziart, fiefs et arrière-fiefs tenus et mouvant en fief du roi à cause de sa châtellenie de Montlhéry; 4° la Boucherie de Châtres, sous ledit Montlhéry, ses cens et appartenances, tenue et mouvant en fief du seigneur de Bruyères-le-Châtel; 5° la rue du Clos et ses appartenances, tenue en fief du seigneur de Graville, à cause de sa tour et seigneurie de Châtres, et généralement tout ce qui appartenait audit sieur de Beaujeu aux lieux ci-dessus désignés en la prévôté de Montlhéry, aux bailliages d'Étampes et de Châtres [1].

---

1. Archives du château de La Norville.

Le prix modique de cette vente indique assez par lui-même dans quel état déplorable se trouvaient, après la guerre de Cent ans et les troubles publics, les seigneuries aliénées. Le manoir seigneurial de La Norville avait disparu dans la tourmente. Encore debout, en 1366, sous Jean le Breton, il n'exi tait déjà plus aux dernières années du XIVe siècle. A cette époque, de 1392 à 1418, les Chartreux de Paris avaient à La Norville des fermiers chargés de percevoir, au profit de leur église, certaines rentes seigneuriales achetées un siècle auparavant à Renaud de Frangeville. Ces fermiers tenaient avec grand soin leurs livres de comptes, notant par tenants et aboutissants les pièces de terre sur lesquelles ces redevances étaient assignées. Ces pièces de terre étaient nombreuses et dispersées dans toutes les parties du territoire ; or, jamais aucune d'elles n'est désignée comme tenant ou aboutissant aux propriétés du seigneur de La Norville, tandis que très souvent, elles sont mentionnées comme tenant ou aboutissant aux terres du « Breton de La Bretonnière ; » « de monseigneur de La Bretonnière ; » ce qui n'aurait pu se dire d'une manière aussi exclusive si le manoir seigneurial de La Norville eût encore été debout et habité comme au temps de Jean le Breton qui en faisait un aveu et dénombrement spécial au roi, en 1366. En 1392, ce manoir évidemment n'existait plus ; il n'avait pas échappé aux déprédations que le général anglais Knole fit aux environs de Paris dans son expédition de 1370.

En 1474, il n'était pas rétabli, comme on le voit par l'acte de vente. Sur son emplacement, tout à côté de l'église, un jardin entouré de fossés, auprès duquel se trouvait un colombier et une bas e-cour avec une maison de fermier, constituait le lieu seigneurial dont la possession donnait au seigneur de La Bretonnière les droits de seigneurie dans la paroisse de La Norville. C'est dans ce jardin que le château actuel fut bâti. Le colombier, dernier reste de l'ancienne seigneurie, existait encore il y a quelques années dans la basse-cour de ce château.

La propriété de La Bretonnière avait été elle-même fort endommagée. Quelques jours après l'achat des seigneuries, le 7 mars 1474, Pierre Leprince obtint du prévôt de Paris l'autorisation de faire les réparations nécessaires à son château qui tombait en ruines, ainsi que les labours et les défrichements des terres de La Bretonnière, de La Norville et du Couldray-Liziart « sans lesquelles choses être accomplies, dit l'ordonnance du prévôt, lesquels lieux seraient de nul profit et valeur. » Les Chartreux de Paris comptaient 90 arpents de terres en friche dans leur censive de La Norville ; le manoir des religieuses de Villiers était détruit et leurs autres possessions en décadence.

Aux environs, tout était dans une égale désolation. Le seigneur de Bruyère--le-Châtel, dans un aveu de 1462, déclarait complètement détruits les villages de Baillot, Couart, le Petit-Ruot, la Verville, Repenty, Saint-Maurice, Arvy, Loppigny, le Plessis de Bruyères, Mulleron, qui comptaient avant la guerre une centaine de feux. A Trou, dans la même seigneurie, il n'y avait plus qu'un laboureur, à la Roche un ménage, à Ollainville six ménages, au Grand-Ruot deux ménages [1].

Malgré les souffrances causées par les Anglais, les Bourguignons, les Armagnacs, la famine, la peste et la ligue du Bien public, le village de La Norville était, en 1474, plus grand et plus peuplé que de nos jours. Composé de deux parties, de Mondonville et de La Norville, qui constituaient chacune un titre seigneurial entre les mains de Pierre Leprince, il occupait un espace plus étendu que celui d'aujourd'hui en longueur et en largeur.

Le fief de Mondonville commençait à la jonction des chemins de Châtres à La Norville et de Châtres à Leudeville, et se dirigeait au nord-ouest du côté de La Bretonnière.

La Norville commençait à la jonction des mêmes chemins et se dirigeait au sud-ouest. Les maisons du village remplissaient l'espace occupé maintenant par la pâture et une partie du potager, puis, après l'emplacement du manoir des religieuses de Villiers et le fief des Carneaux (le petit château) qui lui faisait face, continuaient

---

1. Archives du château de La Norville.

des deux côtés de la route presque sans interruption jusqu'au chemin du Bon-Puits et celui de Pasquot. Parallèlement à cette rue principale, il y en avait une autre appelée le chemin des Bauges. Elle commençait au chemin Pasquot et venait aboutir au chemin de Leudeville, en passant derrière le manoir de Villiers. Plusieurs ruelles faisaient communiquer la rue de La Norville au chemin des Bauges. Celui-ci était entouré de maisons dont les jardins touchaient au Rossay et au chemin de Marolles. La rue du Bon-Puits avait des habitations. Elle était continuée par le chemin de Boinville qui allait jusqu'au carrefour du même nom, aujourd'hui dit de la Lance. Le village suivait ce chemin et s'étendait ainsi, du moins par quelques écarts, dans la partie du territoire appelée actuellement les Champs-Jolly.

Aux seigneuries de La Norville et de La Bretonnière se rattachaient un certain nombre de fiefs : celui de Varennes ou de la Maison-Rouge dans la paroisse de Valpuiseaux, ceux de Videlles, de Viviers en la paroisse d'Orsay, du bois de Presles dans la paroisse de Boissy-le-Sec, de Voisins-le-Bretonneux, de la Lance entre La Norville et la maladrerie Saint-Blaise, de Vallorge près Leuville, des Bois-Défendus, la Maison-Rouge, la Maison-Neuve, Brécourt à La Bretonnière. Le fief de Roinvilliers ou des Marchands à La Norville était alors indépendant. Les seigneuries de La Briche et de Guillerville appartenaient aussi à Pierre Leprince.

Celui-ci était d'une origine modeste. Fils d'Adrien Leprince, barbier, puis valet de chambre de Charles VI, en 1410, il succéda à son père dans sa charge et fut de même valet de chambre de Charles VII et de Louis XI. Ce dernier roi, défiant à l'excès, ennemi des nobles et des grands seigneurs, avait tiré de leur obscurité quelques favoris et se les était attachés en les comblant d'honneurs. Tels furent Olivier le Daim et le médecin Coctier. Pierre Leprince, bien que moins connu, ne s'éleva pas autrement, grâce aux faveurs royale . De barbier et de valet de chambre, il devint successivement contrôleur de la chambre aux deniers, contrôleur de la dépense ordinaire de l'hôtel du roi, notaire et secrétaire de Louis XI. Ce dernier titre avait été possédé par Étienne Froment. Celui-ci ayant voulu quitter sa charge, Louis XI, pour bien marquer l'estime qu'il avait du seigneur de La Norville, ne voulut accepter la démission de Froment, par lettres du 1ᵉ avril 1476, qu'à la condition expresse qu'elle serait donnée en faveur du seul Pierre Leprince [1]. Alors que les autres seigneurs relevant du roi, à cause de son château de Montlhéry, étaient obligé , en rendant leurs aveux et dénombrements, de se soumettre au cérémonial ordinaire, de se présenter devant la porte principale du château nu-tête, sans ceinture, sans épée, sans éperons, un genou en terre, d'appeler

1. Bibliothèque nationale, Manuscrits.

le roi à trois reprises différentes, et d'attendre que son lieutenant vint recevoir les actes de foi et d'hommage, Pierre Leprince, exempté de ces formalités, s'adre sait directement au souverain, tantôt à son château du Plessis-les-Tours, sa résidence ordinaire, tantôt dans ses voyages, comme il le fit à Senlis, au mois d'octobre 1474.

Pour mettre le comble à ses faveurs, Louis XI, au mois d'octobre 1477, concéda à Pierre Leprince la haute, moyenne et basse justice dans ses terres et seigneuries de La Bretonnière, La Norville, Mondonville, La Briche et Guillerville, par lettres patentes signées de sa main au château du Plessis du parc les Tours et contresignées par l'évêque d'Albi, conçues en ces termes :

« Louis, par la grâce de Dieu, roy de France, savoir faisons à tous présents et advenir que nous, considérant les bons, louables, agréables et recommandables services que nostre amé, féal notaire, secrétaire messire Pierre Leprince, controlleur de nostre chambre aux deniers, nous a par ci-devant et de long temps faicts et a continué chacun jour en grand cure et diligence tant à l entour de nostre personne en son office de contrôleur que aultrement en plusieurs et maintes manières et espérons que encore plus fera le temps advenir, à icelluy, pour ces causes et pour aucunement le récompenser d'iceulx services et pour aultres grandes causes et considérations en ce nous mouvant, avons ceddé, transporté et délaissé et, par ces présentes, de nostre grâce spéciale, plaine puissance et authorité royale, donnons, ceddons, transportons et délaissons la haute, moyenne et basse justice que nous avons et pouvons avoir, ce qui peut nous competter et appartenir, à cause de nostre chatellenie seigneurie de Montlehéri et compté d'Estampes, ès lieux, terres et seigneuries de La Brethonnière, La Norville, Mondonville, La Briche et Guillerville, leurs appartenances, appendances et dépendances quelconques ainsi qu'elles se comportent et estendent de toutes parts et d'ancienneté, lesquelles terres et seigneuries il a prins naguères acquises, pour icelle haulte, moyenne et basse justice avoir, tenir, expléter et exercer, ou faire tenir, expléter et exercer doresnavant perpétuellement et à toujours et d'iceulx jouir et tenir plainement, paisiblement, ensemble des droits, prérogatives, prééminences, privillèges, franchises, libertés et aultres droits, devoirs, proffits, revenus et esmolluments et choses quelconques qui y appartiennent et doibvent appartenir, pour luy, ses hoirs, successeurs et ayant cause ès dits lieux, terres, seigneuries de La Brethonnière, La Norville, Mondonville, La Briche et Guillerville... et pour l'exercice d'icelle justice lui accordons, outre donné et donnons pouvoir et faculté et à ses dits hoirs, successeurs ou de luy ayant cause d'ériger fourches patibulaires et aultres enseignes de haulte justice et de créer et establir bailly, prévost, maire, garde des sceaux, sergents et aultres officiers et ministres de justice, four et moulin bannis, si nous avons accoutumé de luy avoir et toutes aultres choses convenables, nécessaires et appartenant à icelles sous le ressort de nostre vicomté, prévosté de Paris et compté d'Estampes....... Moyennant toutefois ce parmis que nostre dit secrétaire et controlleur a quitté, transporté en ce faisant à nous et aux nostres perpétuellement la somme de 60 sols parisis qu'il dit par nous luy estre dubs sur nostre dite chastellenie de Montlehéri *à cause des choses dessus dites* et tous les arrérages qui en sont dubs, dont il sera tenu de bailler lettres et quittances en nostre chambre des comptes ; et y donnons en mandement par les présentes à nos amés, féaux gens de nos comptes et trésoriers à Paris, au prévost de Paris, chastelain dudit Montlehéri, bailly d'Estampes et à tous nos aultres justiciers ou à leurs lieutenants présents ou advenir..... que nostre dit notaire et secrétaire, maistre Pierre Leprince, ses dits hoirs et successeurs et ayant cause ils fassent, souffrent et laissent jouir et tenir pleinement et paisiblement de nos présentes grâces, don, octroy, etc..... [1] »

Ces lettres furent enregistrées à la Cour des Comptes, le 6 août 1478. Leur enregistrement souleva une opposition, celle de messire Louis de Bouhaut dit de la Rochette, seigneur de Bruyères. Voici à quel propos. Les seigneurs de La

---

1. Archives du château de La Norville.

Bretonnière possédaient, au-dessus de Châtres, un fief nommé Champourry. Ce fief consistait en 37 sols de menus cens et 60 sols à prendre chaque année sur la prévôté de Montlhéry. Champourry était dans la mouvance de Bruyères-le-Châtel. En concédant à Pierre Leprince les trois degrés de justice, Louis XI avait demandé que la prévôté de Montlhéry fût déchargée de cette redevance, ce qui lui avait été accordé sans le consentement du seigneur de Bruyères. Celui-ci, lésé dans ses droits de suzerain immédiat, porta ses réclamations devant la Cour des Comptes, mais il ne put obtenir contre Pierre Leprince qu'une réserve inefficace dans l'acte d'enregistrement[1].

Plus tard, en 1772, au moment où le roi, mettant en vigueur plusieurs ordonnances de Louis XIV, voulut abolir un certain nombre de justices concédées sur le domaine de la couronne par les souverains, le célèbre avocat Coustart fut appelé à donner son avis sur les lettres patentes de Louis XI. Dans le texte un peu obscur, il prétendit découvrir, entre autres choses, qu'en 1477, la haute, moyenne et basse justice, au lieu d'avoir été concédée par le roi, n'avait simplement que fait retour aux seigneuries de La Bretonnière, La Norville et dépendances. Il se basait sur ce texte : « Ladite concession faite moyennant toutefois que Pierre Leprince quitte

____

1. Archives du château de La Norville.

et transporte à nous et aux nostres perpétuellement 60 sols parisis qu'il dit par nous lui être dubs sur nostre chastellenie *à cause des choses susdénommées.* » Or, disait l'avocat, quelles étaient les choses susdénommées? Les lettres patentes l'expliquent : « la haulte, moyenne et basse justice que nous avons et pouvons avoir, à cause de nostre chastellenie de Montlehéri, ès lieux, terres et seigneuries de La Bretonnière, La Norville, Mondonville, La Briche et Guillerville, ainsi qu'elles s'estendent de toutes parts *et d'ancienneté.* » Donc d'ancienneté, les trois degrés de justice appartenaient à ces seigneuries. Cédés aux rois pour 60 sols parisis à prendre chaque année sur la prévôté de Montlhéry, ils ont fait retour, moyennant l'abandon de cette somme, et les choses sont demeurées dans l'état où elles étaient à l'origine.

La protestation du seigneur de Bruyères au moment de la concession faite par Louis XI, les aveux et dénombrements de ce seigneur en 1462, en donnant une autre origine à cette redevance, attaquent par la base le raisonnement du célèbre avocat. Il fut néanmoins admis dans la pratique. La justice avec ses trois degrés, donnée comme une faveur à Pierre Leprince, resta, malgré les ordonnances et les procureurs généraux, aux seigneurs de La Norville jusqu'à l'abolition de la féodalité.

Pierre Leprince, aussitôt après la concession de la justice, se mit en mesure d'en exercer les droits. Il fit élever des fourches patibulaires dans la partie du territoire de La Norville, appelée encore en 1763 la Vieille-Justice, située à gauche du chemin de La Norville à Leudeville, entre la seigneurie de Marolles, le fief des Cochets, le champtier du Pont-des-Grès et les bois de Flexainville. Les premiers gibets furent renversés aussitôt après leur construction. Le 18 octobre 1478, ils n'existaient déjà plus. Pierre Leprince attaqua les Chartreux devant la Cour de Parlement comme complices de cette destruction. Complices ou non, les Chartreux déclarèrent que la destruction avait été juste, attendu que le seigneur de La Bretonnière avait fait ériger ses gibets sur une de leurs propriétés. Pour d'autres motifs, ils eurent des querelles et des procès avec Pierre Leprince. Les religieuses de Villiers, le chapitre de Notre-Dame de Paris durent aussi plaider contre ce seigneur qui paraît dans toutes ces circonstances, non seulement jaloux de ses droits et prérogatives, mais encore très désireux d'augmenter ses propriétés aux dépens d'autrui.

Par des moyens tout à fait légitimes, il arrondit ses domaines du côté de Brétigny, en achetant de Jean Péningle, pour la somme de 800 livres tournois, les seigneuries du grand et du petit Cochet, le 16 septembre 1479. Vingt-quatre arpents de terre de ces seigneuries étaient soumis à une redevance annuelle de 24 sols parisis de pur et chef cens au profit du seigneur de

Bruyères. Plus tard, cette rente fut amortie par un fils de Pierre Leprince et remboursée à Marie de Chaudet, veuve de Louis de Bouhaut, dit de la Rochette, seigneur de Bruyères-le-Châtel.

Louis XI étant mort le 30 août 1483, Charles VIII, son fils, âgé seulement de treize ans, lui succéda. Anne de France, sa sœur, mariée au sire de Beaujeu, gouverna le royaume en son nom avec le titre de régente. Tout d'abord, elle s'appliqua à faire disparaître de la Cour et à punir de leurs forfaits les favoris du roi défunt, les Le Daim, devenu capitaine de Corbeil, les Doyac, les Coctier et autres. Pierre Leprince fut épargné; bien plus, il conserva ses fonctions de notaire et secrétaire du roi et fut chargé en cette qualité de plusieurs missions fort importantes au début du règne de Charles VIII.

Le duc d'Orléans, qui régna dans la suite sous le nom de Louis XII, avait disputé la régence à Anne de Beaujeu, Il s'était allié au duc de Bretagne et à l'archiduc Maximilien d'Autriche qui avait toujours sur le cœur le mariage forcé de sa fille avec le roi de France et la perte des comtés d'Artois et de Bourgogne. Le moyen pour la régente d'empêcher Maximilien de servir ses rancunes et les intérêts du duc d'Orléans était de fomenter la guerre civile déjà allumée dans les provinces des Pays-Bas. Les Flamands avaient toujours été disposés à résister aux ducs de Bourgogne. Ils furent encore plus portés à la révolte après la mort de l'épouse de Maximilien, fille de leur seigneur. Pour ne pas rester sous la domination des Allemands et recouvrer une certaine indépendance, ils s'étaient emparés de la personne de Philippe, comte de Flandre, fils de l'archiduc, et s'étaient déclarés les tuteurs de ce prince en bas âge, alors que Maximilien réclamait pour lui ce titre. Gand, Bruges et Ypres étaient la tête de la confédération des révoltés. Anne de Beaujeu appuya ces villes. Elle leur envoya une ambassade dont Pierre Leprince fit partie comme notaire et secrétaire du roi. Un traité d'alliance fut conclu en 1484; la régente s'engageait à envoyer de l'argent et des troupes à la confédération. En 1485, Pierre Leprince retourna seul chez les Flamands. Il était chargé d'une mission secrète dont l'histoire n'a pas pénétré le mystère[1]. Grâce à tous ces efforts, l'influence de l'archiduc dans les affaires intérieures de la France fut neutralisée, et le duc d'Orléans dut abandonner ses prétentions.

Après avoir mené à bonne fin ces diverses ambassades fort délicates, Pierre Leprince s'occupa de ses seigneuries. En 1489, le 10 juillet, il échangea par-devant Jehan Turgis, prévôt de Montlhéry, le fief du Couldray-Liziart, qu'il avait acheté de Jacques de Beaujeu, pour le fief de Guernot-Voisin, appartenant à Philippe Dumoulin, seigneur de Briis. Ainsi fut détaché des seigneuries de La Norville et de La Bretonnière

---

1. Bibliothèque nationale, Manuscrits.

cet ancien fief de la famille des de Lignières. Le fief de Guernot-Voisin, composé de maisons, masures, cours, jardins et terres contenait environ 200 arpents. Le même jour, Pierre Leprince le vendit, par-devant Jehan Hernault, tabellion juré à Montlhéry, à René de Harnassé[1].

Louis XII, duc d'Orléans, ayant succédé, en 1478, à Charles VIII, mort sans enfants, se rappela que Pierre Leprince, en négociant avec les Flamands pour le compte de la régente contre l'archiduc Maximilien, n'avait pas servi ses intérêts. Il lui retira les charges qu'il avait occupées sous le règne précédent. Dans un acte de 1499, Pierre Leprince est simplement désigné, sans aucun autre titre, sous le nom de seigneur de La Bretonnière. Mais le roi Louis XII ne voulut pas toujours ainsi venger les injures faites au duc d'Orléans. Il ne se montra pas intraitable envers l'ancien barbier de Louis XI et le récent négociateur de Charles VIII. Il octroya au seigneur de La Norville et de La Bretonnière le titre d'écuyer et le nomma son maître d'hôtel par lettres du 13 novembre 1503[2]. Pierre Leprince ne vécut pas longtemps après avoir obtenu ces distinctions. Il mourut deux ans après et fut inhumé dans la chapelle du château de La Bretonnière qu'il avait fait dédier, le jour de la fête de saint Louis, 1503, par Jean, évêque de Mégare.

1. Archives du château de La Norville.
2. Bibliothèque nationale, Manuscrits.

Sur sa tombe on lisait cette inscription : « Cy gist noble homme Pierre Leprince, en son vivant escuier, maistre d'hôtel du roi et seigneur de La Bretonnière, Mondonville, La Norville, La Briche et Guillerville, qui trespassa le 25° jour d'Avril 1505[1]. »

De son premier mariage avec Agnès de Tuillières, il avait eu une fille, qui prit l'habit religieux. Le 26 mars 1485, il avait épousé en secondes noces Pernelle de Brichanteau, fille de Charles de Brichanteau, seigneur des Granges, capitaine de Montlhéry et de Jeanne d'Hémery. De ce mariage, il avait eu deux fils et quatre filles : Charles, seigneur de La Bretonnière et de La Norville, qui épousa, le 26 février 1527, Madeleine de Quincampoix, fille de Louis de Quincampoix, seigneur de Metz et de Longuesse, échanson de la reine Marie de Navarre, époux de Marguerite de Longeau ;

Pierre, seigneur de La Briche, époux de Louise de Languedoue ;

Jeanne, veuve, en 1525, de Louis de Boissy, seigneur de Rouville, remariée à Jean de Quincampoix, écuyer, seigneur de Montcheny ;

Marie, femme, en 1525, de Jacques Le Gabilleux, seigneur d'Intreville ;

Louise, femme, en 1525, de Jean de l'Estendart, seigneur de Heurteloup et de Flexanville ;

____

1. Leboeuf.

Marguerite, veuve la même année de Jean de Mérainville, seigneur de Morolles.

Les armes des Leprince, qui se trouvent dans l'église de La Norville, sur la deuxième clef de voûte, au-dessus du sanctuaire, étaient comme celles des de Beaujeu : d'argent à cinq faces de gueules; supports : deux aigles au naturel. On trouve aussi les armes des Leprince mi-partie de Tuillières et mi-partie de Brichanteau [1].

1. Bibliothèque nationale, Manuscrits.

CHAPITRE IV

Après la mort de Pierre Leprince, Pernelle de
Brichanteau, sa veuve, ayant la garde noble de
ses enfants mineurs, fut chargée de l'administration des seigneuries de La Norville, La Bretonnière, La Briche, Guillerville, et des immenses
propriétés de son mari défunt. En 1503, Louis de
Brichanteau, son frère, lui céda le fief de Roinvilliers ou des Marchands, sis à La Norville, qu'il
avait acheté, le 4 mars 1504, à Louis de Gin-
rant. Ce fief, d'une contenance de 24 arpents,
était situé au-dessous du lieu seigneurial de La
Norville, entre les deux chemins de Châtres à La
Ferté et de Châtres à Leudeville, dans la partie
basse du parc actuel, au-dessus d'Arpajon. Le
12 janvier 1508, elle hérita de la seigneurie des
Granges, par suite du décès de Charles de Brichanteau, son père. Jusqu'à sa mort, arrivée vers
1524, elle s'appliqua continuellement à agrandir
ses domaines et fit de nombreuses acquisitions,
en particulier sur le territoire de La Briche. A
la mort de Pierre Leprince, cette seigneurie,
mouvant de l'amiral de Graville à cause de son
château de Saint-Yon, ne contenait que 120 ar-

pents de terres labourables, un arpent et demi de vignes, 80 arpents de bois ; à la mort de Pernelle de Brichanteau, elle comprenait 116 arpents, 85 perches de terres labourables ; 170 arpents 95 perches de bois, un arpent de vignes et 7 quartiers de pré, soit une augmentation d'environ 90 arpents par suite d'achats [1].

Ce fut du temps de Pernelle de Brichanteau que le roi Louis XII fit quelque séjour à Châtres, d'où il adressa au Parlement, le 5 novembre 1514, des lettres ayant trait à la prorogation de cette compagnie [2]. D'après l'abbé Lebœuf, Pernelle de Brichanteau fut inhumée dans la chapelle du château de Là Bretonnière, à côté de son mari ; mais cet historien se trompe d'une manière fort étrange en donnant l'année 1500 comme date de cette inhumation. Les titres analysés ci-dessus le montrent d'une manière évidente.

De grandes et de longues contestations s'élevèrent entre ses enfants lorsque vint le moment de procéder au partage de sa succession. L'un de ses gendres, Jean de l'Estendart, était, à la fin de 1524, en procès à cet effet contre le fils aîné, Charles Leprince. Le 24 janvier 1525, le Châtelet de Paris rendit une sentence qui leva toutes les oppositions et ordonna le partage en six lots des biens laissés vacants. Après cette date, il y eut encore quelques comparutions ; mais enfin les hé-

---

1. Archives du château de La Norville.
2. LEBOEUF.

ritiers se décidèrent à mettre la main à l'œuvre. Tout d'abord ils voulurent prendre connaissance des inventaires, papiers, titres de propriété, etc..., déposés à l'hôtel seigneurial de La Bretonnière, et, dans ce but, s'engagèrent à se transporter dans cette localité, le 25 février suivant, en la compagnie d'un commissaire délégué par le Châtelet.

En ce jour tous comparurent, excepté Jean de l'Estendart et sa femme, qui n'envoyèrent même pas de procureur. Les héritiers présents demandèrent défaut contre eux et réclamèrent des dommages-intérêts pour le retard apporté volontairement au partage, retard qui était cause de la décadence et ruine des propriétés, et aussi pour les dépenses faites en voyages inutiles. Charles Leprince voulait même qu'on passât outre. Le commissaire du Châtelet, moins pressé ou moins irrité, décida « qu'une assignation serait de rechef envoyée audit l'Estendart pour comparaître à La Bretonnière le huitième jour de mars, à deux heures de l'après-midi, sous peine de cent livres parisis d'amende à payer au roi. » La même assignation fut donnée aux enfants présents, sous la menace de la même peine; et « obstant l'absence desdits défaillants au partage, » le procureur du Châtelet s'en retourna à Paris.

Le jeudi 8 mars, le commissaire et tous les héritiers, même Jean de l'Estendart, comparurent à La Bretonnière. Ce dernier, oublieux ou mal intentionné, n'avait pas amené son conseil avec

lui. Il demanda une remise de quelques heures.
Cette remise lui fut accordée à une heure de
l'après-midi; on attendit jusqu'à six heures du
soir et personne ne vint. Le lendemain, disputes
et querelles. Cependant l'accord se fit; mais, tout
d'abord, Charles Leprince exigea que chacun fît
rapport de ce qu'il avait précédemment reçu. Il
fallut passer sous ces nouvelles fourches caudines.
Le sieur de Mérainville et sa femme rapportèrent
la somme de 700 livres tournois reçues en mariage; le sieur Le Gabilleux et sa femme, 900 livres
reçues de même; demoiselle Jeanne Leprince,
dame de Rouville, 1,050 livres reçues de même;
le sieur Jean de l'Estendart, 1,500 livres tournois
reçues de même.

Ensuite on passa à l'examen des titres et des
estimations des biens précédemment faites. Les
déclarations, arpentages, mesurages, prisées des
héritages et successions, l'estimation de leurs
revenus annuels tant en grains qu'en deniers, les
pièces originales transcrites à la suite furent apportés par le sieur de Mérainville qui les avait en
sa possession. Ces pièces et titres furent examinés par le commissaire du Châtelet et le sieur
de Mérainville.

Le 11 mars, visite fut faite des biens et division
des lots. Le lendemain 12, on manda noble homme
Robert de Précy, seigneur de Guigneville et de
La Tour d'Auvers, pour assister au partage et
aplanir les difficultés s'il s'en trouvait. Le 14 mars,
les sieurs de l'Estendart, Le Gabilleux et de Mé-

rainville réclamèrent l'adjonction d'un autre juge : fut choisi François de Fleury, seigneur de Fleury. Alors, les mêmes héritiers présentèrent par écrit un certain nombre de difficultés se rapportant pour la plupart aux biens acquis par leur mère durant son veuvage. Les arbitres ayant donné leur sentence, les sieurs de l'Estendart, Le Gabilleux, de Mérainville, ne voulurent pas s'y soumettre, et, malgré l'opposition de Charles Leprince, on résolut de faire trancher le différend par des avocats choisis au Châtelet de Paris.

Le 15 mars, dans la soirée, le commissaire du Châtelet, Charles Leprince, Le Gabilleux et de Mérainville se rendirent à Paris. Le 16, eut lieu la consultation donnée par les avocats Frolo, Potdevin, Vixveur, Raboutier et Chameau. Leur décision fut apportée à La Bretonnière. De nouvelles contestations s'élevèrent à propos des droits de l'aîné. Le commissaire du Châtelet reconnaissant son impuissance, après tant d'efforts inutiles, renvoya les parties se pourvoir devant le prévôt de Paris.

Les partages furent suspendus et la querelle dura pendant un an. En 1526, le commissaire du Châtelet reçut une lettre de Charles Leprince « qui l'invitait à se rendre à Montfort-l'Amaury, le 25 janvier, pour y trouver les sieurs Le Gabilleux, Pierre Leprince, et de Mérainville, et pour de là se transporter à Heurteloup, près Mantes, chez le sieur de l'Estendart, écuyer, seigneur de ce lieu et de Flexanville, afin d'y parachever le partage commencé l'année précédente. »

Le 25 janvier, le commissaire se rendit à Montfort-l'Amaury, à l'hôtellerie du Cheval-d'Étain. Là, il trouva le frère et les beaux-frères de Charles Leprince. Ensemble ils allèrent à Heurteloup, en l'hôtel seigneurial de ce lieu, et alors fut définitivement consenti le partage des biens de défunt Pierre Leprince et de défunte Pernelle de Brichanteau.

Les biens et les revenus composant cette succession étaient considérables. En dehors du lieu seigneurial, château et parc de La Bretonnière et de l'hôtel seigneurial de La Briche, il y avait à partager : *à La Bretonnière*, des bâtiments, estimés par Guillaume Lestors, demeurant à Dourdan, et Jean Lyrot, demeurant à Sermaise, maîtres charpentiers jurés au bailliage de Dourdan ; Jean Robert, demeurant à Sainte-Mesme, et Denis Thomas, demeurant à Dourdan, maîtres maçons jurés au même bailliage, à la somme de 5 écus d'or 64 livres 15 sols tournois ; — 123 arpents de terre labourable, rapportant chaque année 6 muids 2 septiers 5 boisseaux et deux tiers de boisseau, en parties égales de méteil, seigle et avoine ; — 4 arpents, aux Bois-Défendus, rapportant 7 boisseaux l'arpent, moitié seigle et moitié avoine ; — une saulsaie ; — des terres au-dessous des jardins ; — le jardin de la Fontaine — le jardin sous la chaussée de l'Étang ; — la terre du Champ de Foire, estimés à 8 livres 14 sols 9 deniers oboles tournois de revenu annuel ; — 111 arpents 78 perches de bois ; — 28 arpents 67 perches de pré; — 13 arpents 44 perches de vignes; — les censives de La Bretonnière, moins celles des terres du domaine, montant à 38 livres 18 sols 5 deniers tournois; — les censives des Grillières, montant à 16 sols 2 deniers tournois; — les cens de la rue du Clos, à Châtres, montant à 50 sols 2 deniers tournois; — les cens de la boucherie de la même ville, ceux de la Saint-Blaise, montant à 64 sols parisis, et ceux de la Saint-Rémi, montant à 20 sols parisis; — le jardin Sallet, de la contenance de 59 perches; — un autre jardin et masure contenant 89 perches; — un troisième jardin et masure contenant 23 perches; — le pressoir, d'un revenu annuel de 100 sols tournois; — la foire, rapportant également 100 sols tournois; — l'étang et le moulin, d'un égal rapport; — la justice et le droit de retenue, rapportant 10 livres par an; — les fiefs dépendant de La Bretonnière et des Granges au nombre de treize, dont douze entiers et considérables, le fief de Brécourt étant en domaine; — quelques cens à Vallorge, Marolles, Brétigny et Marcoussis;

Les Granges : Le lieu, motte, jardin et fossés; — un arpent de vigne; une maison et jardin dans la rue de Saint-Germain, à Châtres; — le droit de pêche dans la rivière de Châtres; — la justice des Granges, moyenne et basse; — 10 livres de cens et rentes; — 110 sols tournois de rente sur le fief de Brichanteau;

Le moulin de Franchereau, baillé à perpétuité pour 2 muids de méteil de redevance annuelle,

20 livres tournois de rente, 6 poules et un gâteau aux rois ; — 2 muids de grains de rente par tiers froment, méteil et avoine, sur le pont de pierre ;

A la Maison-Neuve : Maison et bâtiments estimés 3 écus d'or 96 livres 2 sols 6 deniers tournois ; — 221 arpents 48 perches de terres labourables, rapportant 7 boisseaux l'arpent, mesure de Montlhéry, les deux tiers de méteil et le tiers d'avoine, produisant annuellement 10 muids 11 septiers 11 boisseaux ;

Au Grand-Cochet : Des bâtiments estimés 4 écus d'or 88 livres tournois ;

Au Petit-Cochet : Des bâtiments estimés 4 écus d'or 66 livres 5 sols tournois ; — 164 arpents 66 perches de terres labourables et trois jardins rapportant 8 boisseaux l'arpent, les deux tiers de méteil et le tiers d'avoine, au total 9 muids 5 septiers 4 boisseaux et demi ; — 140 arpents de ces terres, le manoir, les jardins et 4 livres parisis de menus cens avaient été baillés, pour une rente annuelle et perpétuelle de trois septiers de blé, au fermier Péningle, par Michel de Saint-Laurent qui, de son côté, était tenu d'en rendre foi et hommage au seigneur de La Bretonnière. Le reste des terres avait été, avant 1525, en la censive du seigneur de Bruyères-le-Châtel ; en 1527, il était remis en plein fief ;

A la Maison-Rouge : 115 arpents 6 perches de terres labourables, rapportant 7 boisseaux l'arpent, les deux tiers de méteil et le tiers d'avoine ; — 12 arpents de bois ;

A Brécourt : Une maison et une grange estimées 149 livres 7 sols 6 deniers tournois ; — 102 arpents et demi de terres labourables, produisant 7 boisseaux l'arpent, en tout 4 muids 11 septiers 9 boisseaux, les deux tiers de méteil et le tiers d'avoine ;

A La Briche : Des bâtiments, non compris l'hôtel seigneurial, estimés 2 écus d'or 77 livres tournois ; — 116 arpents 85 perches de terres labourables, produisant 6 muids 9 boisseaux, les deux tiers de méteil et un tiers d'avoine ; — 172 arpents 95 perches de bois ; — 7 quartiers de pré à Rymoron ; — un arpent de vigne ; — 7 livres 12 sols 5 deniers tournois de censives, — 9 poules ; — le fief d'Étréchy, tenu par Robin Mollet ; — la Justice et le pressoir ;

A Guillerville : Des bâtiments estimés 6 écus d'or 84 livres 2 sols 6 deniers tournois ; — 223 arpents 95 perches de terres labourables, produisant 11 muids 10 septiers 6 boisseaux, mesure de Montlhéry ; — 21 arpents 5 perches de bois ; — un arpent de friches ; — les censives de Mauchamps et de Guillerville, montant à 36 sols 9 deniers tournois ; — 3 sols 34 deniers 12 oboles parisis d'autres cens, — et la Justice ;

A Basville et La Folleville : Des bâtiments estimés 4 écus d'or 20 livres tournois ; — 55 arpents 39 perches de terres labourables, produisant 2 muids 10 septiers 10 boisseaux ; — 8 arpents de pré sur la rivière de La Folleville ; — un arpent et demi de bois ; — le fief de Boissy ;

— la Justice de la prévôté ; — le greffe ; — un septier de blé de rente annuelle sur le moulin de la Boissière ; — 2 muids de grains : froment, méteil et seigle, sur le moulin et la forge de La Folleville ; — 56 sols 11 deniers parisis de rentes ; — 34 livres 10 deniers obole pite de censives à Basville et à La Folleville ; — 100 sols de rentes sur un particulier ; — 6 poules et 5 chapons ;

A La Norville : Une grange, des étables couvertes en chaume, des établcs neuves couvertes en tuiles, un colombier et deux corps de maison, comprenant au total 380 toises de maçonnerie estimées 12 sols 6 deniers tournois la toise, 57,000 tuiles, estimées 40 sols tournois le mille, le tout, charpente, fenêtres, cheminées, portes et enduits compris, évalué à 6 écus d'or 17 livres tournois ; — un jardin, entouré de fossés, attenant à la maison, d'un rapport annuel estimé à 35 sols tournois ; — un autre jardin avec cour, *nommé le fief de La Norville,* contenant un arpent et demi, d'un rapport annuel estimé à 35 sols tournois l'arpent ; — la garenne du Rossay, contenant 2 arpents, d'un rapport estimé à 22 oboles tournois ; — 72 arpents 64 perches de terres labourables, d'une part, produisant 8 boisseaux l'arpent, à parties égales de froment, méteil et avoine, en tout 4 muids 4 boisseaux deux tiers ; — 12 arpents, d'autre part, achetés aux Burge-vins, 7 arpents et demi rapportant 8 boisseaux l'arpent, et 4 et demi rapportant seulement

6 boisseaux de seigle ; — 3 arpents et demi de pré en deux pièces, partie en la censive des Granges, partie en la censive de La Bretonnière, rapportant 55 sols tournois l'arpent ; — 13 livres 8 sols un denier tournois provenant des devoirs féodaux ; — les censives jointes à celles de La Bretonnière, — et toute la Justice ;

Au total : 1,206 arpents 34 perches de terres labourables ; — 307 arpents 28 perches de bois ; — 40 arpents 7 perches de pré ; — 14 arpents 44 perches de vigne ; — 3 arpents et demi de friches ; — un grand nombre de rentes, censives et produits divers rapportant 1,070 livres 28 sols 4 deniers tournois par an ; le muid de froment se vendant alors 12 livres tournois, le muid de méteil 10 livres, le muid de seigle 8 livres, et le muid d'avoine 6 livres.

Ces biens ayant été partagés en six lots, les deux fils Charles et Pierre Leprince furent avantagés. Charles, l'aîné, eut pour sa part :

1° La terre et seigneurie de La Bretonnière, cens, rentes, justice, droits et devoirs en dépendant ;

2° La terre et la seigneurie de La Norville, tant en fief qu'en roture ;

3° Le moulin de Franchereau et cinq arpents de terre ;

4° Le fief et les censives des Granges ;

5° La Maison-Rouge et ses appartenances ;

6° Le fief de Brécourt et ses appartenances ;

7° La garenne de La Bretonnière ;

8° Le bois des Fourneaux ;

9° Les grands bois près Cochet et la Maison-Rouge ;

10° 70 arpents 50 perches de bois-taillis à La Briche ; le tout estimé d'un rapport annuel de 466 livres 8 sols tournois.

Pierre Leprince, fils puîné, préleva :

1° La terre et seigneurie de La Briche ;

2° 39 arpents 87 perches et demi de terres à la Maison-Neuve ;

3° 11 arpents 25 perches de bois à La Briche ;

4° Un arpent et demi de haut bois au même lieu ;

5° 14 arpents de bois-taillis au même lieu ; le tout estimé à 138 livres 18 sols 4 deniers tournois de revenu.

Le surplus des biens, estimé à 466 livres 2 sols tournois de rente fut partagé en quatre lots égaux. Le premier lot échut à Jean de Mérainville et à Marguerite Leprince, sa femme ; le second à Jacques Le Gabilleux et à Marie Leprince, sa femme ; le troisième à Jean de l'Estendart et à Louise Leprince, sa femme ; le quatrième à Jeanne Leprince, veuve de Louis de Boissy.

A la suite de ce partage, il y eut quelques stipulations. Entre autres choses, il fut accordé par les cohéritiers à Jacques Le Gabilleux, écuyer, seigneur d'Intreville, de pouvoir bâtir ou faire bâtir et édifier une chapelle dans l'église de La Briche, à droite du chœur, du côté du presbytère et du village, d'en faire le lieu de sa sépulture, d'y mettre ses armes, de la faire clore et fermer, sans que cette permission toutefois pût lui donner, en dehors de cette chapelle, aucun droit de prééminence sur le seigneur de La Briche[1].

L'église de La Briche et la chapelle de Jacques Le Gabilleux ont depuis longtemps disparu. La seigneurie elle-même n'est plus entre les mains des Leprince, bien qu'elle soit demeurée pendant de longues années en la possession de leurs descendants. Pierre Leprince, frère du seigneur de La Norville et de La Bretonnière, de son mariage avec Louise de Languedoue, eut un fils qui mourut sans postérité; une fille nommée Anne, qui épousa, le 29 septembre 1549, François de Chartres, seigneur de Cherville; et une autre fille, Gabrielle Leprince, qui épousa Étienne de Saint-Pol, seigneur de Harcourt[2]. La Briche, par Gabrielle Leprince, passa dans la famille des Saint-Pol, dont les membres habitaient encore il y a quelques années le pittoresque et vieux château de Pierre Leprince et de Pernelle de Brichanteau.

1. Archives du château de La Norville.
2. Bibliothèque nationale, Manuscrits.

CHAPITRE V

Après ce partage, Charles Leprince devint, en en 1526, seigneur de La Bretonnière, de La Norville et des Granges. Pierre Leprince, son père, dès son acquisition, en 1474, avait attaqué les religieux propriétaires à La Norville. Charles Leprince, à peine à la tête de cette seigneurie, imita les agissements paternels. Il contesta tout d'abord aux Chartreux de Paris leurs droits sur la terre de La Bretonnière. Ses efforts ne furent pas couronnés de succès. Plusieurs sentences du Châtelet, la dernière du 1er février 1530, mirent un terme à ses prétentions. Il parut un instant plus heureux contre les religieux du couvent de Notre-Dame de Josaphat, près Chartres. Ceux-ci avaient le droit de percevoir 32 sols parisis de cens sur un arpent et demi de pré à Saint-Germain et sur un arpent et demi de terre en trois pièces, sises à La Norville, au champtier du Bon-Puits. Charles Leprince s'empara de ces rentes et les perçut jusqu'en 1543. Les religieux formaient opposition, mais inutilement. En fin de compte, ils s'adressèrent aux tribunaux et le seigneur de La Norville et de La Bretonnière, condamné à la restitution, dut, avec ses cohéritiers, passer un titre nouveau en faveur du couvent de Notre-Dame de Josaphat.

En 1546, le 13 février, il échangea pour une maison à La Bretonnière, avec Nicolas Buchère et Didier d'Aigremont, deux maisons en un tenant, l'une couverte en tuiles et l'autre couverte en chaume, avec cave dessous, cour, jardin et terre derrière, situées près l'église de La Norville, tenant, d'une part, aux héritiers Hersant, d'autre part à la Grande-Rue, d'un bout aux héritiers Pierre Hersant, et d'autre au chemin de La Norville à La Bretonnière. Ces maisons, en la censive du seigneur des Carneaux et chargées de 6 livres tournois de rente envers l'église, renfermaient le pressoir du pays qui devint bannier après l'échange fait avec Charles Leprince. Ce pressoir existait encore il y a quelques années. Sur son emplacement a été construite une maison qui sert actuellement au jardinier du château. Le presbytère et une partie de son jardin ont été pris sur les terres jointes à ces maisons dans la portion attenant au chemin qui, partant de l'église de La Norville, allait à La Bretonnière en passant le long de la garenne du Rossay [1].

Charles Leprince avait épousé, le 26 février 1527, Madeleine de Quincampoix, fille de Louis de Quincampoix, échanson de la reine Marie de

____

1. Archives du château de La Norville.

Navarre, seigneur de Metz et de Longuesse. L'alliance qu'il prit dans cette famille le jeta dans le parti calviniste. Après avoir honorablement servi le roi en Piémont dans l'arrière-ban de 1540, en qualité d'homme d'armes, il suivit, dans un âge avancé, le prince de Condé dans sa révolte.

En 1562, eut lieu le massacre de Vassy. Les calvinistes, depuis longtemps excités par leurs ministres, se soulevèrent à cette nouvelle. Leur chef, le prince de Condé, frère du roi de Navarre, vint se mettre à leur tête et marcha sur Fontainebleau pour enlever le roi. Charles IX, accompagné du roi de Navarre, du duc de Guise et du connétable de Montmorency, rentra à Paris. Le prince de Condé le suivit avec ses troupes, mais, devant l'attitude énergique des Parisiens, il fit passer son armée sur le pont de Saint-Cloud et, marchant du côté de Montlhéry, se rendit à Orléans qu'il surprit le 2 avril 1562. Les gentilshommes calvinistes se rendirent alors en masse au camp de Condé. Charles Leprince et son cousin Saint-Phalle furent du nombre.

Pendant que l'armée royale faisait le siège de Rouen mis en la possession des révoltés, Dandelot, frère de l'amiral de Coligny, amenait d'Allemagne une armée de 7,000 hommes au secours du prince de Condé. Lorsque ces Allemands furent arrivés à Orléans, les chefs du parti ne surent comment les faire subsister. Ils résolurent de faire quelque entreprise, quoi qu'il dût arriver. Le prince de Condé, à la sollicitation des ministres dont la haine était extrême contre les Parisiens, décida de marcher sur Paris dans l'espérance de s'en rendre maître. Il se mit en campagne, prit, chemin faisant, Pluviers, La Ferté-Alais, Étampes, Dourdan et Montlhéry, étendant ainsi ses troupes dans une grande partie de la Beauce et dans tout le Hurepoix. Le passage de ces soldats allemands causa de grands désastres. La Norville et La Bretonnière ne furent pas plus épargnées que le village de Montlhéry, les châteaux de Marcoussis et d'Orsay, les monastères de Marcoussis et de Longpont qui furent pillés, dévastés et livrés aux flammes [1].

Le prince de Condé arriva, le 24 novembre 1562, à Ville-Juif. Le lendemain, il attaqua le faubourg Saint-Victor. Repoussé par le duc de Guise et ne pouvant plus faire subsister ses troupes dans un pays déjà ruiné, il se retira, le 10 décembre, par Palaiseau, Limours et Saint-Arnoult pour rentrer en Beauce, laissant à Montlhéry une garnison de calvinistes qui, pendant une année, ravagea les environs. D'Orléans, où il se retira, le prince de Condé marcha sur Dreux. Là, il fut battu et fait prisonnier par le duc de Guise. Charles Leprince, qui avait suivi Condé dans toutes ses expéditions, se trouva-t-il à cette bataille dans les rangs des calvinistes? On ne le sait. Sa rébellion, en tout cas, ne trouva pas beaucoup d'imitateurs dans sa famille. Son cousin germain Nicolas de Brichan-

---

1. MALTE-BRUN, *Histoire de Marcoussis.*

teau, seigneur de Beauvais-Nangis, René d'An-
glure, seigneur de Givry, frère utérin de Nicolas, François et René de Billy, ses deux neveux,
combattirent dans les rangs des catholiques et
scellèrent de leur sang à la bataille de Dreux
leur dévouement à la religion et au roi. Après la
bataille de Dreux, le duc de Guise marcha sur
Orléans. En route, il reprit Montlhéry, puis
Étampes. Les seigneuries de La Norville et de La
Bretonnière demeurèrent alors sous la protection
des troupes du roi pendant tout le règne de
Charles IX, comme le prouve le séjour que fit
ce prince au château de Chanteloup, en l'année 1568 [1].

Charles Leprince échappa au massacre de la
Saint-Barthélemy. Le 13 octobre 1573, il partagea ses biens entre ses enfants. De son mariage
avec Madeleine de Quincampoix il avait eu deux
fils et deux filles : Charles, qui devint seigneur de
La Bretonnière; Pierre, qui fut un instant seigneur
de La Norville; Marie, qui épousa Oudard de Piédefer, seigneur de Saint-Marc, et en secondes
noces Jacques de Vilcardel, seigneur de Fleury
et marquis de Tréviers, en Piémont; Anne, qui
épousa François de Piédefer et plus tard Charles
Delaporte, seigneur de Chevroches.

D'après ce partage de 1573, La Norville fut
détachée de La Bretonnière et échut au fils puîné,
Pierre Leprince. Celui-ci, marié à Michelle De-

---

1. MALTE-BRUN, *Histoire de Marcoussis.*

ponat, ne resta pas longtemps, après la mort de son père, en possession de cette seigneurie. Le 4 octobre 1578, il la vendit et se retira dans ses propriétés de Basson et de Marcilly la Haye, près Sens, qu'il tenait des propres de sa femme. Avec une maison de fermier, étable, cour, colombier et un jardin derrière, contenant 3 arpents moins 10 perches, le domaine de La Norville comprenait alors 84 arpents 66 perches de terre. Il fut vendu pour la somme de 2,333 écus et un tiers d'écu d'or, sol de France.

Jean de Bellemain, l'acquéreur, était écuyer, gentilhomme ordinaire de la chambre des rois d'Angleterre Henri VIII, Édouard VI et de la reine Élisabeth. Envoyé par cette princesse avec d'autres gentilshommes au secours des calvinistes de France, il se lia d'amitié dans les camps avec Charles Leprince. Au mois de mars 1572, il maria sa fille unique Élisabeth avec le fils aîné de ce seigneur et acheta le fief de Roinvilliers ou des Marchands, à La Norville. Par l'acquisition qu'il fit des biens de Pierre Leprince, en 1578, il devint seigneur de ce lieu et, à ce titre, il rendit un aveu et dénombrement au roi Henri III, le 20 août 1581. Il mourut en l'année 1583. Sa fille Élisabeth qu'il avait eue de son mariage avec Marie Alington, d'une des plus illustres familles d'Angleterre, hérita de ses biens et les porta à son mari Charles Leprince, seigneur de La Bretonnière, frère aîné du seigneur de Basson, Benizy et Marcilly la Haye. La Norville, séparée de

La Bretonnière par le partage du **13** octobre **1573**, fut de nouveau, par cet héritage, réunie à cette seigneurie.

Charles Leprince, second du nom, suivit comme son père la carrière des armes et se jeta dans le parti calviniste. La guerre civile et religieuse un instant suspendue, avait permis au roi Henri III d'habiter en paix, dans les années **1578** et **1581**, le château d'Ollainville qu'il avait acheté de Benoît Milon. Cet état de tranquillité relative dura peu. La ligue s'était formée sous la conduite du duc de Guise et son influence s'était accrue au point de forcer le roi à sortir de Paris. Les partisans de la Ligue errèrent, après ce départ, aux environs de la capitale. Montlhéry fut pris par eux sur les troupes du prince de Condé ; mais, ils se rendirent si odieux et commirent tant d'exactions, que les habitants exaspérés se soulevèrent, tuèrent le capitaine ligueur, mirent en fuite ses soldats, fermèrent leurs portes et se tinrent neutres entre les deux partis. Ils remirent cependant leur ville et le château au roi lorsque après les États de Blois, en **1589**, Henri III et le roi de Navarre marchèrent contre Paris après avoir pris Étampes et Dourdan [1].

Pendant le siège de Paris contre le duc de Mayenne, siège qui fut abandonné et repris plusieurs fois, les soldats royalistes parcoururent à leur tour le Hurepoix en tous sens. Après la ba-

---

1. MALTE-BRUN, *Histoire de Montlhéry.*

taille d'Arques, Henri IV vint camper plusieurs jours à Linas et marcha ensuite sur Étampes. Trois ans plus tard, il était à Savigny et à Corbeil. Dans la nuit du 5 janvier 1592, un détachement de ses troupes surprit Châtres et Leuville après avoir traversé Brétigny et La Bretonnière. Il enleva une certaine quantité de blé pour approvisionner Corbeil [1]. Enfin, cette guerre civile, dont les paysans de l'Ile de France supportaient en grande partie le poids, se termina. Henri IV embrassa le catholicisme et entra dans Paris le 27 mars 1594.

Alors, après avoir été souvent, par la position de leurs villages, témoins de toutes ces luttes, les habitants de La Norville et de La Bretonnière furent appelés à jouir d'un spectacle bien plus pacifique et bien plus réjouissant. Le pape Léon XI, résolu à reconnaître Henri IV pour roi de France, malgré les instances de l'Espagne, envoya officiellement à ce prince un ambassadeur extraordinaire, Alexandre de Médicis, connu plus communément sous le nom de cardinal de Florence. Henri IV résolut de recevoir avec magnificence l'envoyé du souverain Pontife. Il ordonna à Paris d'immenses préparatifs. Comme ils n'étaient pas terminés et que le légat approchait, on le pria de s'arrêter quelques jours à Chanteloup, près Châtres, dans ce château qui fait face, sur la rive gauche de l'Orge, aux villages de La Nor-

1. LEBOEUF.

ville et de La Bretonnière. Alexandre de Médicis y arriva le 16 juillet 1596. Un grand nombre de prélats et de personnes de qualité vinrent le saluer dans cette demeure royale; Henri IV lui-même accourut en poste de la frontière, où était l'armée, pour lui rendre visite. Toute la Cour, une suite nombreuse et brillante de seigneurs et de princes, le duc de Mayenne lui-même, accompagnèrent le roi. On donna de nombreuses fêtes à Chanteloup pendant tout le séjour du légat qui fit seulement son entrée solennelle à Paris le jour de la fête de saint Jacques.

Charles Leprince mourut en 1601. Le 27 septembre de cette année, le partage de ses biens fut consenti entre ses trois enfants : Charles, encore mineur, assisté de Jean Patru, son procureur, sous l'autorité de Jean de Chartres, écuyer, son curateur; Élisabeth, épouse de James William, gentilhomme anglais; et Anne, épouse de Josias Mercier, écuyer, seigneur de Grigny, des Bordes et du Plessis le Comte.

Le château de La Bretonnière, le lieu seigneurial de La Norville, et un certain nombre de propriétés, devinrent l'apanage du fils. Le premier lot de la succession, composé de la ferme de La Bretonnière, du fief des Granges et de ses dépendances, des fiefs de la rue du Clos et de la Boucherie, à Châtres, échut à Elisabeth Leprince. Le deuxième lot, composé de la petite maison de La Norville attenant au pressoir et ses dépendances, du clos de vignes de ce lieu, de 24 arpents de bois à La Bretonnière, des prés, des terres de La Norville, d'un certain nombre de censives dans cette paroisse, à La Bretonnière et à Mondonville, de tous les fiefs autres que celui des Granges et ses dépendances, échut à Anne Leprince. Cette dernière et Josias Mercier, son mari, possédèrent ainsi tous les biens que Charles Leprince défunt et son épouse Élisabeth de Bellemain avaient au territoire de La Norville, sàns y avoir toutefois les droits seigneuriaux. Ils achetèrent, vers 1602, une portion de l'héritage échu à Élisabeth Leprince. C'est ainsi qu'ils reçurent, en qualité de seigneurs des Granges, les déclarations des censitaires pendant les années 1604, 1605, 1606 et 1607.

Charles Leprince, troisième du nom, seigneur de La Norville et de La Bretonnière, rendit de ces terres foi et hommage au roi en l'année 1604. En 1606, il épousa Charlotte Camus, sœur de Pierre Camus, évêque de Belley, confident et historien de saint François de Sales et fille de Jean Camus, seigneur de Saint-Bonnet, et de Marie Lecomte. Ce mariage honora beaucoup Charles Leprince : son beau-père était intendant et contrôleur général des finances, poste très important à cette époque, mais il lui procura surtout l'avantage inappréciable de la conversion. L'alliance que son aïeul avait prise dans la famille des Quincampoix l'avait jeté dans le parti calviniste, l'alliance qu'il contracta avec les Camus de Saint-Bonnet le ramena au catholicisme. Deux de ses petites-filles devinrent religieuses au couvent de Saint-Eutrope, près Chanteloup, et lui-même fut, en 1607, parrain de la cloche qui sonne encore aujourd'hui dans l'église de La Norville.

Charles Leprince suivit la carrière des armes. Il servit en Allemagne et en Hollande comme volontaire et entra plus tard dans la compagnie des chevau-légers du duc d'Orléans. Mais alors il n'était plus seigneur de La Norville. Au mois de janvier 1610, il avait fait un échange avec son beau-frère Josias Mercier, seigneur des Bordes. Il lui avait cédé l'ancien lieu seigneurial de La Norville, consistant en une petite maison couverte en tuiles, un grand colombier, une cour où se trouvaient les pierres de vieilles masures, un jardin et terre derrière, contenant en fonds, sept quartiers environ, sis près l'église, avec le droit de haute, moyenne et basse justice, ressortissant en appel du prévôt de Paris et mouvant en plein fief du roi à cause de son château de Montlhéry. En compensation il avait reçu quatre arpens de vigne à La Brétonnière, 50 livres de rente à prendre sur des libraires de Paris, et une somme de 340 livres. Par cet échange, Josias Mercier et Anne Leprince, son épouse, depuis dix ans propriétaires à La Norville, devinrent l'un seigneur et l'autre dame de ce lieu [1].

1. Archives du château de La Norville.

CHAPITRE VI

Josias Mercier fut un homme remarquable dans
les lettres et la diplomatie, un des calvinistes les
plus influents de son temps. Il était fils de Jean
Mercier, cadet de Languedoc, et de Marie d'Allier,
fille de Lubin d'Allier, docteur en droit, bailli
de Saint-Germain-des-Prés et petite-fille par sa
mère de François de Luynes, président au parlement de Paris. Très versé dans les langues
grecque, hébraïque et latine, Jean Mercier, auteur de plusieurs traductions et commentaires
de la Bible, fut choisi, après la mort de Vatable,
en 1546, pour succéder à ce professeur dans sa
chaire d'hébreu au Collège royal de Paris. Selon
de Thou, « il savait si bien les quatre langues principales, il travaillait avec une si grande exactitude, il joignait à tout cela un jugement si admi-
rable que l'on ne saurait croire avec quel succès
il s'acquitta des fonctions de l'enseignement. Mais
ce qui relevait singulièrement sa science, c'était
sa modestie, sa candeur et l'innocence de ses
mœurs. »

Amené aux idées de la Réforme, Jean Mercier,

qui n'avait point été inquiété en 1652, fut obligé de quitter Paris et la France lorsque la deuxième guerre de religion éclata. Il se retira à Venise. Après la paix de Saint-Germain, il voulut revenir dans sa patrie, mais à son passage à Uzès, sa ville natale, il fut attaqué d'une maladie contagieuse qui ravageait le Languedoc, et il y mourut en 1570. Marie d'Allier, son épouse, lui avait apporté en mariage les seigneuries de Grigny et du Plessis-le-Comte et l'avait rendu père d'un fils né à Uzès et de deux filles. Ces enfants furent rebaptisés à Saint-Sulpice, le 29 octobre 1572. On ne sait si les filles persévérèrent dans la profession de la religion catholique, mais le fils Josias, qui devint seigneur de La Norville, rentra dans le sein de l'église calviniste, où il joua un rôle considérable [1].

L'édit de Nantes, promulgué le 30 avril 1598, avait accordé aux calvinistes la liberté de conscience dans tout le royaume, mais il leur avait interdit de célébrer publiquement leur culte dans un certain nombre de localités. Ils ne pouvaient tenir leurs prêches ni à Paris, ni dans la banlieue. Josias Mercier recueillit l'église calviniste de Paris dans son château de Grigny, où elle fit ses cérémonies jusqu'en 1601. Plus tard, il la reçut dans son château de La Norville. En l'année 1600, eut lieu à Fontainebleau, en présence de Henri IV, la fameuse conférence entre Duples-

1. Haag, *La France protestante.*

sis-Mornay et le célèbre Du Perron, évêque d'É-
vreux. Le premier avait écrit contre la messe un
livre exclusivement composé de passages tirés
des saints Pères et d'anciens auteurs catholiques.
L'évêque d'Évreux se fit fort de montrer cinq
cents énormes faussetés dans ce livre et proposa au
roi d'en faire la preuve en sa présence. Trois
juges catholiques et trois juges calvinistes furent
proposés et acceptés pour vérifier les textes pré-
tendus altérés. Le 4 mai 1600, l'assemblée se
réunit dans une salle du palais de Fontainebleau.
Au milieu de la salle était une grande table. Le
roi était assis à un des bouts ayant à sa droite l'é-
vêque d'Évreux et à sa gauche Duplessis-Mornay,
A l'autre bout étaient les sieurs Pasquier et Vassant
que le roi avait choisis pour secrétaires, et Josias
Mercier, seigneur des Bordes et de Grigny, que
Duplessis-Mornay avait demandé au roi pour l'ad-
joindre à Pasquier et Vassant. A la première
séance, l'évêque d'Évreux démontra péremptoi-
rement que quatorze passages du livre contre la
messe, sur dix-huit qui furent examinés, avaient été
tronqués ou incompris. Duplessis-Mornay tomba
malade au sortir de la réunion, le lendemain il se fit
excuser et, quittant brusquement Fontainebleau,
se retira, sans que personne ne s'y attendît, dans
son gouvernement de Saumur. Cette fuite témoi-
gna du triomphe de l'évêque d'Évreux. Sully
déclara que si sa foi n'avait été soutenue que par
le livre contre la messe, il se serait immédiatement fait catholique. Le président Dufresne-

Cannaie, juge du côté calviniste, se convertit, Josias Mercier persévéra dans son erreur.

Le choix que Duplessis-Mornay avait fait de lui comme secrétaire dans une circonstance si importante, les services qu'il avait rendus aux calvinistes de Paris, la renommée de son père, ses propres mérites l'amenèrent dès lors à jouer un rôle très actif dans les affaires de son parti. Les calvinistes, excités par leurs ministres et un certain nombre de mécontents, à la tête desquels se trouvait le duc de Bouillon, résolurent de contraindre le roi Henri IV à leur donner de nouvelles et importantes garanties contre les catholiques. Ils rappelèrent au souverain leurs services passés et le menacèrent de prochaines révoltes. En l'année 1600, ils nommèrent des députés qui devaient se réunir à Saumur afin de protester contre certains articles de l'édit de Nantes relatifs aux droits des catholiques en Languedoc. Les églises de l'Ile de France députèrent Josias Mercier à cette assemblée politique. Réunie sans l'agrément du roi, elle reçut l'ordre de se séparer.

Henri IV toutefois accorda aux calvinistes rassemblés l'autorisation d'entretenir à la cour un ou deux députés de leur religion pour y avoir soin de leurs intérêts. Pour faire ce choix, ils obtinrent la permission de convoquer une nouvelle assemblée à Sainte-Foi, en Guyenne, au mois d'octobre de la même année. Dans cette réunion, ils choisirent pour leurs résidents à la Cour le sieur de

Saint-Germain et Josias Mercier, seigneur des Bordes. Contrairement aux ordres du roi, ils firent encore divers règlements par lesquels Henri IV connut la nécessité de veiller sur leurs démarches. C'est dans les premiers temps de cette résidence à la Cour, que Josias Mercier fut nommé conseiller d'État.

En 1605, le duc de Bouillon, chef du parti calviniste, ayant été compromis dans la révolte du maréchal de Biron, passa la frontière. Loin de se tenir en repos, il essaya de fomenter des révoltes en France. A son instigation, les calvinistes, sous prétexte de religion, demandèrent à tenir une nouvelle assemblée générale. Henri IV inquiet accéda à leurs désirs. La réunion eut lieu à Châtellerault, Sully s'y trouva en qualité de commissaire royal. Il s'opposa aux prétentions du duc de Bouillon et sut si bien apaiser les dissentiments et calmer les esprits, que rien ne s'y fit de contraire à l'autorité de Henri IV. Josias Mercier assistait à cette assemblée qui le porta de nouveau sur la liste des candidats à la députation qui devait au nom du parti séjourner à la Cour. Henri IV, ayant été assassiné, en 1610, Louis XIII son fils, encore en bas âge, lui succéda. Les calvinistes voulurent profiter des intrigues qui s'agitaient autour de la régence. En 1611, ils se réunirent à Saumur et Josias Mercier, alors seigneur de La Norville, fut élu secrétaire de l'assemblée. Par leurs instances, ils obtinrent qu'on laissât encore pendant cinq ans entre leurs mains les places de sûreté que Henri IV leur avait accordées.

En 1615, nouvelle réunion des calvinistes à Grenoble. Henri de Bourbon, prince de Condé, mécontent du peu de part qu'on lui donnait aux affaires, était à cette époque en pleine révolte contre la Cour. Une partie de la noblesse s'était jointe à lui contre Concini, maréchal d'Ancre, favori de la reine. A la tête de ses troupes, le prince de Condé avait pris Château-Thierry, puis Épernay. L'assemblée de Grenoble, trouvant l'occasion favorable pour forcer la main au roi, résolut de s'allier au rebelle. Pour trouver un terrain plus favorable à ses intrigues, elle se transporta à Nîmes, puis à La Rochelle. Josias Mercier, seigneur de La Norville, était encore secrétaire de l'assemblée et membre de la commission chargée de dépouiller les cahiers des provinces. C'est lui qui fut choisi avec Du Cluzel et La Noaille pour suivre les négociations entamées avec le parti des mécontents. Après quelques entrevues, un traité d'alliance fut conclu entre Condé et les Calvinistes, au camp de Sanzai, le 27 novembre 1615. Ceux-ci joignirent leurs troupes à celles du prince; le duc de Rohan, leur chef, attaqua plusieurs places et s'en rendit maître. La Cour de son côté se mit sur la défensive. La guerre civile allait éclater de nouveau dans toute sa violence, lorsque au mois de janvier 1616 la paix fut conclue à Loudun. Josias Mercier rentra alors dans la vie privée pour se livrer entièrement à l'administration de ses biens et à des travaux littéraires [1].

Après avoir, au commencement de 1610, acquis par échange de son beau-frère Charles Leprince le lieu seigneurial de La Norville, Josias Mercier se mit en devoir de construire sur son emplacement une habitation digne de son rang de seigneur haut justicier. Sur l'ancien jardin, appelé dans le partage de 1525 le fief de La Norville, il construisit un château comprenant un grand corps de logis à chaque extrémité duquel était élevé un pavillon couvert en tuiles, une cour s'étendait devant l'habitation et le tout était entouré de fossés. Venait ensuite une avant-cour aboutissant à la rue du village et à l'église. Aux coins extrêmes de cette avant-cour, à droite et à gauche, étaient deux pavillons. Un mur s'étendant d'un pavillon à l'autre fermait la propriété. Au centre de ce mur, une porte-cochère, bâtie en grès et flanquée de deux tourelles couvertes en ardoises, formait sur la rue l'entrée principale du château. Un colombier à pied, un fournil et des étables « bâties d'ancienneté, » un espace de terrain composaient la basse-cour à laquelle attenait un jardin. A côté de ce jardin, était une pièce de vigne de quatre arpents entourée de murs et, derrière le château, un parc de trente arpents, tenant d'une part à des vignes en la censive du seigneur et au chemin

1. Haag, *La France protestante.* — Daniel, *Histoire de France.*

de Châtres à La Ferté-Aleps, d'autre part à un nommé Michel Brocheroux, d'un bout au chemin de La Ferté et d'autre aux fossés du château.

Avec la haute, moyenne et basse justice, qui lui donnait droit de bailliage et de tabellionnage et celui d'avoir bailli, procureur fiscal, greffier, tabellion, sergents et autres officiers de justice, défauts, amendes, confiscations et déshérences, Josias Mercier avait encore un droit de forage qui lui permettait de prendre deux pintes par muid de vin vendu au détail, et un droit de rouage qui lui permettait de percevoir quatre deniers de redevance par chaque charretée de vin enlevée de La Norville. En 1617, le forage de quinze poinçons de vin rapportait au seigneur 66 sols 6 deniers tournois; en 1621, le forage de vingt-deux muids 3 livres 40 sols tournois.

Josias Mercier fit quelques achats et échanges pour augmenter son domaine. A sa mort, arrivée le 5 décembre 1626, il possédait à La Norville et aux environs, en dehors du château, de la basse-cour, du parc et des droits féodaux, le pressoir situé en face l'église, une ferme à La Bretonnière, 44 arpents 33 perches de terres labourables, 37 arpents 50 perches de bois, 14 arpents 5 perches de pré, 4 arpents de vigne, 66 livres tournois de cens et 25 sols de rente sur La Gallanderie, 16 poules sur plusieurs maisons de La Norville, 4 deniers sur la maison du Petit-Cochet, 10 sols 8 deniers de cens sur 120 arpents de terre dépendant autrefois de la ferme de la Maison-Rouge, 20 sols 5 deniers de cens sur une maison et 43 arpents de terre appartenant au seigneur de Brétigny et au sieur de Gorrys, 100 livres de diverses rentes à La Norville, à La Bretonnière et aux environs, le droit de pêche sur la boelle de l'Écorchoir jusqu'au moulin de Falaise, le droit de pêche commun avec les seigneurs de Châtres et de La Bretonnière sur la rivière d'Orge, depuis le moulin de Falaise jusqu'au moulin de Franchereau, et la mouvance de huit fiefs non compris la seigneurie des Granges et ses dépendances [1].

De son mariage avec Anne Leprince, Josias Mercier avait eu huit enfants : Anne, née en 1602, mariée en 1623, au célèbre Claude de Saumaise ;

Charles, né le 7 décembre 1604, qui eut pour parrain Henri de Rohan et pour marraine Camille Morel ;

Thimothée, né le 6 mars 1606, qui fut présenté au baptême par Thimothée Piédefer, seigneur des Mares, et par Judith de Martine ;

Louis, qui devint seigneur de Grigny et de La Norville ;

Marie, née en 1612, épouse de Jean Rabault, seigneur de Matheflon ;

Marguerite, femme, en 1654, de Simon Le Maçon, seigneur d'Eispiesses ;

Jérôme, né en 1618, et Geneviève, née en 1621.

---

1. Archives du château de La Norville.

On a de Josias Mercier un certain nombre d'ouvrages : 1° *Aristenœti epistolæ grecæ cum latina interpretatione et notis ;*

2° *Nonii Marcelli de proprietate sermonum nova editio. Accedit libellus Fulgentii de prisco sermone.* Au jugement de Colomiès, Mercier a «·divinement corrigé » le livre du grammairien latin qu'il a enrichi de notes. C'est son principal ouvrage ;

3° *Dictys cretensis de bello Trojano et Dares Phrigius de excidio Trojæ — additæ sunt ad Dictym notæ ;*

4° *Apuleii liber de Deo Socratis — Josias Mercerius e libris manuscriptis recensuit et notas adjecit.*

On a aussi de lui un éloge de Pierre Pithou, quelques lettres publiées dans le recueil de Goldast, d'autres à Casaubon et à Dousa conservées au British Museum ; enfin, on trouve au département des manuscrits de la Bibliothèque Nationale, outre une copie de la discipline ecclésiastique écrite entièrement de sa main (ancien fonds français, 7892-5), deux manuscrits que le catalogue lui attribue intitulés, l'un : *Prœlectiones ad titulum de Usuris* (ancien fonds latin, n° 4,504), l'autre : *Adversaria* (ibid. 8,708, 8,740). Selon Colomiès, Mercier avait annoté Tacite. Ces notes ne se retrouvent pas, non plus que les annotations qu'il avait faites sur Tertullien, au rapport de la Biographie universelle [1].

---

1. Haag, *La France protestante.*

Les écrivains protestants accordent de grandes louanges aux talents et au savoir de Josias Mercier. Colomiès estime que, de tous les critiques de son temps, il est celui dont les conjectures sont les plus certaines. D'autres lui attribuent, comme à son père, une grande modestie, une grande candeur et une grande innocence de mœurs. Entre autres avantages considérables, il eut celui d'être le neveu de la célèbre Camille Morel qui, à l'âge de douze ans, composa des vers grecs et latins sur la mort de Henri II, et le beau-père du savant Claude de Saumaise, l'une des gloires de l'église protestante. Nul doute que le talent de cet écrivain n'ait jeté quelque éclat sur le seigneur de Grigny, des Bordes, du Plessis-le-Comte et de La Norville; mais l'alliance qu'il contracta avec Josias Mercier, en épousant sa fille, ne fut pour lui qu'une source de querelles et d'épreuves domestiques. Anne Mercier était pour son mari une autre Xantippe. « C'était, dit Saumaise lui-même, une femme qui voulait être persuadée plutôt que forcée. » D'un caractère rude et impérieux, elle ne cherchait jamais à venir en aide à son mari dans ses difficultés, ni à le soutenir dans ses épreuves. En Hollande, où il fut en butte aux tracasseries des membres de l'académie de Leyde, il eut pour aviver les blessures faites à son amour-propre les plaintes et les reproches continuels de sa femme. Froissée dans sa susceptibilité pour une question de préséance, elle ne voulut jamais accompagner Saumaise dans les cérémonies publiques et ne cessa de le harceler tant qu'il n'eut pas obtenu de Mazarin le titre de conseiller d'État que, pour rester libre, il n'avait pas voulu recevoir des mains de Richelieu. Tous ces déboires irritèrent Saumaise au point qu'il finit par prendre en haine deux de ses amis, La Milletière et Didier Hérault, qui s'étaient plus spécialement entremis pour son mariage. Anne Mercier mourut à Paris en 1657 [1].

Après la mort de Josias Mercier, sa veuve Anne Leprince resta pendant une quinzaine d'années à la tête des seigneuries de La Norville, des Bordes, de Grigny et du Plessis-le-Comte, jusqu'à la majorité de ses nombreux enfants. Le 18 janvier 1627, elle fit rendre un aveu et dénombrement au roi pour la seigneurie de La Norville par son fils aîné Charles, écuyer, seigneur de Grigny, âgé seulement de vingt-trois ans. Suivant l'ancien cérémonial, dont son bisaïeul maternel, Pierre Leprince, avait été dispensé sous Louis XI, Charles Mercier se transporta devant la principale entrée du château de Montlhéry, et là, en état de vassal, la tête nue, sans épée, sans ceinture et sans éperons, un genou en terre, appela le roi à haute voix et à trois reprises différentes, demandant à rendre sa foi et son hommage et à prêter serment de fidélité. Le procureur du roi se présenta en l'absence du souverain

---

1. HAAG, *La France protestante.*

et Charles Mercier remplit en sa présence tous ses devoirs de sujet dont l'omission aurait entraîné la saisie de ses biens.

Anne Leprince, pendant son administration, acheta dans le courant de l'année 1630 plusieurs pièces de terre au Rossay et au fossé de Rome, et une petite maison, près de l'Église, à côté de l'ancien presbytère. En 1634 et 1637, elle reçut les déclarations de censitaires au nombre desquels se trouvaient les marguilliers de la confrérie du Saint-Sauveur à Châtres, les administrateurs de la maladrerie et ceux de l'Hôtel-Dieu de la même ville, les marguilliers de l'église de Marolles, les chantres et chapitre de l'église Saint-Merry, de Linas.

En 1638, le 26 novembre, elle vendit, tant en son nom qu'en celui de Geneviève Mercier, sa fille mineure dont elle avait la garde noble, et en celui de Louis Mercier, seigneur de La Norville, son fils émancipé d'âge, à son neveu Henri-Antoine Leprince, gentilhomme de la reine mère, seigneur de La Bretonnière, la ferme de ce lieu, consistant en bâtiments et en une pièce de terre, entre le château et le chemin de La Bretonnière à Guiboville, le droit de seigneurie, censive et justice sur les maisons et héritages situés à main gauche en montant de la chaussée Marin Boisseau à la petite porte de l'enclos du sieur Galland, le droit de relief, domination et féodalité sur le fief de Cochet ou des Bois-Défendus, les droits de censives à prendre au hameau du Mesnil, paroisse de Brétigny, les rentes tant foncières que d'autre nature constituées sur deux maisons à La Bretonnière, le droit de domination, féodalité sur le fief de Vallorge, près Brétigny, pour la somme de 3,400 livres tournois, la cession du bois du Petit-Rossay, avec le droit de haute, moyenne et basse justice sur cette propriété. Par cette vente, les seigneurs de La Norville abandonnèrent le reste de leurs droits sur La Bretonnière et dès lors la séparation des deux terres fut complète et subsista sans aucun empiètement.

Louis Mercier, écuyer, troisième fils de Josias Mercier et d'Anne Leprince, était en possession de La Norville au mois de juillet 1642. C'est de son temps que le pays et la seigneurie eurent à souffrir des troubles de la Fronde arrivés pendant la minorité de Louis XIV.

Le prince de Condé, mécontent de la reine mère et de Mazarin, avait résolu, en l'année 1651, de fomenter en France la guerre civile pour renverser le cardinal ministre et s'emparer du pouvoir. Parti de Chantilly au mois de septembre, il s'était rendu au centre de la France où il avait trouvé des alliés. Il avait en peu de temps réuni une armée et marché contre les troupes que la Cour avait envoyées pour le combattre sous le commandement de Turenne. Les deux partis s'étant rencontrés, une bataille se livra à Bléneau, près de Gien. Le prince de Condé se jeta sur la cavalerie royale commandée par le maréchal d'Hocquincourt et la dispersa. Turenne vint au secours du maréchal avec son infanterie. Grâce à ce secours, la cavalerie put se rallier et tenir tête à ses adversaires dans une position avantageuse. Aussitôt après cette victoire partielle, Condé, plein d'espoir, quitta son armée et se hâta d'accourir à Paris pour publier son succès et soulever le peuple. Il avait donné à ses troupes l'ordre de le rejoindre pour seconder le mouvement.

A la nouvelle du départ de Condé, Turenne et d'Hocquincourt, devinant les intentions du prince, abandonnèrent leur position de Bléneau, se dirigèrent rapidement sur la Ferté Aleps, traversèrent cette petite place, et vinrent établir leurs troupes sur la grande route d'Orléans, entre Étampes et Paris, afin de couvrir à la fois la capitale et la Cour arrivée à Corbeil après avoir quitté Sens et Melun. Pour centre de leur campement, ils choisirent la ville de Châtres et étendirent leurs troupes sur les hauteurs voisines, depuis Montlhéry jusqu'à Torfou. Les soldats de Turenne arrivèrent à La Norville le 24 avril 1652. Ils campèrent dans cette localité jusqu'au 3 mai. Pendant ce temps, les lieutenants de Condé avaient marché sur Paris, mais, déconcertés par la rapidité des mouvements de Turenne, ils n'avaient pas osé dépasser Étampes et tenaient leurs forces en repos dans cette ville. Ils attendaient le résultat des intrigues de leur général, lorsqu'ils apprirent que Mlle de Montpensier, ennuyée du séjour d'Orléans, devait venir les trouver dans le but de se rendre ensuite elle-même à Paris. Les généraux de Condé voulurent recevoir avec de grands honneurs l'héroïne de la Fronde et firent de superbes préparatifs. Turenne et d'Hocquincourt, avertis de ce qui se passait à Étampes, résolurent de surprendre l'ennemi. Dans la nuit du 3 mai, ils partirent de Châtres et parurent bientôt sur les hauteurs qui dominent la ville du côté d'Étréchy. Les rebelles sortaient d'une joyeuse revue. Attaqués auprès de leurs retranchements dans le désordre d'une fête, ils éprouvèrent une déroute complète et perdirent plus de 3,000 hommes. Turenne aurait voulu s'emparer d'Étampes, mais, manquant de canon pour en faire le siège, il regagna son campement de Châtres où il séjourna encore pendant deux jours. Ensuite il se rapprocha de Paris et s'établit à Palaiseau et à Antony.

Dans ces expéditions, les troupes royales et les troupes de Condé s'étaient livrées à de grands désordres. Elles avaient traité les campagnes en pays ennemi. A La Norville, par crainte des gens de guerre, on avait fait transporter à Paris les meubles, le linge et les ornements de l'église, et les habitants n'eurent qu'à se louer de leur prudence. Les soldats brisèrent les portes, une partie des fenêtres et le carrelage de l'église et de la sacristie. Le reste du pays et le château furent livrés au pillage et, après leur départ, les troupes laissèrent une misère si grande qu'une terrible peste se déclara bientôt dans les pays compris entre Étampes et Paris. Trente personnes moururent à La Norville, et, à cause de cette mortalité et de la pénurie générale, les marguilliers crurent devoir suspendre pendant trois mois les quêtes à l'église[1].

Louis Mercier, seigneur de La Norville, avait habité pendant ces troubles le château de Grigny, sa résidence ordinaire. Lorsque les temps furent devenus meilleurs, il s'occupa plus activement de son domaine. Bien que calviniste, il n'hésita pas à entrer en pourparlers avec les religieuses de l'hôpital et du couvent royal de Saint-Eutrope-les-Chanteloup, pour obtenir d'elles quelques avantages pour sa terre. Il fut sans doute encouragé dans ses démarches par la présence dans la communauté de deux de ses proches parentes. Sa cousine germaine Marie-Madeleine Leprince, sœur de Antoine Leprince, seigneur de La Bretonnière, était mère Ancelle, c'est-à-dire supérieure du couvent. Sa sœur Charlotte Leprince y était religieuse professe. Grâce à l'influence de ces religieuses, qui vivaient à Saint-Eutrope en compagnie de professes issues des familles nobles des de Vize, de Carnazet, de Genton, de Montrouge, d'Aumont, de Guigy, de Machault, de Savary, Louis Mercier put obtenir, le 7 septembre 1657, la cession d'un certain nombre de cens seigneuriaux portant lods et ventes, saisines et amendes que la communauté avait le droit de percevoir sur plusieurs héritages situés dans

1. Archives de l'église.

l'étendue de la justice et paroisse de La Norville. En retour, il céda aux religieuses cinq livres tournois de rente annuelle sur une maison, cour et jardin sis à Linas, rue du Carouge. Il acheta encore un certain nombre de propriétés : un quartier et sept quartes de vigne au Rossay, un demi-quartier de pré dans la prairie d'Ollainville, un quartier de terre entre les deux Rossays.

En 1671, Louis Mercier rendit un aveu et dénombrement de sa seigneurie. Il mourut vers l'année 1673. De son mariage contracté, en 1648, avec Madeleine Bigot, fille de Jacques Bigot, contrôleur général de l'extraordinaire des guerres, et de Madeleine du Candal, il avait eu deux filles : Madeleine et Anne-Marguerite, et deux fils : Josias-Louis, né en décembre 1656, et Jacques, né en l'année 1657.

A sa mort, deux seulement de ces enfants, Madeleine et Jacques, étaient encore vivants. Jacques se convertit au catholicisme en 1673. Il avait alors seize ans. Le 28 mars 1674, émancipé d'âge et jouissant de ses droits sous l'autorité de Henri-Antoine Leprince, chevalier, seigneur de La Bretonnière, son curateur, il rendit aveu et hommage au roi pour raison de son fief de La Norville, Mondonville et dépendances tant en son nom propre qu'au nom de sa sœur Madeleine Mercier, aussi émancipée d'âge et jouissant de ses droits sous l'autorité d'Isaac Bigot, écuyer, seigneur de Morogues, son curateur.

En 1677, le bailli de La Norville rendait la justice au nom de Jacques Mercier. Toutefois, il n'avait pas encore été procédé entre sa sœur et lui au partage des biens laissés par les défunts Louis Mercier et Madeleine Bigot. Ceux-ci étaient morts avant Jacques Bigot et Madeleine du Candal, leur père et mère. Madeleine Mercier, mariée en 1679, à Henri Muisson, seigneur de Bailleul, avait, on ne sait pour quelles raisons, vendu à son oncle Pierre Bigot, écuyer, seigneur de Saint-Pierre, conseiller du roi, et contrôleur des gardes suisses de Sa Majesté, non seulement ses droits à la succession de ses aïeuls maternels, mais encore à la succession de son père. Les raisons qui la déterminèrent à cette vente furent aussi probablement celles qui firent remettre le partage avec son frère. Pierre Bigot mourut, et ce fut sa veuve, Anne Bidé, chargée de la garde noble de ses enfants, qui partagea avec Jacques Mercier la succession des Bigot et des Mercier, seulement le 4 novembre 1681, après une vacance des biens qui dura près de huit ans.

A Jacques Mercier échurent les seigneuries de Grigny et de La Norville. Cette dernière comprenait alors : la maison seigneuriale et son enclos fermé partie de murs, partie de fossés et de haies vives d'une contenance de 26 arpents de terres, d'un arpent 64 perches de vignes, de 20 perches et demi de friches et de 4 arpents et demi de bois; 24 arpents 75 perches de terres labourables; 21 arpents 2 perches de pré; 43 arpents

68 perches de bois; la haute, moyenne et basse justice; le greffe, le tabellionnage, les droits de rouage et de forage, le droit de pêche dans la rivière d'Orge; 50 livres de censives à prendre tant à La Norville qu'à Châtres et Avrainville; 9 poulets et un chapon; les fiefs de Varennes, de Videlles, de Viviers, de Voisins le Bretonneux, de la Lance, du Bois de Presle; le fief des Granges et ses dépendances : le fief d'Echainvilliers, les dîmes de Ragonnant, la Vacheresse, le tout estimé 41,379 livres 7 deniers.

Jacques Mercier mourut peu après ce partage. Sa sœur Madeleine Mercier recueillit sa succession et, le 8 janvier 1682, la céda à messire Jean-Baptiste Choderlot de La Clos, valet de chambre du roi, trésorier des guerres de la Franche-Comté, pour la somme de 40,000 livres. Madeleine Mercier sortit de France à la révocation de l'édit de Nantes, en 1685. En 1687, elle était veuve de Henri Muisson, en son vivant seigneur de Bailleul, conseiller secrétaire du roi, audiencier en la chancellerie de Paris, et mariée en secondes noces à Nicolas de Montceaux, chevalier, seigneur de l'Étang, maître de camp d'un régiment de cavalerie. Elle fut la dernière des Leprince unis aux Mercier qui posséda La Norville. Ces familles étaient demeurées, pendant plus de deux cents ans, à la tête de la seigneurie. Les Mercier portaient en leurs armes trois chardons bénits d'argent en champ de sinople écartelé de besans d'or en champ de gueules.

CHAPITRE VII

Jean-Baptiste Choderlot de La Clos. — Érection de la seigneurie de La Norville en châtellenie. — Le marquis de Péry.

Le 8 janvier 1682, Jean-Baptiste Choderlot de La Clos, valet de chambre ordinaire du roi et trésorier des guerres de la Franche-Comté, devint, après Jacques Mercier, seigneur de La Norville. Ses fonctions l'empêchèrent de prendre immédiatement possession de son domaine. Le 15 du même mois, il afferma pour trois années consécutives, moyennant 1,500 livres par an, à Antoine Savary, bourgeois de Paris, l'ancien château de Josias Mercier, la basse-cour, les terres, prés, vignes, bois, greffe, pressoir, rentes foncières et seigneuriales et tous les autres droits qui lui appartenaient à La Norville. Il n'en remplit pas moins ses devoirs de seigneur. Le 12 mars 1682, il rendit foi et hommage au roi et, le 14 septembre, après avoir obtenu de la chancellerie du Palais des lettres à terrier, il convoqua ses vassaux des paroisses de La Norville, de Saint-Germain, de Châtres, d'Avrainville, de Guibeville et de Marolles à l'effet de passer par-devant Laurent Boullé, son notaire, de nouvelles déclarations de leurs terres en censive par tenants et aboutissants avec les noms des champtiers alors existants. Au nombre des principaux censitaires qui se présentèrent alors furent : Nicolas Petit, écuyer, conseiller du roi, propriétaire de la Gallanderie; le sieur Jean Duchastelet, conseiller du roi en son grand conseil; Pierre Boutet, seigneur de Marivatz; Antoine Paré, prêtre, demeurant à Paris, au nom et comme curateur de la personne et des biens de Jeanne Delavau, veuve de Georges Joubert, en son vivant capitaine des galères, propriétaire de la ferme de Mondonville; Jean Dufour, chanoine de l'église collégiale du Saint-Sépulcre, à Paris; les chanoines de Linas; les religieuses de Saint-Eutrope et le trésorier de la fabrique de Montlhéry.

Lorsque le bail consenti à Antoine Savary eut pris fin, Jean-Baptiste Choderlot de La Clos vint habiter sa seigneurie; mais auparavant il avait obtenu du roi Louis XIV, à la personne duquel il était attaché, plusieurs faveurs signalées.

Au moment où les seigneuries changeaient de maître, les acquéreurs ou les héritiers devaient payer au suzerain ou au roi, lorsqu'elles dépendaient immédiatement de la Couronne, un certain nombre de redevances connues sous les noms de droits de quint et de requint, de lods et ventes, de rétention par prolation, etc... Les sommes provenant de ces droits étaient parfois considérables. Dans différentes circonstances, les rois, pour récompenser quelques-uns de leurs serviteurs, leur accordaient par brevet la perception de ces revenus qui n'entraient pas ainsi dans le Trésor royal. Le sieur Horcholles de Vallefonds avait obtenu des lettres patentes qui lui concédaient le bénéfice du quint et du requint à l'occasion de la vente de la seigneurie de La Norville. Ces lettres patentes furent supprimées par arrêt du conseil d'État, et les droits primitivement accordés au sieur de Vallefonds donnés au frère du seigneur de La Gallanderie, Edme Petit, commissaire d'artillerie. Celui-ci étant mort sans avoir perçu l'impôt du quint, le roi Louis XIV, le 11 août 1682, en fit la remise à Jean-Baptiste Choderlot de La Clos, par un arrêt du conseil d'État, signé : Le Tellier. Le seigneur de La Norville, par la munificence du roi, bénéficia ainsi d'une somme de 5,333 livres 6 sols 8 deniers.

Au mois de février 1685, le même souverain, sur la demande de Jean-Baptiste Choderlot de La Clos, éleva la seigneurie de La Norville au rang de châtellenie, par lettres patentes, enregistrées au Parlement le 17 avril suivant, dont le texte suit :

« Louis, par la grâce de Dieu, roy de France et de Navarre, à tous, présents et à venir, salut :

« Notre amé Jean-Baptiste Choderlot de La Clos, l'un de nos valets de chambre ordinaires, écuyer, seigneur du fief de La Norville, ses appartenances et dépendances, nous a fait remontrer que sa ditte terre de La Norville est un fort ancien fief composé d'une grande paroisse, d'un nombre considérable d'habitants, de plusieurs fiefs qui en relèvent, de censives et autres droits seigneuriaux et féodaux, et d'un beau château et domaine relevant seulement de nous à cause de notre comté de Montlhéry, qu'il jouit même par concession des roys nos prédécesseurs dès l'an 1477 de tous droits de haute, moyenne et basse justice, et désirerait pour plus de décoration de la ditte seigneurie de La Norville qu'il nous plut d'y joindre le titre de chastellenie nous suppliant très humblement le luy octroyer, à quoy inclinant favorablement et pour marquer notre satisfaction des bons et agréables services que nous a rendus et nous rend depuis longtemps le dit exposant, de notre grâce spéciale, pleine puissance et autorité royale, nous avons par ces présentes signées de notre main créé, érigé, décoré et élevé, créons; érigeons, décorons et élevons la ditte terre et fief de La Norville et ses appartenances en titre, nom et dignité de chastellenie pour en jouir par le dit sieur de La Clos, ses successeurs et ayant cause au dit titre, nom et qualité, voulons qu'en tous actes, soit en jugement ou hors jugement ils s'en puissent dire et qualifier seigneurs chastelains, jouir de tous les honneurs, prérogatives et prééminences qui ont accoutumé d'appartenir aux autres chastelains de notre royaume quoiqu'ils ne soient ici spécifiés, qu'ils soient pour tels reconnus par leurs vassaux tenants noblement ou en roture qui feront leur foy et hommage, bailleront leurs aveux, dénombrements et déclarations sous le dit nom et qualité de chastelain, sans toutes fois qu'ils soient tenus à plus grands droits que ceux qu'ils doivent à présent. Nous avons aussi de nos mêmes grâce, puissance et autorité royale permis, permettons au dit seigneur de La Norville d'établir et faire construire, si déjà fait n'a été, prisons et fourches patibulaires à trois piliers au lieu qu'il jugera plus à propos dans l'étendue de sa dite terre pour marque de ses dites justices et chastellenie de la quelle ressortiront les appellations ainsi qu'auparavant de notre Châtelet de Paris, pour la ditte justice être exercée par un juge chastelain, lieutenant, procureur fiscal, greffier et autres officiers tels qu'appartient à seigneur chastelain et à haut justicier, qui intituleront leurs sentences et jugements de la dite qualité de juge chastelain, sans préjudice des cas royaux et à la charge que la ditte chastellenie relèvera comme ci-devant à une seule foy et hommage de Nous à cause de notre ci-devant comté de Montlhéry, aux droits et devoirs portés par la coutume. Et, en considération du zèle et de l'affection dont le dit sieur de La Clos nous donne encore de nouvelles preuves par la fondation que nous apprenons qu'il a faite à perpétuité pour dire et célébrer en l'église et paroisse de La Norville le vingt cinquième août, jour et fête de saint Louis, le jour de la Notre-Dame en septembre et plusieurs autres jours de l'année, un Salut, prières publiques pour Nous et notre royale famille, et que cette dévotion attirera un grand concours de peuple de tous les lieux circonvoisins, Nous avons établi et créé, créons et établissons en la ditte chastellenie de La Norville, le lendemain dé la Notre-Dame, au mois de septembre, une foire à laquelle nous voulons que tous marchands puissent aller, séjourner et retourner, vendre, acheter et débiter toutes sortes de marchandises licites, permises, sous la liberté ordinaire des autres foires, à condition qu'à quatre lieues aux environs il n'y ait déjà autre foire établie à même jour et qu'échéant à jour de Dimanche ou de fête solennelle, elle sera remise au jour suivant. Permettons au dit sieur chastelain de La Norville de faire bâtir halles, bancs et estaux pour la commodité et sûreté des marchands et de leurs marchandises, et en percevoir les droits pour ce dus sans néammoins prétendre aucune exemption préjudiciable à nos droits.

« Mandons à nos amés et féaux conseillers les gens tenant notre Cour de Parlement à Paris à tous autres nos officiers qu'il appartiendra que ces présentes ils fassent enregistrer, lire, publier où besoin sera et de leur contenu jouir et user le dit exposant, ses successeurs et ayant cause pleinement, paisiblement, cessant et faisant cesser tous troubles et empêchements contraires; *car tel est notre plaisir*, et afin que ce soit chose ferme et stable à toujours nous avons fait mettre notre scel à ces dites présentes, sauf en autres choses notre droit et l'autrui en toutes. Donné à Versailles, au mois de février, l'an de grâce 1685 et de notre règne le 42ᵉ.

« LOUIS,

« Par le roy : Colbert. »

4

Jean-Baptiste Choderlot de La Clos n'usa pas de tous les privilèges qui lui furent ainsi accordés. Il prit dans les actes publics et particuliers le titre de seigneur châtelain, mais il se contenta de cet honneur. Il n'y a pas d'apparence qu'il ait fait élever des fourches patibulaires. Un pavillon du château fut seulement converti en prison pour les malfaiteurs arrêtés sur le territoire de la haute justice. La foire de la Notre-Dame de septembre n'a jamais dû être tenue.

Au mois de novembre 1687, le roi Louis XIV octroya une nouvelle faveur à Jean-Baptiste Choderlot de La Clos. Par brevet signé Louis, contre-signé Colbert et enregistré au greffe du Trésor au Palais le 3 décembre de la même année, il reçut en don tous les biens meubles et immeubles ayant appartenu à une nommée Perrone Francard, échus au roi par droit de bâtardise et de déshérence. A cette date, le seigneur de La Norville était conseiller, secrétaire du roi, maison, couronne de France et de ses finances [1].

Il avait cherché de tout son pouvoir à embellir sa propriété et à augmenter ses domaines. Pour dégager les abords du château, il avait acheté et détruit plusieurs maisons qui lui faisaient face sur le terrain appelé aujourd'hui la Pâture, obtenu de la fabrique de La Norville quelques perches de l'ancien cimetière autour de l'église. Aux champtiers des Graviers et de la fontaine

---

1. Archives du château de La Norville.

Saint-Denis, au bas du parc du côté de Châtres, il s'était rendu acquéreur de 7 arpents de vigne et les avait fait enclore dans sa propriété. Au Rossay, pour augmenter sa garenne, il avait acheté environ 3 arpents de terre et 3 quartiers au Manuel. Les biens de Jean Boutet, seigneur de Marivatz, ayant été saisis et vendus à la requête de Jean de La Guillaumie, secrétaire et conseiller du roi, Jean-Baptiste Choderlot de La Clos et Nicolas Petit, écuyer, valet de chambre du roi et seigneur de La Gallanderie, les achetèrent en totalité pour la somme de 45,000 livres. Le seigneur de La Norville eut pour sa part 53 arpents de terres en divers territoires et paroisses avec la ferme située dans l'angle formé par la rue de La Norville et le chemin Pasquot. Cette ferme, en 1607, appartenait à Alain Boutet, marchand à Châtres, avec une pièce de 3 arpents y attenant et un certain nombre de dépendances. Pour l'agrandir, Jean-Baptiste Choderlot de La Clos acheta encore deux maisons et 7 arpents de terre. La seigneurie de Marivatz échut à Nicolas Petit, qui ajouta ce titre à ceux qu'il possédait déjà. Le seigneur de La Norville se rendit encore acquéreur de 42 arpents de terres, en grande partie sur les territoires d'Avrainville et de Breuillet, provenant des biens de Marguerite Lebout, veuve de Pierre Delassus, saisis à la requête de Mᵉ Henri Rosey, conseiller en la cour du Parlement de Metz. Aussi, à sa mort, arrivée vers 1698, avait-il considérablement augmenté le domaine qu'il avait acquis de Madeleine Mercier. Il possédait, en dehors du château et de ses dépendances, 215 arpents de terre environ, le pressoir, la ferme et trois maisons.

De son mariage avec Marie-Auguste Lebeau, il avait eu plusieurs enfants : François-Charles, décédé sans postérité à l'âge de 23 ans, le 9 août 1705 ;

Jean-Baptiste, décédé le 27 juillet 1690, âgé de 2 ans ;

Françoise-Athénaïse, qui épousa Jean-Baptiste, marquis de Péry ;

Marie-Basile, qui devint religieuse au couvent de Saint-Eutrope ; elle fit profession au mois de janvier 1701 et, du consentement de sa mère, de son frère et de ses sœurs, reçut alors sa part de l'héritage paternel, c'est-à-dire 8,500 livres pour les frais de sa profession et 300 livres de rente viagère ;

Nicole-Charlotte, mariée, le 31 décembre 1715, à Michel Toutain de Fontenelles, chevalier, seigneur de Varennes, colonel de dragons ;

Anne-Marie-Victoire, qui vécut dans le célibat.

Les armes de Jean-Baptiste Choderlot de La Clos portaient d'argent à deux piques renversées de sable passées en sautoir accompagnées de quatre flammes de gueules, au chef d'azur semé de billettes d'or.

La famille de La Clos se fit remarquer à La Norville par sa grande piété et sa grande charité.

Jean-Baptiste Choderlot de La Clos, son épouse, son fils et ses filles ne dédaignaient pas de se mêler aux habitants de la seigneurie pour prendre part à leurs peines et à leurs joies. Ils tinrent sur les fonts baptismaux presque tous les enfants de leurs serviteurs, signèrent comme témoins un grand nombre d'actes de mariage et d'inhumation; Mme de La Clos assista à l'ondoiement fait à domicile de plusieurs enfants en danger de mort. Les de La Clos étaient alliés aux de Nesme, aux d'Amblémont, aux de Marivaux, aux de Brémont, aux de Chauvigny, aux de Barbézieux, etc.....

Après la mort de Jean-Baptiste Choderlot de La Clos, la seigneurie de La Norville fut administrée par sa veuve Marie-Auguste Lebeau jusqu'en l'année 1702. A cette date, les enfants du défunt reconnaissant que le partage de la succession paternelle était impossible à cause du nombre des copartageants, résolurent de procéder à la vente du domaine. Cette vente eut lieu le 17 avril 1702. Pour la somme 120,000 livres, la terre et seigneurie châtellenie de La Norville fut adjugée à Jean-Baptiste Cauvin, seigneur de Villiers. Mais, dix jours après, Jean-Baptiste, marquis de Péry, époux de Françoise Athénaïse Choderlot de La Clos, usant des droits que lui conférait la coutume, demanda le retrait lignager de la vente par proximité de lignage. Il fut alors substitué au seigneur de Villiers, et, prenant la vente à son profit aux conditions acceptées par le premier acquéreur, il devint ainsi seigneur de La Norville [1].

Le marquis de l'éry fut un grand homme de guerre. Ses états de service sont des plus brillants et des plus honorables. Né en Corse, en l'année 1647, il était à vingt-sept ans, le 12 juin 1674, capitaine d'un régiment d'infanterie indigène levé par son père. Il servit en Sicile avec sa compagnie jusqu'au mois de mars 1678. En cette année il entra au service de la France. Son régiment corse, ayant été licencié par ordre du 10 avril 1682, il fut incorporé avec sa compagnie dans le régiment Royal-Roussillon. Avec ce régiment, il combattit à Valcour, dans les Pays-Bas, sous le maréchal de Humières, au mois d'août 1689; à Fleurus, sous le maréchal de Luxembourg, le 1er juillet 1690. Colonel d'un régiment d'infanterie étrangère qu'il leva par commission du 26 septembre 1690, il servit sous le commandement du roi au siège de Mons en 1691 ; au siège et à la prise de Namur, au combat de Steinkerque et au bombardement de Charleroi, sous le marquis de Boufflers, en 1692. En 1693, il était au siège de Huy sous le maréchal de Villeroi; à la bataille de Nerwinde sous le maréchal de Luxembourg; au siège et à la prise de Charleroi sous Vauban. Il servit à l'armée de Flandre dans les années 1694, 1695 et 1696, et à l'armée de la Lys qui fit le siège d'Ath, sous le maréchal de Catinat,

1. Archives du château de La Norville.

en 1697. Il était à l'armée d'Allemagne en 1701.
Chevalier de Saint-Louis et créé brigadier par
brevet du 29 janvier 1702, il servit encore en
Allemagne sous le maréchal de Catinat. Il passa
l'année 1703 en Bavière sous le maréchal de
Villars et eut part à toutes les expéditions de ce
général. En 1704, il était à la même armée sous
le maréchal de Marchin. Il combattit à Hochtett
et obtint le grade de maréchal de camp par brevet du 26 octobre de cette année. En 1705, il
fut à l'armée du Rhin sous le même général,
puis sous le maréchal de Villars après la jonction des deux corps, au mois de juillet.

Chargé au mois d'octobre de défendre la ville
de Hagueneau, il fut assiégé dans cette place
par le comte de Thungen, général au service du
prince de Bade. Il tint vigoureusement durant
sept jours de tranchée, tuant aux ennemis environ 1,500 hommes; mais, n'étant plus en état
de se défendre dans la ville ruinée, comme les
Allemands se préparaient à l'assaut, il demanda
une capitulation honorable. On la lui refusa. Il
résolut alors de s'échapper pendant la nuit avec
sa garnison. Dans ce but, il sortit silencieuse-
ment avec ses troupes du côté le moins gardé
par le comte de Thungen, emmenant à bras
deux pièces de canon. Il échappa aux grand'
gardes et se jeta avec autant de diligence que
d'adresse dans les bois qui avoisinaient la place.
Après avoir marché toute la nuit en se dissimu-
lant, il s'arrêta, le jour venu, dans les forêts

sans avoir donné l'éveil à personne. Il suivit cette tactique pendant plusieurs jours et finit enfin par rejoindre à Saverne l'armée du maréchal de Villars avec ses deux canons, sans avoir perdu dix hommes. Les habitants de Hagueneau ignoraient le départ des troupes. Lorsque le jour fut venu, grande fut leur surprise en ne trouvant plus la garnison. Ils rendirent la place au comte de Thungen et, comme de part et d'autre on ignorait ce qu'étaient devenus les soldats du marquis de Péry, le bruit se répandit dans la ville et dans l'armée allemande que le diable les avait emportés. La vérité du fait étant arrivée aux oreilles de Louis XIV, ce prince fit le marquis de Péry lieutenant général de ses armées, le **22** octobre, et lui donna les deux pièces de canon qu'il avait emmenées de Hagueneau. Ces pièces de canon restèrent au château de La Norville tant que le marquis vécut. A sa mort, arrivée en **1721**, sa veuve s'en défit.

Au mois de mai de l'année 1706, le maréchal de Villars, ayant repoussé le prince de Bade, détacha le marquis de Péry pour faire le siège de la ville de Hagueneau, qu'il avait si bien défendue l'année précédente. La garnison était composée de cinq bataillons de Saxons. Après neuf jours de siège, le marquis de Péry prit la ville. Les 2,500 hommes qui la défendaient furent faits prisonniers. On trouva dans Hagueneau beaucoup de munitions de guerre et de bouche que le prince de Bade y avait mises dans le dessein de faire le siège de Phalsbourg. Cette conquête ne coûta que 500 hommes tués ou blessés. Après la prise de Hagueneau, le marquis de Péry alla camper à Spire, d'où il mit le Palatinat à contribution. Le maréchal de Villars avait reçu l'ordre au commencement de la campagne de faire lever le siège de Fort-Louis. Il réussit à débloquer cette place; mais, pour la conserver, il était nécessaire de se rendre maître de l'île du Marquisat. Cette île, en effet, située vis-à-vis de Fort-Louis, n'était séparée de la place que par un bras du Rhin. L'entreprise présentait de grandes difficultés. Il fallait agir par surprise, avec mille précautions. Le marquis de Péry, à la tête d'une troupe de grenadiers, fut chargé de frapper le coup décisif. Tout réussit à souhait. Le 20 juillet 1706, l'île fut prise. Les Français perdirent une centaine de grenadiers, les ennemis laissèrent cinq cents morts sur la place.

La prise de l'île du Marquisat fit concevoir au maréchal de Villars le projet de s'emparer des lignes de Bihel ou de Stolhoffen, regardées comme le rempart de l'Allemagne. Au mois de mai de l'année 1707, le maréchal mit son projet à exécution. Le marquis de Péry, à son attaque, força les retranchements ennemis avec sa division. Les autres généraux imitèrent son exemple et ces lignes formidables tombèrent en notre pouvoir. On y trouva 166 pièces de canon, des boulets et de la poudre à proportion, 40,000 sacs de blé et de farine, 45,000 sacs d'avoine, une quantité considérable de fourrages, un pont de bateaux en entier, plusieurs bateaux et pontons en cuivre.

Employé en Alsace pendant l'hiver, par ordre du 31 octobre, le marquis de Péry fit attaquer et enlever un convoi considérable de munitions de guerre et de bouche que les ennemis faisaient passer à Philipsbourg. Il servit encore à l'armée d'Allemagne sous le maréchal de Berwick en 1708; sous le maréchal de Harcourt dans les années 1709, 1710, 1711, 1712; sous les maréchaux de Villars et de Besons en 1713. Il concourut à la défaite du général Vaubonne, à la prise de Landau et à celle de Fribourg. On s'empara de cette ville au mois de novembre. Ce siège fut en Allemagne le dernier fait d'armes du règne de Louis XIV. Pendant l'hiver de 1713, le marquis de Péry commanda à Wissembourg et sur les lignes. On réforma son régiment, par ordre du 28 janvier 1715, après la paix de Ryswick [1].

Le marquis de Péry se retira complètement alors dans sa seigneurie de La Norville. Les nombreuses expéditions auxquelles il avait pris part l'avaient à peu près empêché jusque-là d'y faire quelque séjour. Au mois de mars 1707, il avait cependant été témoin avec Étienne Firmin Dautrive, officier d'infanterie, du mariage de

---

1. PINARD, *Chronologie historique militaire.* — DANIEL, *Histoire de France.* — LEBŒUF.

deux laboureurs, Germain Thomine et Louise Ferrand, de La Norville.

Après la paix, suivant en cela les exemples de son défunt beau-père Jean Baptiste Choderlot de La Clos, le marquis de Péry donna à ses vassaux de nombreuses marques d'attachement et d'estime. Il signa en qualité de témoin l'acte de mariage de Benoît Guillet, son garde-chasse, en 1717. L'année suivante, au mois de septembre, il tint sur les fonts baptismaux la fille de ce garde, à laquelle il donna le nom de Jeanne. La même année, il fut présent à l'abjuration de son valet de chambre élevé dans l'hérésie de Luther et se porta garant, ainsi qu'en 1718, envers le chapitre de Notre-Dame de Paris pour Toussaint Bouteloup et son épouse, fermiers des dîmes à La Norville.

Le marquis de Péry fit aussi tous ses efforts pour agrandir ses domaines. Il se rendit acquéreur d'un arpent de vigne à la fontaine Saint-Denis, en bas de son parc, et de 14 arpents de terres et vignes au Souchet. A Jean-Baptiste Chebarne, grand valet de pied du roi, il acheta le petit château ou fief des Carneaux, qu'il posséda en roture, deux maisons et 45 arpents de terres et vignes sur différents territoires pour la somme de 14,970 livres; à Pierre Laigle, bourgeois de Paris, 28 arpents de terre; à plusieurs particuliers, quelques petits domaines; au total : environ 134 arpents de biens fonds qu'il ajouta aux 215 arpents précédemment achetés avec la seigneurie à Jean-Baptiste Cauvin de Villiers [1].

Le marquis de Péry mourut à La Norville le 4 mars 1721, à l'âge de soixante-quatorze ans. Il laissait deux filles : Marie-Charlotte qui épousa Louis-Nicolas Groult de Flacourt, écuyer, en 1738, grand-maître des eaux et forêts du département d'Orléans, et Étienne-Victoire qui mourut dans le célibat en l'année 1735.

Le corps du marquis de Péry fut inhumé dans le chœur de l'église de La Norville en présence de Messire Antoine Goullon, curé de la paroisse, de l'abbé Astorg, bénéficier de l'Hôtel-Dieu d'Arpajon, de Jean Prunier l'aîné, de André Bigot et de Étienne Carqueville, marguilliers. Les sépultures n'ayant pas été violées à La Norville pendant la tourmente révolutionnaire, les cendres du marquis de Péry reposent encore dans l'église de ce lieu [2].

Un mausolée avait été élevé en son honneur dans la chapelle de Notre-Dame des Minots, à l'endroit où s'ouvre maintenant la porte qui donne entrée dans la chapelle de la Vierge. Il consistait en une plaque de marbre noir entourée d'ornements en plâtre de peu de valeur. Sur la plaque de marbre on lisait cette inscription : « A la mémoire de Jean-Baptiste marquis de Péry, lieutenant général des armées de Louis XIV, qui;

1. Archives du château de La Norville.
2. Archives communales.

entre autres beaux exploits, défendit bravement Hagueneau contre le prince de Bade. Il mourut dans son château de La Norville, le 4 mars 1721, à l'âge de 74 ans. » Le marbre et l'inscription disparurent à la fermeture de l'église en 1793 ; les restes du mausolée, en partie du moins, furent détruits au moment où la porte actuelle fut percée, et les derniers vestiges dans des réparations faites à l'église. Pendant un certain nombre d'années on perdit le souvenir de cet homme de guerre qui peut occuper le premier rang parmi les officiers généraux secondaires du règne de Louis XIV. Récemment l'inscription de l'ancien mausolée a été rétablie. Gravée sur une simple pierre scellée au mur dans le chœur de l'église, elle rappelle et le lieu de la sépulture et le plus remarquable des exploits du marquis de Péry, en son vivant lieutenant général des armées du roi, chevalier de l'ordre royal et militaire de Saint-Louis, seigneur châtelain de La Norville, de Mondonville, des Granges, du Clos, des Boucheries les Châtres et autres lieux.

CHAPITRE VIII

Le marquis de Simiane. — Le comte de Sabran. — François-Jules Duvaucel. — Jules-Nicolas Duvaucel. — Binet de Boisgiroult. — Bidé de La Grandville. — Louis-Jacques Baron.

Athénaïse Choderlot de La Clos, veuve du marquis de Péry, conserva la seigneurie de La Norville en sa possession jusqu'au mois de juillet 1729. Le 7 de ce mois, du consentement de ses deux filles, elle vendit cette terre au marquis de Simiane pour la somme de 190,000 livres de prix principal et 1,000 livres d'épingles.

François-Antoine, marquis de Simiane-d'Esparron, qui devint ainsi seigneur de La Norville, était alors chevalier des ordres de Louis XV, premier gentilhomme de Son Altesse Royale le duc d'Orléans, régent du royaume et brigadier des armées. Né en 1674, il avait d'abord servi comme garde marine, puis comme enseigne de vaisseau. Lieutenant au régiment du roi, il avait fait en cette qualité la campagne de Flandre, en 1696 et en 1697. Il était au camp de Compiègne en 1698. Passé au service des Hollandais en 1701, il avait obtenu dans ce pays, le 7 février 1702, une compagnie dans le régiment Wallon de Nassau et un régiment Wallon de son nom, le 20 mai 1705. Rentré en France à la paix, il avait été créé brigadier par brevet du 1er février 1719. Ce titre fut pour le marquis de Simiane purement honorifique ; jamais il ne servit en cette qualité. Il eut à peine en sa possession la seigneurie de La Norville pendant une année. Le 3 octobre 1730, il la céda pour la somme de 190,000 livres et mourut quelque temps après, le 1er décembre 1734, à l'âge de soixante ans.

Messire Honoré, comte de Sabran, des comtes de Forcalquier, grand sénéchal pour le roi de la ville de Toulon, premier chambellan de feu Son Altesse Royale le duc d'Orléans, régent du royaume, et dame Louise-Charlotte de Foix-Rabat, son épouse, succédèrent au marquis de Simiane. Ils prirent possession de leur domaine à La Norville dans les premiers jours de décembre en l'année 1730 et s'y fixèrent jusque vers 1732. A cette époque, ils s'installèrent à Paris, sur la paroisse Saint-Sulpice, et on ne les vit plus que rarement dans leur seigneurie. Le 26 juin 1737, ils s'en défirent au profit de François-Jules Duvaucel, écuyer, conseiller secrétaire du roi maison-couronne de France et de ses finances, fermier général.

Deux événements quelque peu considérables avaient marqué le passage du comte de Sabran à La Norville. En 1732, il obtint de la Chancellerie du Palais des lettres à terrier à la suite desquelles il ordonna le dénombrement de ses vassaux. En 1737, le 18 février, il fit célébrer dans l'église de cette paroisse le mariage de sa fille, demoiselle Louise-Delphine de Sabran, avec

Charles-Michel Anne, comte d'Arcussia, dans des conditions particulières de nature à montrer qu'on voulait éviter toute sorte d'éclat autour de cette union. Pour la contracter, les futurs durent obtenir plusieurs dispenses et autorisations : dispense de la publication de deux bans accordée par Mgr l'archevêque de Paris, dispense pour défaut de domicile accordée au futur, dispense pour célébrer le même jour les fiançailles et le mariage, dispense pour célébrer le mariage de grand matin, commission de messire Languet de Gergy, curé de Saint-Sulpice, au curé de La Norville, l'autorisant à célébrer le mariage, les futurs n'ayant pas de domicile dans sa paroisse. Les époux, mariés ainsi à la hâte, de grand matin, loin de Paris, ne furent cependant pas unis clandestinement. Avec le curé de La Norville furent témoins du mariage Charles Michel, marquis d'Arcussia, père de l'époux, qui se porta fort du consentement de Madeleine de l'Isle, son épouse, absente ; le comte et la comtesse de Sabran ; Louis-René-Édouard Colbert, comte de Mauleuvrier, brigadier des armées du roi, colonel du régiment de Richemond ; Jean-Louis-François du Rieux, comte de Fargis, ancien capitaine des chevau-légers de la reine, amis de l'époux ; Elséard-Gaston-Louis-Marie de Sabran, marquis de Foix, frère de l'épouse ; Gaspard, marquis de Sabran, maître de camp de cavalerie, son oncle [1].

1. Archives communales.

François-Jules Duvaucel acheta la seigneurie de La Norville pour la somme de 200,000 livres; mais à peine cette vente était-elle consentie que trente-sept créanciers du comte de Sabran, ou soi-disant tels, vinrent mettre opposition à la délivrance du prix d'achat. Par sentence des requêtes, vingt-sept de ces créanciers furent déboutés de leur demande. Dix seulement furent admis à faire valoir leurs droits. Du consentement du comte de Sabran, 4,725 livres furent adjugées à Charles-Emmanuel Barat, avocat au Parlement; 40,518 livres à Edme Champagne et à Jean de Velly, bourgeois de Paris; 3 livres à Jeanne du Sausse, veuve de Jean-Baptiste Darras; 8 livres 16 sols 8 deniers aux prieur et religieux de Saint-Germain des Prés, seigneurs d'Avrainville, pour arrérages de cens; 5,000 livres au comte d'Arcussia, dues par contrat de mariage; 120 livres à Toussaint Millin, prêtre, docteur en théologie, chapelain de La Norville, pour deux années de rente; 1,600 livres à Thérèse Douère et 762 livres à un sieur Pineau, en tout : 67,736 livres 16 sols 8 deniers, non compris une somme inconnue payée aux sieurs Gaultier et Dupré, marchands de soie à Paris.

François-Jules Duvaucel, en possession des immenses ressources que procurait alors la charge de fermier-général, se trouva bientôt à l'étroit dans ses propriétés de La Norville, cependant assez considérables. Le 10 septembre 1738, Nicolas Pascal Petit, chevalier, seigneur de Bois-d'Aunay, Drassy et autres lieux, ancien gentil-homme ordinaire du roi, et Marie-Marthe Maussion, son épouse, ayant mis en vente leur propriété de La Gallanderie et ses dépendances, le seigneur de La Norville s'en rendit acquéreur pour la somme de 150,000 livres. Cette propriété, qui constitua un titre seigneurial, était composée d'une maison bourgeoise et d'une ferme situées à l'extrémité de la garenne actuelle, aux confins du territoire de La Norville et de La Bretonnière ; d'un parc clos de murs y attenant, d'une contenance de 55 arpents; d'une avenue et plan d'ormes s'étendant devant la porte de la maison et devant celle de la ferme ; du fief de Marivatz à Arpajon ; du fief des Carneaux à La Norville ; d'une maison située dans la rue du Clos à Arpajon ; de 200 arpents de terres labourables, en plusieurs pièces, aux territoires de La Norville, de La Bretonnière, de Marolles, d'Avrainville, de Guibeville et des environs ; de 17 arpents de pré ; de 2 arpents de vigne ; de 10 arpents de bois ; du moulin Serpier ; du moulin de Falaise ; du moulin de la Boisselle ou de Franchereau, et de 617 livres 2 sols 7 deniers de rentes sur particuliers.

Cette seigneurie n'avait pas toujours été aussi considérable et avait eu des commencements assez modestes. Elle n'existait pas avant les premières années du XVIIe siècle. Vers 1623, Auguste Galland, conseiller du roi en son conseil d'État et en son conseil privé, procureur général du domaine royal de Navarre, acheta 4 arpents

12 perches de terre, en quatre pièces, à un nommé Lecomte, procureur au Châtelet. Sur ces terres il fit bâtir une maison; un jardin y attenait. Du nom de son propriétaire cette maison fut appelée : la Gallanderie. Par des acquisitions successives, le jardin fut agrandi. Une ferme fut bâtie et un parc fut formé de l'autre côté du chemin qui, venant de Saint-Germain, coupait alors celui de La Norville à La Bretonnière pour rejoindre dans la plaine le sentier de Guibeville. Ce parc touchait au Rossay dont il n'était séparé que par un mur. Le fief des Carneaux fut réuni à la Gallanderie, le 1ᵉʳ mai 1625, par le don qu'en fit à Auguste Galland Louis Potier, marquis de Gêvres, conseiller d'État.

Ces domaines passèrent en 1643 à Thomas Galland, puis, en 1666, à Pierre Musnier, huissier ordinaire du roi. Le 26 juillet 1670, ils furent achetés par Pierre Girardin, conseiller du roi et, le 18 mars 1676, par Nicolas Petit, valet de chambre de Louis XIV. Celui-ci, en 1682, acquit la seigneurie de Marivatz de concert avec Jean-Baptiste Choderlot de La Clos, seigneur de La Norville, et, en 1700, la ferme de Mondonville qui fut démolie par ses héritiers. En 1693, d'après le consentement des assemblées paroissiales de La Norville et de Saint-Germain, Nicolas Petit avait supprimé le chemin qui passait entre sa maison et son parc et l'avait reporté à l'extrémité du Rossay d'où il fut encore détourné par le seigneur de La Norville, au commencement de ce siècle.

C'est ce domaine ainsi considérablement augmenté et amélioré que François Jules Duvaucel acquit en 1738. Peu de temps après son acquisition, il fit démolir la maison et la ferme, mais il ne put jouir longtemps de ces propriétés. Il mourut au commencement de l'année 1739.

De son mariage avec Renée Taboureau, il avait eu trois fils : Jules-Nicolas, écuyer, qui fut trésorier général des aumônes et offrandes du roi; Louis-Jules, écuyer, qui devint seigneur du Thul et d'Évecquemont; Louis-François, écuyer, qui devint maître d'hôtel ordinaire de Louis XV et grand-maître des eaux et forêts de la généralité de Paris. Par acte du 9 décembre 1739, les frères Duvaucel abandonnèrent à leur aîné tous les droits qu'ils avaient sur la terre de La Norville et ses dépendances. Celui-ci devint ainsi maître d'un domaine considérable qu'il voulut embellir mais qu'il ne sut pas administrer.

A son entrée en jouissance, Jules-Nicolas Duvaucel trouva le château de La Norville tel que Josias Mercier l'avait fait construire vers 1610. La maison du fervent huguenot était trop simple pour les goûts d'un jeune seigneur élevé à la cour de Louis XV. Le trésorier général des aumônes et offrandes du roi résolut de faire à sa propriété de notables changements. Il commença par abattre les deux pavillons aux angles de la cour d'honneur entourée de fossés et les fit reporter à chaque extrémité du corps principal de logis. La couverture en tuiles disparut et fut remplacée par une couverture d'ardoises ; des mansardes furent construites à la place des immenses greniers ; on démolit le mur qui s'étendait le long de la grande rue de La Norville, une grille en fer le remplaça.

Le château se trouvant ainsi dégagé, n'avait de vue que sur quelques maisons du village. Jules-Nicolas Duvaucel voulut de plus vastes horizons. Il acheta une douzaine de maisons bâties entre la rue de La Norville et le chemin de Leudeville, en échangea quelques autres établies au même endroit pour des logements qu'il fit construire dans la ferme achetée autrefois à Pierre Boutet par Jean-Baptiste Choderlot de La Clos, auprès du chemin Pasquot. Ces maisons furent abattues, et sur leur emplacement, plusieurs -allées d'ormes et de tilleuls, quelques bouquets d'arbres garnirent un espace libre, appelé depuis la Pâture, qui s'étendait de la grille du château à la garenne du Rossay. Le parc de cent arpents autour de la demeure seigneuriale fut enclos de murs. Dessiné par Le Nôtre dans le goût de l'époque, il était coupé d'allées nombreuses bordées d'orangers, agrémenté de pièces d'eau et de bosquets de différentes formes. L'un d'entre eux, entouré d'une grille, formait une salle de spectacle au milieu de laquelle était un bassin de marbre. Un appartement de bains composé d'un péristyle, d'une chambre à coucher, de la salle du bain, d'une étuve, d'un four et d'un petit jardin, une volière, un beau lavoir, montraient

que le maître de cette demeure maintenant
somptueuse n'avait pas négligé d'unir l'utile à
l'agréable dans l'exécution de ses plans. A côté
du pressoir, un potager de sept ou huit arpents
avec serre et bassins fut composé de plusieurs pièces
de terre et enclos de murs. Le domaine s'agrandit
de toutes parts ; 55 arpents de terres achetés en
différents champtiers vinrent s'ajouter à ce que le
seigneur de La Norville possédait déjà.

Jules-Nicolas Duvaucel, comme quelques-uns
de ses prédécesseurs, en plusieurs circonstances
se montra généreux, mais seul il imposa aux
habitants de sa seigneurie, pour prix de sa gé-
nérosité, des redevances qui rappelaient par plus
d'un côté des usages depuis longtemps déjà
tombés en désuétude. Aux héritiers Dif, il remit
une somme de 210 livres, mais à la condition
que chaque année eux, puis leurs descendants,
apporteraient au château de La Norville, le jour
de la Saint-Martin d'hiver, un petit cochon de
lait bon, loyal et marchand. A Jacques Bedeau,
poursuivi en 1740 à la requête d'un sieur Allain,
commissaire au Châtelet, pour cinq années d'arrérages d'une rente de douze livres, Jules-Nicolas Duvaucel donna la somme nécessaire pour
payer sa dette, plus douze livres d'épingles à
Marthe Prunier, sa femme, mais à condition
que les époux s'engageraient, eux et leurs successeurs, à porter au seigneur de La Norville,
chaque année le 15 juillet, sur les deux ou
trois heures de l'après-midi, étant montés sur un

cheval blanc, une ou deux livres de cerises dans deux paniers. Tous les ans, on vit cette cavalcade s'avancer gravement vers le château au milieu des acclamations du village. Au commencement de ce siècle, les descendants de Jacques Bédeau et de Marthe Prunier portaient encore au seigneur de La Norville, sans étouffer de rire sur leur cheval blanc, leur livre de cerises disséminées dans deux immenses paniers.

Les dépenses exagérées que Jules-Nicolas Duvaucel fit pour embellir et augmenter sa propriété, la mauvaise gestion de ses affaires, la part qu'il prit dans la fondation d'une société maritime au Havre le conduisirent à la ruine. Marié le 16 mai 1736 à Marie-Angélique Sézille, fille de Nicolas Sézille, écuyer, trésorier général des offrandes, aumônes et bonnes œuvres du roi et de Angélique-Élisabeth Beaudot de Morlet, il avait, au mois de juillet 1737, acheté la charge de son beau-père. Il n'entra en fonctions qu'au mois de février 1746, après la mort de Nicolas Sézille. Douze ans plus tard, il était redevable à son frère Louis-François Duvaucel, chevalier, conseiller du roi, grand-maître enquêteur et général réformateur des eaux et forêts de France au département de Paris, d'une somme de 200,000 livres payées en son acquit pour les dépenses non soldées de sa commission de dispensateur des offrandes royales. Séparé de biens avec son épouse, par sentence du Châtelet rendue le 23 janvier 1756, chargé de près de 800,000 livres de dettes, il fut obligé de vendre la terre de La Norville le 8 janvier 1759, et un mois plus tard, le 13 février, sa charge de trésorier des aumônes et offrandes du roi. Son frère Louis-François Duvaucel prit cette charge pour la somme de 318,000 livres et la céda, le 17 août suivant, pour la même somme, à Jacques-Joseph Lenoir, écuyer. La terre de La Norville et les meubles du château furent achetés pour la somme de 460,000 livres par Louis-René Binet de Boisgiroult, chevalier de Saint-Louis, maître de camp de cavalerie, conseiller secrétaire du roi maison-couronne de France et de ses finances, premier valet de chambre du Dauphin et contrôleur général de la maison de Mme la Dauphine. Ces différentes sommes purent à peine satisfaire les créanciers les plus exigeants, représenter la dot de Marie-Angélique Sézille et constituer une rente viagère à Catherine Duvaucel, fille unique de l'ancien seigneur de La Norville.

Avec le château et son parc de cent arpents, le petit château, la basse-cour, le potager, six fiefs servants, cinq fiefs annexés, 1,959 livres de rentes sur particuliers, les droits de haute, moyenne et basse justice et quelques autres droits seigneuriaux, Louis-René Binet de Boisgiroult et Anne-Hippolyte Dufour, son épouse, première femme de chambre de Mme la Dauphine, possédèrent, après Jules-Nicolas Duvaucel, un domaine composé de 240 arpents de terres labourables, 20 arpents de pré, 65 arpents de bois,

2 arpents et demi de vignes au territoire de La Norville; d'un arpent 25 perches de terre au territoire de Cheptainville; de 2 arpents de pré au territoire de Leuville; d'un demi-arpent de pré au territoire d'Arpajon; de 88 perches de terre à La Roche; de 6 perches de jardin à Avrainville; de 6 arpents de pré à Breuillet; de 24 arpents et demi de terres louées à un seul fermier sur les territoires d'Avrainville, d'Egly et de Villouvette; des biens de La Gallanderie et dépendances qui consistaient en la place de la maison et fermé, en 55 arpents environ clos de murs, en une avenue et plan d'ormes, en 200 arpents de terrés sur différentes paroisses, 17 arpents de pré à La Norville et à La Bretonnière, 2 arpents de vignes à La Norville et 10 arpents de bois taillis. Le moulin Serpier, le moulin de Saint-Germain, le moulin de La Boisselle et leurs dépendances faisaient encore partie de ces biens.

En devenant la propriété de Louis-René Binet de Boisgiroult, la seigneurie de La Norville tombait encore en des mains peu fortunées. Le nouveau seigneur ne put se libérer envers Jules-Nicolas Duvaucel et, le 15 décembre 1771, deux ans après la vente, une sentence de la Cour des aides autorisa ce dernier à rentrer, par défaut de paiement, dans la pleine propriété et possession de la terre et seigneurie qu'il avait aliénées. Cette rétrocession n'amortissait pas les dettes de l'ancien trésorier des aumônes du roi; contraint de vendre, il dut, le 10 février 1762, subir une perte considérable et céder à messire Joseph-Louis Bidé, marquis de La Grandville, et à dame Thérèse Ducluzel de La Chabrerie, son épouse, la terre de La Norville, non pour la somme énorme de 460,000 livres, mais seulement pour la somme de 376,000 livres [1].

Les nouveaux seigneurs prirent possession de leur terre le 9 juin 1763. Les habitants du village, fatigués des nombreux changements survenus depuis la mort du marquis de Péry, crurent alors en des jours meilleurs et à une stabilité plus grande. Ils reçurent avec enthousiasme les nouveaux propriétaires. Le curé de la paroisse et son clergé les introduisirent dans l'église en grande cérémonie, un *Te Deum* fut chanté et, le soir, le marquis de La Grandville, charmé de cette réception, fit tirer dans son parc un superbe feu d'artifice [2].

Les habitants de La Norville avaient lieu, du reste, d'être fiers de leur seigneur. Louis-Joseph Bidé, marquis de La Grandville, en 1763, au moment où il vint se fixer parmi eux, était chevalier de Saint-Louis et brigadier des armées du roi. Il avait fourni une belle carrière militaire et pouvait jouir d'un repos que ses brillants services lui avaient légitimement acquis. Enseigne au régiment de Bourbonnais le 23 juin 1733, lieutenant le 7 septembre suivant, il avait servi la même année au siège de Kell. Ayant obtenu, le

---

1. Archives du château de La Norville.
2. Archives communales.

20 janvier 1734, une compagnie dans le régiment de cavalerie de Bretagne, il la commanda à l'armée du Rhin en 1735, à l'armée de West-phalie en 1741, en Bavière pendant les années 1742 et 1743. Colonel du régiment d'infanterie de Saintonge par commission du 8 juin 1744, il alla le joindre à Bitche où il resta durant toute la campagne. Il eut plus tard l'honneur de monter la garde chez le roi pendant son séjour à Saverne. A l'armée du Bas-Rhin, il commanda son régi-ment pendant l'hiver de 1744 et le printemps de 1745. Il passa de cette armée dans celle de Flandre, la joignit le 22 juin 1745 et y servit à différents sièges. Ayant combattu à Raucoux en 1746, il passa à l'armée d'Italie au mois de novembre de la même année et contribua à chasser les ennemis de la Provence. Au mois de juillet 1747, il se trouvait à l'attaque des retran-chements de l'Assiette. Nommé brigadier par brevet du 10 mai 1748, il servit en cette qualité au camp d'Aimerics en 1755 et quitta le service et son régiment au mois de mai 1759. Il n'était plus en activité de service lorsqu'il acheta la sei-gneurie de La Norville [1].

Dans ses loisirs, il mit ses soins à régler une suite de différends qui s'étaient élevés entre le régisseur de sa terre et celui du marquisat d'Ar-pajon. La seigneurie de La Norville avait un certain nombre de fiefs, propriétés et droits sei-

---

[1]. PIXARD.

gneuriaux dans la ville même d'Arpajon. Le fief de Marivatz et le fief des Boucheries étaient dans la grande rue ; la rue du Clos appartenait presque en entier au marquis de La Grandville ; le fief des Granges, dont le lieu se trouvait auprès du moulin Serpier, avait des dépendances dans la rue Fontaine, la rue Morand et la rue Saint-Germain. Le moulin Serpier, sur les glacis de la place et le pré de Paradis, appartenaient au seigneur de La Norville. Le comte de Noailles, duc de Mouchy, ayant acheté le château de La Bretonnière, trouvait encore dans l'enclave de sa justice le moulin de Saint-Germain, le moulin de La Boisselle, le pré de Baraillon, un certain nombre de pièces de terres auprès du parc de La Bretonnière et sur le territoire de Leuville appartenant au même seigneur. Le 1er avril 1772, un accord vint mettre fin aux difficultés nées ou à naître entre les deux parties. Le marquis de La Grandville abandonna au duc de Mouchy tout ce qu'il possédait en terres, maisons, fiefs et droits seigneuriaux dans le marquisat d'Arpajon, sur le territoire de La Bretonnière, alors nommé Arpajon-le-Château, et sur le territoire de Leuville. De son côté, le duc de Mouchy céda au seigneur de La Norville 230 arpents environ, tant de terres labourables que de bois, en différentes pièces, principalement au bois des Fourneaux, au bois de Flexainville, aux Grands-Bois et aux Cochets [1].

1. Archives du château de La Norville.

Cet échange est l'acte d'administration le plus considérable que le marquis de La Grandville fit à La Norville. Bon pour ses vassaux, il fit revivre dans sa seigneurie les vertueux exemples des Choderlot de La Clos et des de Péry. Aussi laissat-il d'unanimes regrets lorsqu'au mois de septembre de l'année 1784 il abandonna sa terre et la vendit à Louis-Jacques Baron, écuyer, receveur général des finances du comté de Bourgogne et conseiller à la cour de Besançon.

Le nouveau seigneur de La Norville sut bientôt conquérir les sympathies de la population. Homme d'excellent conseil, d'une honorabilité parfaite, rompu aux affaires, il fut aussi vite recherché par les seigneurs des environs. Il entra dans l'intimité du maréchal de Castries qui possédait alors le magnifique château d'Ollainville et, quelques années après avoir acheté la terre de La Norville, Louis-Jacques Baron, par une alliance, entra dans la famille de son illustre voisin. De son mariage avec Élisabeth-Adélaïde Alleaume, il avait eu une fille nommée Adélaïde-Marie. Née le 7 juillet 1768, elle épousa Jean-François-Henri-Anne-Louis de La Croix, comte de Castries, de la branche de Meyrargues. Au moment de l'émigration, le comte de Castries était lieutenant-colonel et chevalier de Saint-Louis. Lorsque la Révolution française éclata, Louis-Jacques Baron fut mis, par le choix des habitants, à la tête de la milice bourgeoise établie dans la paroisse. Au moment de la Terreur, arrêté comme suspect, il fut emmené à Paris et jeté dans les cachots de la Conciergerie. Son château et ses biens furent mis sous séquestre. A la date du 1ᵉʳ prairial an II (20 mai 1794), les fabricants de poudre et salpètre établis à Arpajon, alors nommé Francval, vinrent au nom du district réquisitionner, au château de La Norville, les instruments utiles à leur fabrication. Ces instruments leur furent délivrés par Denis Montet, gardien des scellés. Les habitants de la commune étaient remplis de sentiments d'estime et d'affection pour leur ancien seigneur. Quelques jours après la réquisition de Francval, outrés de voir porter atteinte aux propriétés dont ils avaient la garde, ils se rassemblèrent et signèrent une pétition pour réclamer l'élargissement de Louis-Jacques Baron, faisant remarquer, suivant la coutume du temps, que ce dernier n'ayant pas de titres de noblesse ne devait pas être regardé comme suspect et traité comme tel. Jean-Baptiste Avenard et plusieurs autres habitants portèrent cette pétition à la Convention. Mal leur en prit. Ils furent retenus prisonniers à leur tour pour incivisme. La chute de Robespierre étant arrivée sur ces entrefaites, les prisons furent ouvertes et Louis-Jacques Baron, avec les pétitionnaires de La Norville, fut mis en liberté. Il demeura dans son château pendant le reste de la tourmente révolutionnaire, répandant autour de lui les bons exemples, les bons conseils et de généreux bienfaits. Il mourut le 13 février 1815, à l'âge de quatre-vingt-quatre ans, et fut inhumé près de l'église.

Jean-François-Henri-Anne-Louis de La Croix, comte de Castries, au retour de l'émigration, fut nommé maire de La Norville, le 20 mars 1813. Chevalier de la légion d'honneur, chevalier de l'ordre royal et militaire de Saint-Louis, maréchal de camp des armées, il mourut, le 31 octobre 1817, à l'âge de cinquante-trois ans. De son mariage avec Adélaïde-Marie Baron, il avait eu deux fils : Charles-Eugène-Gabriel-Gaspard-Louis qui mourut, le 13 avril 1789, à l'âge de trois mois, et fut inhumé dans le chœur de l'église de La Norville ; Eugène-Gabriel-Hercule, né le 14 avril 1790. Marié à Geneviève-Agathe-Augustine-Aglaé de Séran, il mourut à l'âge de trente-cinq ans, le 4 avril 1825. Adélaïde-Marie Baron survécut à son fils. Après avoir fondé l'école libre de La Norville, en l'année 1826, elle rendit son âme à Dieu, le 25 mai 1833, et fut la dernière de ceux qui avaient été placés à la tête de la seigneurie avant la Révolution de 1789[1].

1. De son mariage avec Aglaé de Séran, le comte Eugène de Castries, ancien secrétaire d'ambassade à Londres, lieutenant-colonel de cavalerie, eut deux filles : Louise-Marie-Gabrielle, mariée en 1828 à Victor-Xavier-Marguerite, marquis de Beaurepaire ; Jeanne-Adélaïde-Valentine, mariée en 1832 à César-Corentin-Ferri, vicomte de Choiseul ; et un fils, Gaspard-Marie-François-Eugène, né le 23 février 1816 et marié le 4 juin 1838 à Alix-Marie-Léontine de Saint-George de Vérac, fille d'Olivier de Saint-George, marquis de Vérac et d'Euphémie de Noailles. Le comte Gaspard de Castries posséda le château de La Norville jusqu'en 1869, époque de sa mort. Cette propriété appartient aujourd'hui à sa veuve, Mme la comtesse Gaspard de Castries.

CHAPITRE IX

Les seigneuries de La Norville et de La Bretonnière ayant été réunies au XIVe siècle, il est assez difficile de déterminer, parmi les nombreux fiefs dépendant de ces terres, quels étaient ceux qui relevaient séparément de chacune d'elles avant cette réunion. Les documents existants permettent cependant de rattacher à la seigneurie de La Norville le fief des Boucheries, dans la ville de Châtres, et le fief de Voisins-le-Bretonneux. Les autres : Varennes ou la Maison-Rouge, Videlles, Viviers, le Bois de Presle, la Lance, la Rue du Clos, Vallorge, Cochet ou les Bois-Défendus pouvaient originairement dépendre de l'une ou de l'autre seigneurie. Ils ont été rattachés à La Norville par le partage de 1601, consenti entre les héritiers de Charles Leprince. La seigneurie des Granges et ses dépendances a été réunie à La Bretonnière par l'héritage qu'en fit en 1508 Pernelle de Brichanteau, veuve de Pierre Leprince. Les Granges, avec les autres fiefs, furent rattachées à La Norville en partie par le partage de 1601, en partie par des acquisitions que firent à la même époque Josias Mercier et Anne Leprince. Écrire l'histoire résumée de ces fiefs sera compléter l'histoire de La Norville et de sa seigneurie.

On peut admirer l'œuvre d'égalité accomplie dans la fameuse nuit du 4 août 1789. Chaque commune, chaque paroisse, chaque partie de territoire, pour ainsi dire, a été rendue indépendante par l'abolition de la féodalité. Varennes, Videlles, le Bois de Presle, la Lance, Viviers, Voisins-le-Bretonneux, les Granges, à partir de cette époque, n'ont plus eu de rapports avec La Norville. Devenues libres, ces paroisses ou ces portions de paroisses ont été isolées. Un groupe de seigneuries ou de villages, à cause des relations établies entre eux, présente ordinairement à l'investigation quelque intérêt. En dehors de circonstances exceptionnelles, une paroisse seule, vu son peu d'importance, ne peut avoir de célébrité. En commençant à jouir de la liberté, les fiefs dont nous avons parlé ont cessé d'avoir une histoire. En devinrent-ils plus heureux ? C'est une question que nous ne nous permettrons pas de trancher [1].

La Boucherie de Châtres.

Dès le XIIe siècle, les seigneurs de La Norville avaient des droits sur les boucheries de Châtres.

1. La plupart des renseignements qui se rapportent aux fiefs dépendant de La Norville ont été tirés d'archives particulières. Nous ne noterons que ceux qui viennent des archives publiques.

En 1190, ces droits leur furent contestés par le
prieur de l'église Saint-Clément de cette ville.
La querelle fut portée devant Maurice de Sully,
évêque de Paris. Par l'intervention de ce prélat,
le prieur abandonna ses prétentions, et Comtesse,
dame de La Norville, avec Robert de Repenti et
Jean des Granges, céda comme compensation
aux religieux une hotisse que tenait Renaud de
Chevreuse, deux sols huit deniers de cens, six deniers de garde et le droit de pressurage sur les
vignes du prieur de Longevilliers, douze deniers
de cens et le droit de pressurage sur la vigne
d'un nommé Gérard Luce. A partir de cette
époque, les seigneurs de La Norville possédèrent
sans conteste le fief des Boucheries [1].

Ce fief fut vendu avec la seigneurie par Jacques de Beaujeu à Pierre Leprince en 1474. Au
XVIe siècle, il consistait en 4 livres 10 sols de cens et
rente, payés chaque année le jour de la saint
Blaise, et en cinq quartiers de mouton, fournis
au jour de l'Ascension, à prendre sur la boucherie et les étalages des bouchers à Châtres.
Cette boucherie, probablement l'abattoir, et les
étalages où les viandes étaient vendues, se trouvaient dans la grande rue de la ville, de l'autre
côté du pont, en tirant sur la porte de Paris.

En 1660, les boucheries n'existaient plus. Sur
leur emplacement avaient été construites plusieurs
maisons d'habitation avec cours et jardins ; l'une

---

1. Pièces justificatives, no 4.

d'elles, appelée le Heaulme, était possédée alors par Nicolas Cordeau, Clément Dupont, Pierre Royauton, Louis Lendemain et Étienne Bruyant. Sur ces maisons, Louis Mercier, seigneur de La Norville, percevait 36 sols un denier de censives.

Le fief des Boucheries était dans la mouvance de Bruyères-le-Châtel. Les seigneurs de La Norville, Pierre Leprince, son fils Charles, Louis Mercier et les autres, en firent toujours dans le temps et les circonstances marqués par la coutume les actes de foi et d'hommage, aveux et dénombrements jusqu'en 1772, époque à laquelle ce fief fut cédé par le marquis de La Grandville au comte de Noailles, duc de Mouchy, seigneur d'Arpajon.

VOISINS-LE-BRETONNEUX.

Lorsque Jean le Breton rendit au roi Charles V, en 1366, *à cause de sa maison de La Norville*, un aveu et dénombrement de ce qu'il tenait en fief de ce prince, il fit mention de cinq arrière-fiefs dépendant de sa seigneurie et sis à Voisins-le-Bretonneux, près Châteaufort. « Le premier était tenu par Jean Drouas, chevalier, au nom de sa femme, fille de Pierre Villebon, écuyer, décédé; le second, par Jehan de Voisins, fils de Jehan du même nom; le troisième, par un autre Jehan de Voisins, chevalier, fils de Guillaume du même nom, aussi chevalier; les deux autres par Guillaume Arsens, au nom de sa femme, fille de Gervais Deleuvre, décédé. »

Dans la suite des temps, ces fiefs prirent différents noms. A la fin du XVᵉ siècle, on les appelait : le fief de Guernot-Méridon, le fief de Michel Lebœuf, le fief de Voisins, le fief de Versailles et l'arrière-fief de Huc Noisi. Situés en la paroisse de Voisins-le-Bretonneux, ils relevaient « en quatre foi et hommages » de la seigneurie de La Norville. Suivant un aveu du 4 janvier 1528, rendu à Charles Leprince, ils consistaient en plusieurs céns et rentes à prendre tant sur le château de Méridon, près Chevreuse, que sur une propriété sise à l'endroit appelé Versailles et possédée autrefois par Michel Lebœuf, secrétaire du duc de Berry, devenu en 1413 évêque de Lodève, et sur plusieurs autres terres en la paroisse de Voisins.

Plus tard, ce village et les fiefs dépendant de La Norville furent enclavés dans le grand parc de Versailles. Au temps de Jean-Baptiste Choderlot de La Clos, en 1685, le fief de Voisins consistait en justice et autres droits seigneuriaux, château, jardins, parc, terres labourables, bois, prés, autres dépendances, et soixante livres de censives.

En 1601, la mouvance de ce fief avait été estimée à la somme de 10 écus ; en 1681, à celle de 90 livres. Les droits de mutation payés en 1685 par les héritiers de Pierre Gilbert, conseiller au Parlement, montèrent à la somme de 440 livres.

A la fin du XVᵉ siècle, les fiefs de Voisins-le-Bretonneux, mouvant de La Norville, étaient possédés par Robert de La Villeneufve. Le 11 mars 1523, la fille de ce dernier, Olive de La Villeneufve, veuve de Marie de Béron, en porta la foi et l'hommage à Charles Leprince. Jean de La Barre, comte d'Étampes et prévôt de Paris, acheta ces fiefs d'Olive de La Villeneufve. Ses enfants en héritèrent, et les fiefs furent divisés. Charles de Varie, époux de Renée de La Barre, en possédait les deux tiers, en 1545, au nom de ses enfants mineurs Jean et Marguerite. L'autre tiers était entre les mains de Pierre Gilbert, avocat au Parlement. En 1548, le même Pierre Gilbert, ayant acquis par échange le tiers de ce que possédaient les mineurs de Varie, se trouva, par ce contrat, en possession de la plus grande partie du fief de Voisins. Ce qui en restait fut donné, en 1574, par Denise de La Barre à l'église Saint-Martin de Jouy en Josas, suivant un acte passé devant Me Vacher, notaire à Montlhéry. Le curé de Jouy en Josas, messire Jacques Marlet, et Me Guillaume Guesnard, greffier de ce lieu, rendirent, comme procureurs des habitants, hommage de cette partie de fief au seigneur de La Norville et de La Bretonnière le 25 décembre 1574. Le 24 juin 1580, Guillaume Pelletier, marguillier de l'église de Voisins, remplit le même office. Peu à peu, la mouvance de cette partie s'égara, et l'église de Jouy en Josas fut délivrée de ses redevances.

Le reste du fief de Voisins demeura dans la famille des Gilbert. Pierre Gilbert, premier du nom, étant mort en 1599, sa veuve demanda la même année l'exemption pour ses enfants mineurs des formalités et soumissions requises en cas de décès. En 1617, le 24 juin, Pierre Gilbert, l'un de ces enfants, conseiller au Parlement, remplit les devoirs féodaux prescrits par la coutume devant Josias Mercier. En 1685, ce fief était possédé par un autre Pierre Gilbert. En 1688, il appartenait par indivis à Pierre Gilbert, conseiller au Parlement, et aux enfants mineurs de Raphaël Gilbert, décédé, et de Marie Dianée Aagen de Lohéac de Crapadeau, leur mère et tutrice. Au XVIII⁰ siècle, les seigneurs de La Norville se montrèrent peu exigeants envers les propriétaires du fief de Voisins. Loin de réclamer les droits et les devoirs qui leur étaient dus, ils en vinrent même à négliger cette dépendance de leur domaine à tel point que, dans l'acte par lequel Jules-Nicolas Duvaucel vendit sa seigneurie à Louis-René de Boisgiroult, en 1759, on ne donna qu'une simple mention au fief de Voisins-le-Bretonneux avec cette addition : « au cas qu'il existe encore. »

VARENNES OU LA MAISON-ROUGE.

Les fiefs de Varennes, la Maison-Rouge et leurs dépendances, en la paroisse du Val de Puiseaux, vers la Ferté-Aleps, en la coutume de Paris, consistaient en maisons, clos, granges, étables, bergeries, cour, colombier, justice, garenne, 94 livres 4 sols 6 deniers de menus cens, cinquante et un chapons et dix-huit poules de surcens, dix-sept septiers, trois boisseaux de blé froment, vingt et un septiers trois boisseaux d'avoine, mesure d'Étampes; en rentes foncières et seigneuriales à prendre sur différents héritages aux terroirs de Varennes et de la Maison-Rouge; en 120 arpents de terres en plusieurs pièces, savoir: 4 arpents près l'hôtel de la Maison-Rouge; 16 arpents près le même lieu; 12 arpents au champtier du Vau-Gautier; 11 arpents au champtier du Petit-Frégneville, près le carrefour; 20 arpents près les Varennes; 9 arpents au champtier des Varennes, traversés par le chemin de Maisse à Étampes; 4 arpents de friches au champtier de Beaumont; 40 arpents au même champtier; 75 perches au-dessus de la Maison-Rouge; un arpent 25 perches d'une pièce; un arpent d'une autre pièce; plus 2 arpents au même lieu. Le fief Enguerrand, sis en la paroisse de Beaulieu, au champtier du Puits-Sauvage, et consistant en une pièce de terre de douze arpents, était encore une dépendance de la Maison-Rouge. Cet arrière-fief était possédé, en 1661, par messire Jean de Gaulmont, seigneur de Saussay, conseiller en la Cour de Parlement. Varennes, la Maison-Rouge et leurs dépendances relevèrent d'abord de La Bretonnière, puis de La Norville. Ils étaient chargés envers le seigneur de ces paroisses, suivant la coutume de Paris, des profits ordinaires de mutation, d'un cheval de service, des autres droits et devoirs accoutumés. En 1601, la mouvance de ces fiefs fut évaluée à la somme de 120 écus; en 1681, à la somme de 1,100 livres.

En 1481, Varennes et la Maison-Rouge étaient possédés par Jean de Châtillon, écuyer, seigneur de Moncontour. En 1515, les biens de ce seigneur ayant été saisis et vendus, Hélène de Chambez, dame de Boissée, Chilleuse et Farcheville, veuve de Philippe de Commines, chevalier, seigneur d'Argenton, les acquit par décret de la Cour de Parlement et en rendit hommage à Charles Leprince, seigneur de La Bretonnière, agissant au nom de sa mère Pernelle de Brichanteau. Vers cette époque, le receveur des domaines du roi à la Ferté-Aleps voulut s'emparer, au nom du souverain, de la mouvance de ces fiefs. Hélène de Chambez et Charles Leprince s'opposèrent à ces prétentions renouvelées de celles qu'avait autrefois élevées le duc d'Orléans, depuis roi de France, à cause de son château de La Ferté. Les prétentions du duc ayant été repoussées, celles du roi le furent encore. Une sentence du bailliage de La Ferté, en date du 27 septembre 1520, attribua, d'après les anciens titres, la mouvance de Varennes et de la Maison-Rouge au seigneur de La Bretonnière.

Jean de Bretagne, comte de Penthièvre, succéda à Hélène de Chambez dans la possession de ces fiefs. Il les céda quelque temps après à Claude de Châtillon, baron de La Grérie et d'Argenton, qui devint alors seigneur de Varennes,

Malvoisins, Malhare, Brohars, du lieu et manoir de la Maison-Rouge. Le 22 juin 1536, Claude de Châtillon vint au château de La Bretonnière pour rendre foi et hommage au seigneur de ce lieu. Charles Leprince étant absent « pour les affaires du roi », Claude de Châtillon fut reçu par Thomas Gallois, serviteur de ce seigneur, ayant commission de son maître pour prendre la foi et l'hommage de ses vassaux. Claude de Châtillon, baron d'Argenton, en présence de Thomas Gallois, ôta son épée et ses éperons, mit un genou en terre et, nu tête, baisa les serrures de la porte principale du château en signe d'obéissance et promit de payer à son suzerain, comme droit de mutation, le revenu d'une année provenant de ces fiefs, au dire d'experts, ou la somme de 120 livres tournois, se soumettant d'ailleurs pour le reste au bon jugement du seigneur de La Bretonnière.

En 1583, un autre Claude de Châtillon, chevalier de l'ordre du roi, seigneur et baron d'Argenton, remplit les mêmes formalités devant un autre Charles Leprince. En 1596, Charles de Châtillon succédait à son père. En 1610, Gilles de Châtillon, chevalier, gentilhomme ordinaire de la chambre du roi, possédait Varennes et la Maison-Rouge. Ces terres passèrent à sa fille Philiberte de Châtillon, épouse de Henri de Gournay, chevalier, comte de Marcheville, qui les vendit, en 1636, à Étienne Jupin, conseiller, secrétaire du roi maison-couronne de France et de ses finances. Celui-ci mourut le 7 décembre 1642.

De son mariage avec Lucrèce Jousselin, il avait eu douze enfants ; huit garçons : Maximilien, l'aîné, alors âgé de dix-huit ans et demi ; Étienne, Charles aîné, Jean, Charles puîné, François, Léon et Nicolas ; et quatre filles : Jeanne, Anne, Renée et Lucrèce Jupin. Ces enfants mineurs, à cause même de leur âge, ne pouvaient prêter au seigneur de La Norville, alors Louis Mercier, le serment de fidélité prescrit par la coutume, ni faire leur acte de foi et d'hommage. Ils demandèrent et obtinrent dispense de ces formalités, le 16 janvier 1643. Étienne Jupin étant mort et Anne Jupin ayant fait profession en l'abbaye de Notre-Dame, à Meaux, les frères et les sœurs demandèrent encore, au mois de septembre de la même année, l'exemption des formalités à remplir à propos de l'héritage qui leur était advenu par la mort de leur frère et la profession religieuse de leur sœur.

Le 9 juillet 1661, Maximilien Jupin, chevalier, baron de Bouville, était en possession des fiefs de Varennes et de la Maison-Rouge. Il en rendit en son nom propre un aveu et dénombrement à Louis Mercier et mourut le 8 décembre 1673. Étienne Jupin, seigneur de Dorvans ; Nicolas Jupin, seigneur de Bretonvilliers, ses frères ; Anne et Renée Jupin, ses sœurs ; Lucrèce Jousselin, sa mère, l'avaient précédé dans la tombe. Au mois d'août 1674, Charles Jupin l'aîné, seigneur d'Émerville ; Charles Jupin le jeune, seigneur de Beaumont ; François Jupin, chevalier, seigneur de Dorvans ; Jean-François Jupin, seigneur de la Tour, docteur en théologie de l'Université de Paris, chanoine et archidiacre de l'église cathédrale de Verdun ; Léon Jupin, chevalier, seigneur de Montlouis, capitaine au régiment de la marine, en garnison à Maëstricht, recueillirent l'héritage de leurs frères, de leurs sœurs et de leur mère. Ils remplirent en cette année les devoirs féodaux auxquels ils étaient astreints. Quelques-uns d'entre eux se montrèrent plus négligents dans les années 1692 et 1693. Leurs terres furent saisies pour non-aveu à la requête de Jean-Baptiste Choderlot de La Clos, seigneur de La Norville. Main-levée leur fut seulement donnée, le 21 janvier 1694, lorsque les survivants de la famille Jupin, Charles l'aîné, chevalier, seigneur de Farcheville ; Charles le jeune, chevalier, seigneur de Beaumont ; Jean-François, seigneur de la Tour, archidiacre de Verdun, eurent rendu de leurs terres et héritages aveu et dénombrement. François Jupin, seigneur de Dorvans, et Léon Jupin, seigneur de Montlouis, étaient morts à cette époque. En 1696, Charles l'aîné mourut à son tour. En 1702, il n'existait plus de cette nombreuse famille que Jeanne Jupin, veuve de François Chaillon, chevalier, seigneur de Coisy, et Jean-François Jupin, seigneur de La Tour. En 1704, celui-ci restait seul.

- Résidant à Verdun, lieu de son bénéfice, il se

défit des fiefs de Varennes et de la Maison-Rouge et les vendit à François Maynon, conseiller du Roi en la Cour de Parlement. Le fils de ce dernier, Vincent Maynon, chevalier, aussi conseiller en la Cour de Parlement, hérita de ces terres et mourut en 1738 laissant, de son mariage avec Marie-Agnès Bouvars de Fourqueux, trois fils : Vincent-Michel Maynon, qui lui succéda dans sa charge; Guillaume-François et Étienne Maynon. L'aîné, Vincent-Michel, hérita de Varennes et de la Maison-Rouge ainsi que des seigneuries de Farcheville, Bouville et Villemartin. En 1742, il était conseiller du Roi en ses conseils, et président de la quatrième chambre des enquêtes au Parlement. En 1789, les fiefs de Varennes et de la Maison-Rouge étaient en la possession de ses descendants.

VIDELLES.

Les titres qui se rapportent au fief de Videlles, près Milly, en Gâtinais, en la coutume d'Étampes et dans la mouvance de La Bretonnière, puis dans celle de La Norville, remontent au commencement du XIVe siècle. En 1340, ce fief comprenait : l'hébergement ou manoir de Videlles entouré d'un jardin; la justice moyenne et basse; cinq arpents de terre sur le chemin de Milly; vingt-quatre arpents et demi de terre au Bois de Boutigny; un arpent de vigne environ au Bois-Garreau; trois droitures et trois quarts d'une droiture, chacune comprenant trois septiers de froment, trois septiers de seigle et trois septiers d'avoine ; 8 livres parisis environ de cens, perçues à Videlles le jour de saint Rémy ; quelques menus cens dans la ville de La Ferté et sur le territoire du Mesnil ; plusieurs arrière-fiefs : 1° celui du Mesnil, tenu en 1328 par Jean Mesnard, gendre de Jean Chesnot, décédé, en son vivant bourgeois de La Ferté, comprenant : les deux arpents de terre du manoir du Mesnil avec deux autres arpents de terre dépendant de ce manoir ; environ deux arpents de terre au terroir du Mesnil, tenant à un nommé Berthault Daubeterre, et à la Corne-Brisée ; vingt-six arpents en quatre pièces, au même terroir, tenant encore à Berthault Daubeterre ; sept arpents au val de Guigneville ; un arpent au même lieu, tenant au sieur de Villiers et à Berthault Daubeterre ; une autre pièce d'un arpent tenant au même, et neuf arpents de bois au-dessus du Mesnil ;

2° Le fief de Boigny, tenu en 1338 par Renaud de La Salle, bourgeois de La Ferté, comprenant : un friche d'environ un quartier, appelé le Courtil de l'Isle, près Boigny ; 21 sols de cens perçus chaque année à Boigny ; une droiture et demie reçue au même lieu le premier jour de l'année ; le champart sur plusieurs terres labourables, au val de Bosne, produisant trois mines de grain ;

3° Le fief de Messis, en la paroisse de Chevannes, châtellenie de Corbeil, tenu en 1378 par Jean Lepastre, bourgeois de Paris, comprenant

14 arpents de terre en une pièce, au terroir de Fontenay, près Messis ;

4° Un autre fief à Messis, tenu en 1390 par Simon de Villebon, écuyer, demeurant à Milly, comprenant toutes les maisons, masures et jardins, de la contenance d'environ deux arpents et demi, situés autour de l'hôtel de Messis ; trente-six arpents de terres labourables au terroir de ce lieu ; deux arrière-fiefs, à Messis et à Leignes, tenus, l'un par Christophe Després, et l'autre par Mc Jacques Cornu ;

5° Un fief tenu en 1347 par Laurent Lencesne, bourgeois de La Ferté, comprenant : deux arpents environ de terre tenant au chemin de Guigneville au Mesnil-Mingot ; un arpent environ au val de Guigneville, champtier du Colombier ;

6° Un autre fief tenu en 1341 par Simon de Mélanfroy, comprenant quarante arpents de terres et bois *au finage des fries.*

Quelques-uns de ces arrière-fiefs gardèrent leurs noms ; d'autres les perdirent dans la suite des temps. Au XVe siècle, on les appelait : le fief de Messis, le fief de Rouvray, le fief de Guillaume Proust, le fief Jehannin, le fief de Dourdan et le fief de Boigny.

La consistance du fief de Videlles changea aussi d'une manière considérable. En 1670, il ne comprenait plus qu'un manoir en ruines, sis à Videlles, avec les jardins et terres y attenant, la moyenne et basse justice, cinq arpents de terre au chemin de Milly, vingt-quatre arpents près le chemin de Boutigny, un arpent au lazzi Garreau, 8 livres parisis environ de cens, trois droitures et les trois quarts d'une autre. Les six arrière-fiefs ci-dessus nommés faisaient toujours partie de la seigneurie, mais on n'en connaissait plus alors ni la situation, ni les propriétaires. La mouvance du fief de Videlles, estimée à 50 écus, dans le partage de 1601, fut évaluée, en 1681, à la somme de 316 livres.

La seigneurie de Videlles était possédée en 1328 par Simon de Macy, chevalier ; en 1347, par Gui du même nom ; en 1378, par Aleps, veuve de Hubert de Poinet ou de Pointe. C'est elle qui rendit, vers cette époque, un aveu et dénombrement à Jean le Breton, écuyer, seigneur de La Bretonnière, par-devant Jacques Fouquint, garde de la prévôté de Macy, ce qui laisse supposer que cette Aleps était fille et héritière de Gui de Macy. En 1394, Videlles était en la possession de Jean Fourcault, procureur en Parlement. Après un vide de plus d'un demi-siècle, on trouve à la tête du fief de Videlles, en 1472, Guillaume Lamy, clerc, notaire et secrétaire de Louis XI.

Louis de Vendôme, qui vivait en 1518, puis François du même nom, prince de Chabannais, vidame de Chartres, capitaine de cinquante hommes d'armes, succédèrent à Guillaume Lamy. François de Vendôme vendit la seigneurie de Milly et la terre de Videlles à Nicolas Daubray, notaire, secrétaire du Roi. Celui-ci, le 8 novembre 1552, rendit-foi et hommage à Charles

Leprince et paya, pour droits de mutation, la somme de 6 écus d'or, sol. Vingt ans plus tard, Milly et Videlles passèrent aux mains de Henri de Montmorency, seigneur de Damville, maréchal de France, gouverneur du Languedoc. Celui-ci se défit de ces terres et les vendit, en 1579, à Henri Closse, chevalier, conseiller du Roi, ambassadeur de France en Suisse, seigneur de Fleury, qui s'en dessaisit lui-même quelques années après, en 1584, en faveur de François Daverton, chevalier des ordres du Roi, conseiller d'État, comte de Belain et baron de Milly. Videlles demeura dans la famille des comtes de Belain jusqu'en 1658. A cette époque, ce fief fut vendu par décret de la Cour de Parlement et acheté par Jean Perrault, conseiller du Roi, président de la Cour des Comptes.

Les seigneurs de La Bretonnière et de La Norville avaient jusqu'alors perçu sans difficulté les droits de mutation et reçu les actes de foi et d'hommage, les aveux et dénombrements du fief de Videlles. Ils n'avaient fait saisir féodalement cette terre que deux fois : en 1595, au moment des guerres, et, en 1618, pour non-aveu. Avec Jean Perrault, les choses changèrent de face. Tout d'abord Louis Mercier, seigneur de La Norville, dut lutter pour conserver à sa seigneurie la mouvance de Videlles. Le président Perrault, après son acquisition, refusa de payer les droits de mutation et de rendre foi et hommage, sous prétexte que la baronnie de Milly, qu'il avait acquise, et la terre de Videlles, ne dépendaient que du Roi. Pour montrer la justesse de ses prétentions, il citait un aveu et dénombrement de la terre de Milly, rendu au Roi, en 1383, par Henri de Thieuville, dans lequel était comprise la seigneurie de Videlles; un autre semblable, rendu, le 3 août 1393, par Jean, seigneur de Montmay et de Milly; et un troisième, du 8 octobre 1457, rendu dans les mêmes termes par un autre Jean de Montmay et de Milly.

Louis Mercier produisit à son tour les titres qui lui donnaient le droit de suzeraineté, et la cause fût portée aux requêtes du Palais, à Paris, le 6 février 1661. Sur le rapport du conseiller Jean Quentin, le 16 novembre 1666, la Cour, tout vu et considéré, « faisant droit à la demande de Louis Mercier, déclara la térre et seigneurie de Videlles mouvante et relevante du dit Mercier à cause de sa terre de La Norville » et condamna le président Perrault à payer les droits seigneuriaux dus à cause de son acquisition et à rendre foi et hommage, aveu et dénombrement. Jean Perrault fit appel de cette sentence devant la Cour de Parlement. Le 8 juin 1669, cette Cour rendit son arrêt. Elle confirma purement et simplement la sentence des premiers juges et condamna le président de la Cour des Comptes à une amende de douze livres.

Vaincu sur le fonds, Jean Perrault rendit, le 9 décembre 1670, par l'intermédiaire de Jacques Néret, procureur fiscal de la terre de Milly, foi et hommage, aveu et dénombrement du fief de Videlles au seigneur de La Norville, mais il éleva de nouvelles difficultés sur la consistance du fief lorsqu'il s'agit de fixer la somme des droits de mutation. Louis Mercier, fatigué de douze années de luttes et craignant avec raison ce premier président retors et frondeur, transigea le 20 décembre 1670. Par-devant Roger et Lange, notaires à Paris, il reconnut avoir reçu de M° Jean Perrault la somme de 100 écus de 114 sols pièce, valant 570 livres, et concéda que désormais, à chaque mutation, suivant la coutume de Melun, pareille somme serait payée pour droit de quint et requint et 50 écus d'or, du même prix, pour droit de rachat et de relief, échéant soit par donation entre vifs, soit à cause de mort, d'échange et de succession en ligne collatérale.

Par testament olographe du 24 août 1677, Jean Perrault légua la terre de Videlles à Marie-Jeanne Perrault, sa fille. Celle-ci épousa en premières noces Louis Beaupoil de Saint-Aulaire, marquis de Chabannes, et en secondes noces Gilbert-François Rivoiré, marquis du Palais. De son premier mariage elle eut un fils, Marc-Antoine Front Beaupoil de Saint-Aulaire auquel, par contrat de mariage, elle donna la seigneurie de Videlles.

En 1723, Marc-Antoine Front Beaupoil de Saint-Aulaire, chevalier, devenu marquis de Laumarye, grand et premier échanson de France, lieutenant des gendarmes de Bretagne, rendit foi et hommage de sa seigneurie à Françoise-Athénaïse Choderlot de La Clos, veuve du marquis de Péry. Son fils, Marc-Antoine, maréchal de camp des armées du roi, rendit les mêmes devoirs à François-Jules Duvaucel, au mois de janvier 1739. Il mourut vers 1760. Son petit-fils ayant renoncé à sa succession, Videlles et Milly passèrent aux mains de Jean-Louis-Antoine Dulau, marquis d'Allemans. Ce dernier rendit foi et hommage, aveu et dénombrement, le 2 juillet 1764, au marquis de La Grandville. Le fief de Videlles était en la possession de ses descendants en 1789.

VIVIERS EN LA PAROISSE D'ORSAY.

Le 9 juillet 1453, Bureau Boucher, conseiller et maître des requêtes de l'hôtel du roi, au nom de sa femme héritière de feu Guillaume Pelletier, en son vivant premier médecin de Charles VII, rendit à Édouard de Beaujeu, chevalier, seigneur d'Amplepuits, de Lignières et de La Bretonnière, à cause de cette dernière seigneurie, un aveu et dénombrement du fief de Viviers, en la paroisse d'Orsay. A cette époque, ce fief consistait en une masure, cour, grange couverte en tuiles; jardin et fossé à poisson: en une pièce de terre de 64 arpents attenant à cette masure; en 4 arpents d'une autre pièce attenant aux propriétés du curé de Villejust; en un arpent et demi de terre tenant aux héritiers Ferrand; en 13 arpents aboutissant sur les mêmes héritiers; en 16 arpents aboutissant sur le grand chemin royal; en **12** arpents attenant au bois de Brétigny; en **3** arpents tenant d'un côté au curé d'Orsay et de l'autre à Bureau Boucher; en **12** arpents appelés « la minue » tenant d'une part au chemin royal et de l'autre au prieur d'Orsay; en **14** arpents situés le long du chemin de Villejust; en **14** arpents tenant des deux côtés aux héritiers de la veuve Ferrand et d'un bout au prieur d'Orsay; en **3** arpents de terres et prés et en **4** arpents de terre tenant au chemin royal.

Étienne Boucher, élu de Paris, hérita de ces propriétés, en **1491**, et prit dès lors le titre de seigneur de Viviers. Il les vendit, au commencement du XVIe siècle, à Louis de Graville, amiral de France, qui, à sa mort, les laissa à Jeanne de Graville, sa fille, dame de Marcoussis, Châtres, Saint-Clair de Gometz, Gometz-la-Ville, Nozay, la Ville du Bois, Villejust et Viviers. Celle-ci, veuve de Charles d'Amboise, maréchal de France et seigneur de Chaumont, rendit foi et hommage du fief de Viviers à Charles Leprince, seigneur de La Bretonnière, au mois de juin **1525**. Les offres de Jeanne de Graville ne furent pas acceptées. Le seigneur de La Bretonnière voulut retenir le fief de Viviers par puissance féodale et le fit saisir. Jeanne de Graville, pour contrecarrer les projets de Charles Leprince, fit alors entrer en scène Guillaume Boucher, avocat au Parlement, fils d'Étienne Boucher, élu de Paris. Celui-ci demanda, par retrait lignager, la cassation du

contrat de vente passé entre son père et l'amiral
de Graville. Il obtint gain de cause, malgré l'opposition de Charles Leprince. Par sentence des
requêtes du Palais, en date du 4 novembre 1527,
le fief de Viviers lui fut adjugé et, le 21 juillet 1529, il rendit, en qualité de propriétaire,
foi et hommage au seigneur de La Bretonnière, payant pour les droits de quint et de requint la somme de cent écus d'or sol. Peu de
temps après, Guillaume Boucher, qui avait mis
à néant par cette intervention les irrégularités
des précédents contrats, rétrocéda à Jeanne de
Graville, alors épouse de René d'Illiers, le fief
de Viviers et ses dépendances.

Cette dernière étant morte sans enfants, ses
deux neveux, Guillaume de Balzac, seigneur
d'Entragues, et Thomas de Balzac, seigneur de
Montaigu, Châtres et autres lieux, héritèrent de
ses biens. Viviers échut à Thomas de Balzac, qui
en rendit foi et hommage à Charles Leprince, le
13 mai 1545. Pour droit de relief, il donna au
seigneur de La Bretonnière huit muids et demi
de grains, les deux tiers de blé froment et l'autre
tiers d'avoine. Thomas de Balzac mourut en l'année 1583. Il avait eu quatre enfants : Jean de
Balzac, chevalier, lieutenant de la compagnie du
prince de Condé, seigneur de Châtres, qui mourut avant son père, laissant de son mariage avec
Madeleine Olivier une fille unique nommée Anne;
Robert de Balzac, seigneur de Montaigu ; Charles
de Balzac, doyen de Saint-Gatien, à Tours,

puis évêque de Noyon, et Souveraine de Balzac.

Quelques difficultés s'étant élevées à propos de la succession de Thomas de Balzac, les héritiers de ce seigneur ne songèrent pas à remplir les devoirs féodaux accoutumés pour le fief de Viviers. Charles Leprince fit saisir ce fief à deux reprises différentes, en 1583 et en 1594. En cette dernière année, il était encore par indivis entre les mains de tous les héritiers de Thomas de Balzac. Ceux-ci durent, chacun à son tour, faire les actes de foi et d'hommage. En cette circonstance, Charles Leprince se montra rigide calviniste envers Anne de Balzac et sa tante Souveraine, et seigneur courtois vis-à-vis du doyen de Saint-Gatien de Tours, alors conseiller du roi, aumônier ordinaire de Henri IV et baron de Saint-Clair. A cause des guerres religieuses, Anne et Souveraine s'étaient retirées à Rouen. Au mois d'août 1594, elles déléguèrent un nommé Pierre Lefèvre pour porter à leur place, au château de La Bretonnière, la foi et l'hommage du fief de Viviers. Pierre Lefèvre s'acquitta de sa mission, mais il eut beau représenter au seigneur suzerain que « les guerres publiques, les incommodités de toute sorte, les périls notoires des chemins, joint le sexe, » empêchaient Anne et Souveraine de Balzac de venir elles-mêmes remplir leurs devoirs féodaux, Charles Leprince ne voulut rien entendre. Il refusa la foi et l'hommage qui lui étaient présentés, exigeant que ses vassales vinssent en personne remplir les devoirs portés par la coutume, leur donnant à cet effet un délai assez court.

Charles de Balzac vint à son tour; il voulut ôter son épée, ses éperons et mettre un genou en terre pour faire son acte de soumission. Charles Leprince ne voulut souffrir ces marques de dépendance; il releva l'aumônier du roi, montrant ainsi autant de complaisance envers les abbés que d'exigences envers les dames.

Les biens de Thomas de Balzac ayant été enfin partagés, le fief de Viviers échut à Anne de Balzac. Mariée à François de l'Isle, chevalier, seigneur de Treignel, lieutenant de cent chevau-légers de la compagnie de la reine, bailli et gouverneur de la ville et citadelle d'Amiens, elle rendit en son nom propre foi et hommage du fief de Viviers, le 4 août 1598. Le marquis de Treignel étant mort en 1611, Anne de Balzac fit rendre par procureur les devoirs accoutumés en pareil cas à Charlotte Camus, femme de Charles Leprince, seigneur de La Bretonnière. Le fief de Viviers, depuis le partage de 1601, dépendant de La Norville, l'accomplissement de ces devoirs fut regardé comme non avenu. En 1612, Anne de Balzac dut les renouveler en présence de Josias Mercier, seigneur de La Norville. Elle se mária en secondes noces, en 1613, à Louis Séguier, baron de Saint-Brisson, chevalier, prévôt de Paris. Le fief de Viviers changeant ainsi de maître, il fallut de nouveau rendre à son sujet foi et hommage au seigneur de La Norville. Louis Séguier de Saint-Brisson crut pouvoir agir par procureur, mais il avait compté sans le mauvais vouloir de Josias Mercier. Celui-ci refusa de recevoir le chargé de procuration et fit saisir féodalement Viviers, le 17 juillet 1613. Louis Séguier voulut résister; il attaqua Josias Mercier devant le Châtelet de Paris, mais il fut débouté de sa demande et condamné par une sentence rendue sur le rapport du conseiller Édeline, le 15 décembre 1618. Il fit personnellement sa foi et son hommage le 25 janvier de l'année suivante et paya au seigneur de La Norville une somme de 600 livres pour dommages et intérêts. Louis Séguier et Anne de Balzac vendirent le fief de Viviers à leur oncle, Robert de Balzac, seigneur de Montaigu, le 4 février 1619, pour la somme de 12,600 livres. A cette occasion, Josias Mercier reçut pour les droits de mutation la somme de 300 livres.

Robert de Balzac, dans cette acquisition, n'avait fait que prêter son nom aux religieux célestins de Marcoussis. Aussitôt après le consentement à la vente et la fixation du prix, il avait déclaré n'avoir agi qu'au nom de ces religieux et le contrat avait été dressé en leur faveur. Josias Mercier, ignorant cette substitution et croyant avoir été trompé par le seigneur de Montaigu, voulut de nouveau faire saisir le fief de Viviers. Avant d'agir il entra en pourparlers avec les Célestins et les difficultés s'aplanirent. Ceux-ci versèrent au seigneur de La Norville une nou-

velle somme de 300 livres pour droit de mutation. En 1620, ils nommèrent pour homme vivant
et mourant chargé de représenter leur communauté et d'acquitter les droits féodaux en leur
nom Charles Asselin, arpenteur et voyer de la
châtellenie de Montlhéry, et passèrent une convention avec Josias Mercier par laquelle ils s'en-
gageaient à donner pour chaque mutation pro-
duite par la mort de leur représentant la somme
de 180 livres.

Depuis cette année jusqu'en 1776, le fief de
Viviers demeura en la possession des Célestins de Marcoussis. A cette dernière date, ces
religieux furent sécularisés par deux brefs du
pape Pie VI, l'un de 1776 et l'autre de 1778, et
leurs biens, le fief de Viviers en particulier, ad-
ministrés par le receveur général du clergé de
France, Messire François-David Bouillon de
Saint-Julien, seigneur de Saint-Julien, des baron-
nies du Bourg-Argental, Fontaine-Française et
autres lieux, nommé en cette qualité par arrêt du
conseil d'État du roi, le 29 mars 1776.

En 1785, la régie du fief de Viviers fut mise
sous l'inspection de Mgr de Juigné, archevêque
de Paris. Le 8 février 1786, le receveur général
du clergé de France présenta à Messire Louis-
Jacques Baron, écuyer, conseiller secrétaire du
roi en la chancellerie près le Parlement de Besançon, receveur général des finances de la
Franche-Comté, seigneur de La Norville, un dénombrement du fief de Viviers qui fait connaître

la consistance exacte de ce domaine à la veille de la Révolution française. Ce dénombrement était composé de trois parties : la première comprenait les domaines anciens existant avant l'abonnement de 1620 ; la seconde, les domaines acquis depuis cet abonnement ; et la troisième, les censives dépendant de Viviers à prendre sur des héritages possédés par des particuliers.

Les anciens domaines consistaient en un manoir seigneurial ; en la ferme et métairie de Viviers composée d'une grande maison servant de logement au fermier, écurie à côté, bûcher, laiterie, fournil, poulaillers, bergeries, deux grandes granges à portes cochères et deux hangars, le tout couvert en tuiles, cour close, porte cochère et petite porte cavalière à côté, petit jardin derrière le logement du fermier clos de murs, le tout contenant en fonds de terre deux arpents environ ; en 126 arpents 20 perches de terre, au lieu dit Viviers, formant les champtiers nommés le Clos, la mare Graffard et le puits Graffard ; 32 arpents 66 perches de terre, au même terroir, appelés la pièce des grands Essarts ; 11 arpents 54 perches au champtier de Courtemeulle ; 10 arpents 81 perches près la ferme de Viviers ; au total : 183 arpents 21 perches.

Les domaines acquis depuis 1620 comprenaient : 4 arpents 24 perches de terre au terroir de Viviers, près la pièce du puits des Essarts ; 22 arpents 64 perches au même terroir, sur lesquels était précédemment bâtie la ferme du

Petit-Viviers ; au total : 26 arpents 88 perches.

Les censives consistaient en 13 sols 6 deniers obole pite parisis, payables chaque année au jour de saint Remy, à prendre sur 6 arpents 89 perches de terre, au champtier de Courte-meulle ou terre Labbé ; en 9 sols 6 deniers parisis, payables chaque année à la même époque, à prendre sur 4 arpents 75 perches de terre au même terroir, possédés par la fabrique de Ville-just, le curé de cette paroisse et le comte d'Orsay ; en 17 sols 6 deniers à prendre sur 8 arpents 75 perches de terre au même champtier, possé-dés par le comte d'Orsay, Louis Royer et la fa-brique de Villejust. Ce fief, avec ses dépendances, déclaré bien national, fut vendu, le 18 janvier 1791, à un nommé Borel, bourgeois de Versailles, pour la somme de 300,300 livres. En 1601, la mou-vance de Viviers avait été estimée à 75 écus ; en 1681, à la somme de 180 livres.

Le Bois de Presle.

Vers le milieu du XVe siècle, vivait un nommé Jean de Presle, écuyer. Ce seigneur possédait deux arrière-fiefs à Basville et un certain nombre de terres et de bois dans la paroisse de Boissy-le-Sec, près Villeconin, en la coutume d'Étampes. En 1481, Roberte de Brichanteau, veuve de Adam de Verton et sœur de Charles de Brichanteau, seigneur des Granges, possédait les deux arrière-fiefs de Basville. En 1490, mariée à Robert Piquot, écuyer, elle tenait dans la paroisse de Boissy-le-Sec un certain nombre de terres et en particulier dix arpents de biens fonds, au champtier appelé le Bois de Presle, au nom de Jean de Presle, écuyer, ci-dessus nommé. Roberte de Brichanteau paraît donc avoir été l'héritière de ce seigneur. Le 10 janvier 1491, elle donna à bail les dix arpents du Bois de Presle à Philippe Buisson, laboureur à Boissy-le-Sec, moyennant 5 sols parisis de cens et cinq septiers de blé froment à quatre deniers près du meilleur, chaque septier mesure de Villeconin, payables chaque année au jour de la saint Martin d'hiver. Dans la suite, elle bailla au même terroir, à divers particuliers, 11 arpents 4 perches de bois qui, joints aux dix arpents précédemment concédés, formèrent le fief du bois de Presle, rapportant 8 livres 8 sols 3 deniers, les profits ordinaires des droits de mutation, un cheval de service, et obligeant ses détenteurs aux devoirs féodaux, foi et hommage, aveux et dénombrements au temps et dans les circonstances marqués par la coutume d'Étampes.

Charles Leprince, seigneur de La Bretonnière, reçut en héritage de sa tante Roberte de Brichanteau le fief du Bois de Presle et le vendit ensuite, vers le milieu du XVIᵉ siècle, à Jacques de Pavyot, seigneur de Boissy-le-Sec, s'en réservant la mouvance et les profits. A Jacques de Pavyot succéda Pierre du même nom, écuyer. Celui-ci, en 1578, rendit foi et hommage et, en

1581, aveu et dénombrement du fief du Bois de Presle au seigneur de La Bretonnière. Son fils Charles accomplit les mêmes devoirs en 1601 et laissa la seigneurie de Boissy et ses dépendances à Claude de Pavyot, écuyer. Cette seigneurie et le fief du Bois de Presle subirent alors un certain nombre de vicissitudes. En quelques années, ils passèrent entre les mains de plusieurs propriétaires. Claude de Pavyot vendit ces domaines au marquis du Rier; le marquis du Rier les céda à Jean de Vienne, conseiller du roi en son conseil d'État et en son conseil privé, intendant et contrôleur général des finances. A la mort de Jean de Vienne, arrivée avant l'année 1618, le fief du Bois de Presle appartint par moitié à Élisabeth de Vienne, sa fille, épouse de François de Montmorency, chevalier, seigneur de Précy, comte souverain de Lutz en Basse-Navarre, bailli et gouverneur de la ville de Senlis; et à Marie de Vienne, son autre fille, épouse de Charles de Tiercelin, chevalier, seigneur de Sauveuze, en Picardie.

Dans ces différents changements, on n'avait pas songé à rendre au seigneur de La Norville les devoirs qui lui étaient dus, ni à payer les droits accoutumés. Le 24 octobre 1618, Josias Mercier fit saisir féodalement le fief du Bois de Presle. Il ne donna main-levée, au mois d'août 1619, qu'après avoir reçu la foi et l'hommage des gendres de Jean de Vienne et perçu pour les diverses mutations la somme de 120 livres. La seigneurie de Boissy-le-Sec et le fief du Bois de Presle, après le partage définitif des biens de Jean de Vienne, échurent à Charles de Tiercelin. Celui-ci vendit ces propriétés à Me Henri Leprestre, conseiller du roi en sa cour des aides. Après le décès de ce dernier arrivé vers 1643, le fief du Bois de Presle échut à sa fille Antoinette Leprestre. Mariée à Paul de Sève, seigneur du Plateau, elle vendit à son tour ce domaine à Charles de Pavyot, chevalier, seigneur de Boissy-le-Sec, qui en rendit foi et hommage à Jean-Baptiste Choderlot de La Clos, seigneur de La Norville, le 14 mars 1686.

Le fief du Bois de Presle consistait alors en 10 livres tournois de cens portant lods et ventes, saisines et amendes à prendre sur plusieurs terres, autrefois en bois, sises au lieu dit *la Vallée sous les esclèches*, enclavées dans le territoire de Boissy et tenant aux biens des Célestins de Marcoussis.

Après Charles de Pavyot, la seigneurie de Boissy-le-Sec et le fief du Bois de Presle passèrent à Marie-Madeleine Le Tellier, dame de Fresne et de Saudreville, épouse séparée de biens de Messire Jean Longneau, écuyer, seigneur de Launay. Charles Boyetct de Mérouville, écuyer, conseiller honoraire du roi maison-couronne de France et de ses finances, acquit Boissy-le-Sec et le Bois de Presle de Marie-Madeleine Le Tellier, vers 1735. Son fils Charles-Borromée en hérita et les laissa, en 1765, à son fils Charles-Hector Boyetet, écuyer. Celui-ci en rendit foi et hommage au marquis de

La Grandville. En 1789, Boissy-le-Sec et le Bois de Presle étaient encore la propriété de cette famille. La mouvance de ce fief fut estimée, en 1601, à 4 écus ; en 1681, à 30 livres.

LA LANCE.

Le fief de la Lance était situé entre La Norville et la chapelle appelée la maladrerie Saint-Blaise, à main droite en allant de Châtres à Avrainville, aboutissant sur le chemin de la grange au prieur, à une centaine de mètres au-dessous du sentier qui conduisait de La Norville à la grande route d'Orléans. Il était régi par la coutume de Paris et consistait en trois arpents de terres et vignes. Outre l'accomplissement des devoirs féodaux ordinaires : actes de foi et d'hommage, aveux et dénombrements, et le paiement des droits de mutation, les possesseurs de ce fief étaient tenus de porter une lance au seigneur de La Norville, le jour de son mariage, ou le jour du mariage de son fils aîné; de même lorsque ce seigneur partait en guerre. C'est de cette coutume que ce fief tira son nom.

Les premiers titres qui s'y rapportent sont de l'année 1535. En cette année, le 29 septembre, ses détenteurs Clément et Louis d'Estréchy, les mineurs Roland Girard, Benoît Robin, Abraham Girard et Jean Pasquier en rendirent foi et hommage à Charles Leprince, seigneur de La Bretonnière. Depuis 1535, le fief de la Lance, toujours composé de plusieurs parcelles de terre, fut possédé par différents particuliers, successeurs des premiers propriétaires par droit d'héritage, de vente ou de bail à rente. En 1780, il appartenait aux nommés Nicolas Le Blanc, Louis Nion, Laurent Boullé, Lepitre, curé d'Épinay puis de Saint-Germain-les-Arpajon, Jacques Roullier, Étienne Devaux et la veuve Marcoignet.

Le 25 janvier 1609, du consentement de Josias Mercier, seigneur de La Norville et en partie de La Bretonnière, les possesseurs du fief de la Lance portèrent à Charles Leprince, seigneur de La Bretonnière, une lance à l'occasion de son mariage avec Charlotte Camus. Ils agirent de même, le 12 juillet 1648, envers Louis Mercier, lors de son mariage avec Anne Bigot.

En 1601, la mouvance de ce fief fut évaluée à la somme de 4 écus; en 1681, à celle de 70 livres.

LA RUE DU CLOS.

Le fief du Clos était situé dans la ville de Châtres, dans la rue appelée du Clos. Réuni au domaine de La Norville ou de La Bretonnière, il existait, en 1472, lors de la vente de ces deux seigneuries, faite par Jacques de Beaujeu à Pierre Leprince. Dans le partage de 1525, le fief du Clos fut spécialement mentionné. Il consistait alors en 50 sols 2 deniers tournois de cens portant lods et ventes, saisines et amendes, à prendre sur un certain nombre de propriétés dans la rue du Clos. Dans le partage de 1601, il fut rattaché à La Norville avec le fief de la Boucherie.

En 1730, il consistait en 2 sols 24 deniers de cens dus par le marquis d'Arpajon sur un quartier de terre environ planté de marronniers et sur une maison appartenant à ce seigneur; en une livre 9 sols tournois et 13 sols 2 deniers parisis de cens sur un jardin et dix-sept maisons ou granges de la rue du Clos, le tout tenant un côté de cette rue depuis la maison appartenant au marquis d'Arpajon jusqu'à la ruelle aux Ours. Le fief du Clos était dans la mouvance des seigneurs de Châtres. Il fut cédé par le marquis de La Grandville au duc de Mouchy, le 1er août 1772.

MARIVATZ.

Le fief de Marivatz fut rattaché pendant fort peu de temps à la seigneurie de La Norville. Acheté par François-Jules Duvaucel, le 10 septembre 1738, à Nicolas-Pascal Petit, seigneur de Bois d'Aunay, il fut cédé au duc de Mouchy, seigneur d'Arpajon, le 1er août 1772. Possédé au XVIe siècle par Spire et Louis de Santeny; au XVIIe par les Darras et les Boutet; au XVIIIe par les Petit de la Gallanderie, ce fief consistait, au moment où il fut vendu au duc de Mouchy, en une grande maison, cour devant et jardin, appelée la maison de Marivatz et habitée par le receveur des aides; en une petite maison près de la grande; le tout tenant d'une part, au Midi, à une maison appartenant à un nommé Carvis; d'autre part, à une dame Delille; d'un bout, au levant, à la grande rue d'Arpajon, et de l'autre, à la boelle Morand; en 5 arpents environ de pré derrière les deux maisons, avec un canal au milieu entouré de murs, tenant en totalité d'une part, au midi, à la rivière d'Orge; d'autre part et d'un bout, au levant, à la boelle Morand, et d'autre bout, à la rivière de Remarde; en 100 sols environ de cens portant lods et ventes, saisines, défauts et amendes, à prendre sur plusieurs maisons, jardins, terres, vignes, prés sis dans la grande rue d'Arpajon, dans la rue Morand, hors la porte Morand, aux champtiers du champ Boudard, des Grouaisons, du puits Morand et de l'Éperon possédés par différents particuliers. Le fief de Marivatz était dans la mouvance de la seigneurie de Marcoussis.

VALLORGE.

Le fief de Vallorge consistait en 84 arpents de terre en plusieurs pièces, sises entre Vallorge et La Crosnerie, sur le territoire de Leuville. Ce fief, dépendant originairement de La Bretonnière, échut dans le partage de 1601 à Josias Mercier, qui devint quelques années plus tard seigneur de La Norville. La mouvance de Vallorge possédée, en 1630, par messire Pierre

Jean Olivier, seigneur de Leuville, et, en 1637, par le marquis d'Échainville, fut cédée au seigneur de La Bretonnière par Anne Leprince et son fils Louis Mercier, le 29 septembre 1638.

Les Bois-Défendus.

Le fief de Cochet ou des Bois-Défendus dépendait originairement de La Bretonnière. Il échut à Josias Mercier dans le partage de 1601 et consistait alors en 25 ou 26 arpents de terre sis au terroir de La Bretonnière et anciennement appelés les Bois-Défendus; en 16 arpents de terres labourables et une portion de maison attenant à la ferme du Grand-Cochet; en 6 autres arpents de terres labourables près la même ferme; en 29 arpents et demi d'une autre pièce au même lieu, et en 2 arpents de pré avoisinant le moulin du Petit-Paris. En 1630, ce fief était tenu par le sieur de Gorrys, au nom de sa femme, fille de défunt Bernardin Delorme. Il fut cédé en même temps que Vallorge au seigneur de La Bretonnière, en l'année 1638.

CHAPITRE X

Les Granges et fiefs en dépendant : Basville et la Folleville,
la Vacheresse, les dîmes de Ragonnant, Échainvilliers.

L'origine de la seigneurie des Granges remonte
probablement au Xe siècle. Comme on le verra
dans la suite, son lieu principal était composé
d'une élévation artificielle en terre, appelée Motte,
entourée d'un fossé et surmontée d'un donjon.
Ce genre de fortification était d'un usage fré-
quent au Xe siècle. Bon pour protéger les seigneurs contre des adversaires peu redoutables,
il disparut au moment des grandes invasions
anglaises. Le donjon des Granges, détruit pendant la guerre de Cent Ans, ne fut jamais relevé
de ses ruines.

La motte et l'emplacement de ce donjon
étaient auprès de Châtres, sous les remparts de
la ville abattus au commencement de ce siècle
et remplacés actuellement par des boulevards, en
face de la rue Fontaine, entre la rivière d'Orge et
le chemin qui conduit au moulin Serpier. Cette
position indique d'une manière à peu près certaine que Châtres ne s'étendait pas de ce côté
au moment où fut construit le donjon des
Granges, ou du moins que ses murs d'enceinte
n'étaient pas encore élevés. On n'aurait pas

ainsi mis seigneurie dans seigneurie, remparts indépendants sur d'autres remparts. Or, la ville de Châtres était déjà fortifiée au XII⁰ siècle. L'abbé Suger, sous le règne de Louis le Gros, l'appelait dans ses chroniques *honoris oppidum*. Faire remonter l'origine de la seigneurie des Granges au X⁰ siècle à cause de la nature même de ses défenses et de sa position ne serait donc pas une supposition hasardée.

Quoi qu'il en soit, il est certain que les Granges existaient au XII° siècle. Dans le cartulaire de Saint-Maur des Fossés, il est parlé, en l'année 1190, d'un Gautier des Granges [1]; dans le grand pastoral de l'église de Paris, en l'année 1245, d'un Jean des Granges, membre de la famille des de Gravelles, jouissant alors de droits seigneuriaux à La Norville; et dans les titres de l'abbaye de Villiers, en l'année 1263, d'un écuyer nommé Bertrand des Granges.

Au XIV⁰ siècle, les titres qui se rapportent à cette seigneurie sont plus explicites et plus nombreux. Ils permettent de donner la suite non interrompue des maîtres de ce domaine. En l'année 1366, le 6 février, un nommé Robin le Maçon vendit à Guillaume Hélouin le Jeune, pour le prix de 4 francs d'or de bon poids et du coin du roi Jean, la moitié d'une maison et la moitié d'un jardin sis à Châtres, rue Fontaine, chargées de 26 deniers parisis de cens envers les

---

1. Pièces justificatives, n°ˢ 4, 20.

héritiers de feu Pierre de Challo, seigneur des Granges. Pour la même somme de 4 francs d'or de bon poids furent aussi vendus, le 3 avril 1377, par Jean Mancion à la veuve Guillaume Frémy, une maison et un jardin sis à Châtres, rue Saint-Germain, chargés de 27 deniers parisis de cens envers Simon de Villebon, écuyer, seigneur des Granges. Au mois de mai 1405, le seigneur des Granges était Simon de Bourron. Marié à Perronnelle de Villebon, il cédait en cette année, à Marie Pouly, une maison sise au lieu des Granges, au-dessus de la rue du Paradis.

Ce Simon de Bourron eut une fille, nommée Isabelle, qui épousa Gervais de Prunault. En 1440, elle était morte et son mari avait « le bail et l'administration » de deux filles nées de leur mariage, Renaude et Marie. Cette dernière épousa Michel-François, écuyer, seigneur de Sainte-Foy. Ensemble, le 13 juin 1457, ils vendirent pour la somme de 15 livres, aux religieux Célestins de la Sainte-Trinité de Marcoussis, 20 sols parisis de rente annuelle, rachetable de la même somme, à prendre sur la portion de l'héritage qui devait leur advenir dans la seigneurie des Granges. Trois ans plus tard, le 13 juin 1460, la même Marie de Prunault, dame de Foy, veuve alors de Michel-François, écuyer, demeurant à Châtres-sous-Montlhéry, vendit, à la charge de payer les 20 sols de rente aux Célestins de Marcoussis, et pour la somme de

50 livres tournois, à noble homme Charles de Brichanteau, son cousin germain, tous les droits qu'elle pouvait avoir dans la succession de sa feue mère, Isabelle de Bourron, en un hôtel couvert en tuiles, grange couverte en chaume, cour, jardin, colombier, fossés à eau entourant une motte et ses dépendances, appelé l'hôtel des Granges, situé près Châtres, avec toutes ses appartenances tant en terres, prés, bois, aunaies, friches, vignes, que cens, rentes, fiefs et arrière-fiefs tenant de cet hôtel, et autres droits ou devoirs en dépendant partout où ils se trouvaient.

Renaude de Prunault, sœur de Marie, avait épousé Jean de Brissac, écuyer. Le 9 février 1477, tous deux vendirent à Charles de Brichanteau, pour la somme de 115 livres tournois, l'autre moitié du fief des Granges. Par ces deux acquisitions, Charles de Brichanteau devint maître de tout le domaine. En cette qualité, le 24 mars 1478, il rendit foi et hommage à messire Louis de Bouhaut dit de La Rochette, écuyer, maître d'hôtel du Roi et seigneur de Bruyères-le-Châtel. Le 30 octobre 1481, il fit au même seigneur un aveu et dénombrement de son fief.

C'est dans cet aveu que l'on trouve pour la première fois la consistance exacte de la seigneurie des Granges. Cette terre était assez considérable comme on en pourra juger par le détail suivant.

Le fief comprenait : 1° un hôtel et manoir nommé les Granges-les-Châtres avec motte close à eau surmontée d'un donjon en ruines ; cour et colombier, jardin à l'entour, le tout contenant en fonds de terre deux arpents et demi environ, aboutissant sur la rivière d'Orge ;

2° Du côté opposé au manoir, une maison et masure dans laquelle étaient une cave et un pressoir bannier en ruines : à la banalité de ce pressoir étaient soumis, avant 1481, 32 arpents et un quartier de vignes, au champtier de Boinville, dit plus tard de la Lance ; en 1481, ces vignes étaient converties en terres labourables ;

3° La rivière d'Orge et Garenne, droit de pêche depuis le moulin Morand jusqu'au milieu du pont de Châtres ;

4° La justice moyenne et basse jusqu'à 60 sols parisis avec pouvoir de tenir cour et juridiction sur tous les hôtes, hommes et sujets du lieu des Granges et une prison pour enfermer les malfaiteurs pendant 24 heures ou environ ;

5° Le droit de forage et de rouage sur tous les hôtes, hommes et sujets des Granges, et sur tous les héritages tenus en censive de cette seigneurie ;

6° 6 arpents de terre devant la porte du manoir ;

7° Un arpent de vigne au vignoble de Châtres, lieu dit Chielou ;

8° Trois arpents de pré enclos de fossés, derrière le manoir, avec six corvées pour les faner dues par plusieurs sujets de la seigneurie ;

9° Trois arpents d'aunaie au même lieu ; sur

ces trois arpents, Charles de Brichanteau fit cons-truire un moulin à moudre « tant de blanche œuvre comme un moulin à tan » appelé depuis le moulin Serpier ;

10° Deux arpents, environ d'aunaie entre les grands jardins du manoir et la rue des Aunaies, en suivant le ruisseau de la fontaine ;

11° 26 livres parisis de menus cens ;

12° 83 arpents de terre en une pièce sise entre La Bretonnière et le moulin d'Aulnay, au lieu dit les Pendants ou les Perreux, tenant d'une part au seigneur de La Bretonnière, vers les Joncs-Marins, et d'autre part au chemin de La Bretonnière au moulin de Fourcon ;

13° 19 sols parisis de rente que le seigneur des Granges avait « d'ancienneté » le droit de prendre chaque année sur le fief et hôtel de La Bretonnière « qui fut à Monseigneur de Lignières » ;

14° 2 sols parisis de cens annuel à percevoir sur les vignes du prieur de Saint-Didier de Bruyères ;

15° 10 sols parisis de cens annuel à prendre sur les fossés de la basse-cour du château de Bruyères, sous la vieille porte.

De la seigneurie des Granges dépendaient, au moment de ce dénombrement rendu par Charles de Brichanteau, un certain nombre de fiefs :

Le fief de Basville, ayant appartenu autrefois à Simon de Bourron et réuni au domaine, composé d'un manoir et courtil contenant deux arpents environ ; de 70 arpents de terre ; 30 arpents de pré ;

5 quartiers de vigne ; deux jardins ; 5 livres, 10 sols de menus cens ; 13 droitures sur plusieurs héritages ; des cens de la Notre-Dame de Mars valant 50 sols parisis ; des champarts de ce lieu rapportant deux muids de grain par an ; de la justice moyenne et basse ; des saisines ; des rouages et forages, et d'une certaine quantité de terres en friches, aux environs de Basville.

Du fief de Basville dépendaient plusieurs arrière-fiefs relevant avec la seigneurie de ce lieu du fief des Granges et par suite de Bruyères-le-Châtel, savoir : 1° un fief tenu par Jean Pavyot, écuyer, comprenant masures et vignes sises à Basville ; 40 sols parisis de cens ; un jardin et quatre droitures et demie ;

2° Un autre fief ayant appartenu à Jean de Presle, écuyer, alors possédé par Roberte de Brichanteau, veuve de Adam de Verton, sis à la Folleville, consistant en un hébergement et vigne y tenant ; en deux arpents de gâtines ou bois taillis ; en une pièce de terre et d'aunaie ; en un droit de champart sur quatre arpents de terre ; en 20 sols parisis de cens annuel, et en un arpent de pré ;

3° Un troisième arrière-fief, sis à Basville, tenu par Jean Le Besson, consistant en 7 sols 3 deniers parisis de cens ; un arpent et demi de terre et un quartier de pré ;

4° Un quatrième arrière-fief, autrefois possédé par demoiselle Agnès Deforges, et depuis par Jean de Pavyot, écuyer, sis à Basville, et comprenant

un manoir, cour, masure, jardin, cellier et appartenances; 100 arpents de terre et un arpent de
pré ;

5° Un fief à la Folleville ayant appartenu à
René de Villebon, écuyer ;

6° Un autre fief au même lieu ayant appartenu
à Simon de Villebon, écuyer, composé d'une
maison, cour, jardin, colombier, 4 arpents de pré
et 10 arpents de terre ;

7° Un autre fief au même lieu ayant appartenu
à Jean de Presle et depuis à Roberte de Brichanteau, contenant 6 arpents de bois; 36 arpents de
terre ; un quartier d'aunaie; 5 arpents de pré ;
50 sols de rente annuelle sur le moulin de la
Folleville ; 10 sols parisis de menus cens à la Folleville, et 60 sols parisis à Basville ;

8° Un autre fief à l'aunaie Saint-Maurice,
appartenant à Étienne Daillant, seigneur de
l'Aunay, comprenant un arpent et demi de terre;
2 arpents de vigne, et 5 sols parisis de menus
cens.

Quelques-uns de ces arrière-fiefs, en particulier ceux qui étaient possédés par Simon de Villebon et Roberte de Brichanteau, furent réunis
au domaine et figurèrent au partage de 1508,
entre les enfants de Charles de Brichanteau, sous
le nom de seigneurie de Basville et de la Folleville.

Avec le fief de Basville relevaient encore des
Granges : le fief d'Échainvilliers à Avrainville; le
fief de la Vacheresse en la paroisse de Gometz-la-

Ville et les dîmes inféodées du terroir et champtier de Ragonnant, au même lieu.

Charles de Brichanteau mourut en l'année 1505. Son fils Louis administra les biens de la succession vacante jusqu'au 12 janvier 1508. Alors fut consenti le partage des biens du seigneur des Granges, décédé, et de Jeanne d'Hémery, sa femme, entre les quatre enfants nés de leur mariage : Pernelle, veuve de Pierre Leprince, seigneur de La Bretonnière, La Norville et Mondonville ; Louis, seigneur de la Mothe de Gargy en Brie, écuyer ; Catherine, épouse de Jean Du Roux, seigneur de Sigy ; et Marie, épouse de Louis de Saint-Phalle, seigneur de Cudoc.

Pernelle de Brichanteau, l'aînée, eut pour sa part les terres et seigneuries de Basville et de la Folleville avec leurs droits et dépendances ; le lieu seigneurial des Granges et ses dépendances ; 10 livres tournois de rente à prendre sur le reste de cette seigneurie, et 5 livres 10 sols tournois sur la terre et seigneurie de Brichanteau.

Louis de Brichanteau eut les terres et seigneuries de Brichanteau, Cernelle, Germanville, Gurry, La Mothe, la Basse-cour et dépendances avec leur droit de moyenne et basse justice et autres redevances ; les terres et seigneuries de Bertion, Bourgault et la Brosse.

La part de Catherine de Brichanteau fut composée de la terre et seigneurie de la Cour d'Averly, en la paroisse de Charles Maisson ; d'un fief appelé Lesgulles ; d'un autre fief situé aux bois Minard et de Nanteau, avec les écoles de Milly et de la banlieue et un étang situé en la seigneurie de Berron, appelé l'étang du Chêne.

Marie de Brichanteau, épouse de Saint-Phalle, eut pour sa part les terres et seigneuries des Bordes et de Compigny; leurs dépendances et appartenances, avec tous les droits, noms, actions, propriétés et possessions acquis par Charles de Brichanteau de Charles Le Masle; plus 50 livres tournois de rente à prendre chaque année sur la terre et seigneurie des Granges.

Par ce partage, le fief des Granges fut rattaché à La Bretonnière et à La Norville déjà possédées par Pernelle de Brichanteau, veuve de Pierre Leprince. Dans la suite, il eut part aux différents changements qui advinrent à ces seigneuries par suite de contrats d'héritage, d'échange ou de vente.

Charles Leprince, fils aîné de Pernelle de Brichanteau, hérita des Granges, en 1525. Il voulut délivrer ce fief des charges qui le grevaient. En 1526, il échangea avec Pierre de Moisson, seigneur de Genouilly, époux de Jeanne de Saint-Phalle, fille de Marie de Brichanteau, les 50 livres tournois de rente que celui-ci avait à prendre sur le fief des Granges, pour le fief des Marchands, sis à La Norville, et le don d'une somme de 70 livres tournois. Quelques années après, le même Charles Leprince racheta, pour la somme de 900 livres, le fief des Marchands, et rentra ainsi dans toutes ses anciennes possessions. Les seigneurs de La

Bretonnière, puis ceux de La Norville, après le partage de 1601, possédèrent le domaine des Granges jusqu'en 1772, époque à laquelle ils le cédèrent au duc de Mouchy, seigneur d'Arpajon, tout en en conservant le titre et les droits de suzeraineté.

Ils en rendirent foi et hommage, aveux et dénombrements aux seigneurs de Bruyères-le-Châtel dans la mouvance desquels il se trouvait ; le 28 septembre 1527, à Jacques de La Rochette, seigneur d'Ollainville, et à Laurent de Bossu, seigneur de Vausennes, tuteurs et curateurs de Jeanne de La Rochette, fille et héritière de Louis de La Rochette, écuyer, seigneur de Bruyères ; le 5 janvier 1602, à Claude Daubray, conseiller secrétaire du roi ; en 1610, à Marie Daubray, épouse séparée de biens de Louis le Cirier, seigneur de Neufchelles ; en 1642, à Jean-Louis de Lespinette-Lemairat, baron de Laistrac et de Bruyères, conseiller du roi, maître ordinaire de la Chambre des Comptes.

Du temps de ce seigneur, le fief des Granges se composait encore : 1° de la place où était l'hôtel des Granges, cour, granges, colombier à pied, motte et ruines du donjon entourées de fossés, jardins et pré appelé Paradis, le tout, à l'exception du donjon et lieu dominant, baillé, le 5 avril 1537, à titre de cens et rente perpétuelle à Jean Poinet, contenant 2 arpents et demi environ ; tenant, d'une part, à la rivière et à la motte du lieu seigneurial ; d'autre part, au sentier de Châtres au moulin Serpier, au ruisseau de la fontaine de Paradis et à d'autres héritages; d'un bout, près le jardin du moulin Serpier, aux héritiers Thomas Marie; et d'autre bout, à la rivière des Granges et à la vidange des prés;

2° De l'autre côté et en face l'hôtel et maison des Granges, d'une maison où se trouvaient la cave et le pressoir banniers avec cour, jardin et terres labourables de la contenance de 6 à 7 arpents, tenant au chemin de la Croix Saint-Ladre à la vidange des prés, aboutissant au chemin de Châtres à Égly et à la vidange des prés qui allait du moulin Serpier à Châtres;

3° De 6 arpents de pré, d'une aunaie;

4° Du droit de pêche dans la rivière d'Orge, depuis le moulin Morand jusqu'au milieu du pont de Châtres et dans les boelles jusqu'aux planches d'Égly;

5° Du droit de moyenne et basse justice jusqu'à 60 sols parisis;

6° Du droit de forage et de rouage sur les héritages du fief;

7° D'un arpent de vigne près Saint-Eutrope;

8° De 11 sols 9 deniers de cens à percevoir le jour de saint Rémy sur plusieurs propriétés à Bruyères-le-Châtel;

9° De 2 sols parisis de cens sur les vignes du prieur de Bruyères;

10° De 32 livres un sol 3 deniers de censives sur plusieurs maisons sises à Châtres, aux faux-bourgs Morand et Saint-Germain, sur une partie du jardin de Jacques Soulaire, au champtier des Casseaux et sur plusieurs héritages aux environs de Châtres, des deux côtés de la rivière d'Orge;

11° De 9 sols parisis de cens et rente à prendre sur le fief et château de La Bretonnière;

12° De 9 sols parisis de cens et rente à percevoir sur les fossés et basse-cour du château de Bruyères, devant la vieille porte;

13° Et des arrière-fiefs d'Échainvilliers, de la Vacheresse, des dîmes de Ragonnant et de Basville.

En 1682, Jean-Baptiste Choderlot de La Clos rendit foi et hommage des Granges à Jean-Louis Lemairat, chevalier, marquis de Bruyères, conseiller du roi en la Cour de Parlement; en 1730, le marquis de Simiane rendit les mêmes devoirs à Joachim Lemairat, fils du précédent, président de la Chambre des Comptes à Paris; en 1757, Jules-Nicolas Duvaucel se soumit de même à Louis-Charles Lemairat. Ce seigneur, en 1764 président de la Chambre des Comptes, ayant obtenu des lettres à terrier, exigea de ses vassaux le dénombrement détaillé de leurs terres. Il trouva fort incomplet celui des Granges que rendit le marquis de La Grandville et voulut le blâmer parce qu'il ne contenait pas l'énumération des 83 arpents de terre sis au terroir de La Bretonnière, entre ce village et le moulin d'Aulnay, et des 9 sols parisis de rente à prendre sur le château de La Bretonnière, mentionnés dans l'aveu de 1481. Cette rente et les terres n'ayant

pas été comprises dans les dénombrements fournis par les seigneurs de La Norville en 1660 et
en 1758, le marquis de La Grandville, dont les
prédécesseurs ne possédaient plus de temps im-
mémorial ni ces propriétés, ni le château de La
Bretonnière, invoqua la prescription et, malgré
les instances et les démarches de Louis-Charles
Lemairat, ne rendit qu'un aveu conforme à ceux
de 1660 et de 1758.

Le 27 avril 1785, Louis-Jacques Baron, seigneur
de La Norville, paya pour droit de quint et de
requint, à l'occasion de l'acquisition faite par lui
du fief des Granges, la somme de 2,400 livres à
Antoine-Hilaire Lemairat, marquis de Bruyères;
à dame Eustoquie-Thérèse Lemairat, épouse de
Charles-Alexandre-Marie Prévost, comte de Saint-
Cyr; à dame Louise-Thérèse-Charlotte Lemairat,
épouse de Pierre Anet, comte de Gibertes, et à
demoiselle Angélique-Paule Lemairat, tous enfants
de Louis-Charles Lemairat, président de la Cour
des Comptes, décédé. En 1601, le revenu du domaine des Granges avait été estimé à la somme
de 6 écus, et la recette des censives de ce lieu
avec celles de la rue du Clos et des Boucheries à
la somme de 186 écus deux tiers.

BASVILLE ET LA FOLLEVILLE.

Les terres et seigneuries de Basville et de la
Folleville, au XIVᵉ siècle en la possession de
Simon de Villebon, avaient été mises à cette

époque sous la dépendance de la seigneurie des Granges et donné leurs titres avec les droits qui en découlaient aux propriétaires de ce fief. Avec les Granges, elles avaient appartenu à Simon de Bourron, à Gervais de Prunault, à Charles de Brichanteau, puis à Pernelle du même nom, veuve de Pierre Leprince, seigneur de La Bretonnière et de La Norville. Dans le partage fait, en 1525, entre les enfants de cette dernière, Basville et la Folleville, dont la consistance a été donnée en détail dans le chapitre qui se rapporte à ce même partage, firent partie du quatrième lot et échurent à Jeanne Leprince, veuve alors de Louis de Boissy, tout en demeurant dans la mouvance immédiate des Granges et dans celle de Bruyères-le-Châtel. Quelque temps après ce partage, Jeanne Leprince épousa en secondes noces Jean de Quincampoix, seigneur de Mont-cheny. De ce mariage elle eut un fils nommé Gilles. Ce fut lui qui hérita des seigneuries de Basville et de Folleville.

Le 25 avril 1559, il vendit ces terres à Charles de Lamoignon, conseiller du roi en la Cour de Parlement. Ce dernier en rendit foi et hommage, le 19 mai suivant, à Charles Leprince, seigneur de La Bretonnière, de La Norville et de la motte des Granges et paya, pour droit de mutation, la somme de 710 livres. Le 16 octobre 1586, dame Charlotte de Bezançon, veuve de Charles de Lamoignon, rendit les mêmes devoirs au fils de Charles Leprince tant en son nom qu'en celui de ses enfants mineurs dont elle avait la garde noble. En 1598, Basville et la Folleville étaient possédés par Chrétien de Lamoignon et, en 1660, par le fils de ce dernier, le président Guillaume de Lamoignon, qui avait rendu lui-même foi et hommage à Anne Leprince, veuve de Josias Mercier. Guillaume de Lamoignon, chevalier, marquis de Basville, comte de l'Aunay-Courson, baron de Saint-Yon, premier président de la Cour de Parlement, l'hôte et l'ami de Boileau, voulut dégager son superbe marquisat des liens qui le rattachaient à l'ancienne motte des Granges, devenue une humble prairie, et, par suite, au château de Bruyères. Le 18 mars 1677, il racheta au seigneur de La Norville, alors Jacques Mercier, son droit de suzeraineté et, le 22 du même mois, au seigneur de Bruyères le droit supérieur de mouvance pour la somme de 6,000 livres. En vertu de ces deux contrats de cession, Guillaume de Lamoignon put directement porter au roi ses actes de foi et d'hommage, ses aveux et dénombrements ; Basville et la Folleville ne dépendaient plus des Granges et, par suite, de la seigneurie de La Norville.

En 1601, la mouvance de ces fiefs avait été estimée à la somme de 60 écus.

LA VACHERESSE.

Le fief de la Vacheresse, en la paroisse de Gometz-la-Ville, coutume de Paris, consistait au

XIVe siècle en un hôtel nommé la Vacheresse ;
en 91 arpents de terre d'une seule pièce tenant,
d'une part, à cet hôtel et, de l'autre, au chemin
des Molières à Gometz; et en un arpent et demi
de pré, sis au champtier appelé Mauminot. La
consistance de ce fief changea quelque peu dans
la suite. Au XVIIe siècle, il se composait d'une
maison, granges, étables, écuries, colombier à
pied, jardins et autres dépendances, censives et
droits seigneuriaux à prendre sur 97 arpents de
terres composant pour la plupart le domaine du
fief, poules et censives à percevóir sur quelques
maisons et jardins de ce lieu. Le fief de la Vacheresse dépendait de la seigneurie des Granges
rattachée dans la suite à celle de La Norville. Sa
mouvance fut estimée, en 1601, à la somme de
15 écus; en 1681, à la somme de 16 livres.

Le 19 mai 1394, le fief de la Vacheresse était
possédé par Henri de Bérigny, écuyer, qui en
rendit aveu et dénombrement à Simon de Villebon, seigneur des Granges ; en 1406, par Nicolas
de Villetain, écuyer, échanson du roi, seigneur
de Gif et vicomte de Châteaufort; en 1462, par
Nicolas de Bergerac, seigneur de Boynes-les-
Troyes; et, en 1544, par Louis de Bergerac, fils
du précédent. Ce dernier vendit la Vacheresse à
Anne de Pissaleu, femme séparée de biens de
Jean de Bretagne, chevalier de l'Ordre du Roi et
gouverneur du duché de Bretagne.

En 1553, ce fief était entre les mains de Diane
de Poitiers, duchesse de Valentinois, dame des

terres et seigneuries de Beynes et de Limours; en 1557, entre celles de Louis de La Villeneuve, chevalier de l'Ordre du Roi, gentilhomme de la Maison de Sa Majesté, capitaine et gouverneur de Dourdan, seigneur de Bonnelles. La Vacheresse appartint dans la suite à Mme de Bouillon. Le roi Henri III l'acheta de cette dame, puis vendit cette terre au duc de Joyeuse. Le 22 juin 1595, elle appartenait à Marguerite de Lorraine, veuve du duc de Joyeuse, en son vivant pair et amiral de France, qui en fit rendre par procureur foi et hommage à Charles Leprince, seigneur de La Bretonnière. Quelques années après, le fief de la Vachéresse fut vendu à Waast de Marle, écuyer, seigneur de Vaugian.

Le fils de ce dernier, Mathurin de Marle, en rendit foi et hommage, le 21 janvier 1615, à Josias Mercier, seigneur de La Norville. En 1643, la veuve de Mathurin de Marle, Anne Leduc, échangea le fief de la Vacheresse avec Gilles de Trappu, écuyer, seigneur de Belleville, bourgeois de Paris, pour d'autres possessions. Ce fief appartint dans la suite à Martin de Trappu, puis à son fils Gilles. En 1733, il était tenu par Gabriel Duderé, écuyer, seigneur de Graville, et, en 1763, par Pierre Juvénal Gallois, écuyer, seigneur de Belleville, conseiller du roi et auditeur ordinaire de la Chambre des Comptes, légataire universel de Anne-Françoise Béasse de La Brosse, décédée, épouse de Jean-Gabriel Duderé, seigneur de Graville. En 1789, le fief de la Vacheresse était possédé par la famille Gallois.

LE FIEF DES GRAVIERS OU DES DIMES DE RAGONNANT.

Le fief des Graviers ou de Ragonnant était dans la paroisse de Gometz-la-Ville, coutume de Paris, et consistait en dîmes inféodées à prendre et percevoir chaque année, au moment de la récolte, à raison de quatre gerbes l'arpent, de la grosseur de quatre pieds et demi sous lien, sur tous les grains décimables recueillis dans l'étendue du territoire du grand Ragonnant ou de la ferme de Chaumonteau comprenant 366 arpents 34 perches deux tiers. La perche mesurait 20 pieds carrés et l'arpent contenait 100 perches.

Ces dîmes dépendaient des Granges. Leur mouvance fut estimée, en 1681, à la somme de 34 livres. Elles demeurèrent unies à la Vacheresse et furent possédées par les maîtres de ce fief depuis l'année 1495 jusqu'à l'année 1646.

Vers 1535, à la suite d'un partage fait entre les héritiers de Louis de Bergerac, seigneur de La Vacheresse, un 14ᵉ des dîmes de Ragonnant échut à Jeanne de Bergerac, épouse de Jean Gobert, avocat à Montfort-l'Amaury. Ce 14ᵉ fut acquis dans la suite par le duc et la duchesse d'Étampes et réuni pendant quelques années au comté de Limours. En 1556, il fut cédé à Louis de La Villeneuve, seigneur de La Vacheresse et de Ragonnant et réuni dès lors au reste du fief.

Cette cession fut sans doute ignorée des receveurs du comté de Limours au moment où cette terre appartenait à Gaston d'Orléans, frère de Louis XIII. Le 6 mai 1633, Anne Jouin, procureur fiscal de ce comté, vint au château de La Norville rendre foi et hommage du 14ᵉ des dîmes de Ragonnant à Anne Leprince, veuve de Josias Mercier. A la suite de cet acte de soumission féodale, les receveurs de la terre de Limours voulurent distraire du reste des dîmes ce 14ᵉ qui avait jadis appartenu au duc et à la duchesse d'Étampes. Ils entrèrent en lutte avec ceux qui les possédaient. Leurs efforts ne furent pas couronnés de succès ; une sentence du Châtelet de Paris, rendue le 27 avril 1672, en leur rappelant l'acquisition de 1556 faite par Louis de La Villeneuve, mit fin à leurs prétentions.

La propriété des dîmes de Ragonnant fut attaquée d'une manière plus radicale au commencement du XVIIᵉ siècle. Le curé de Gometz-la-Ville, messire Guillaume Duval, et Damien Debourré, prêtre, aumônier du sieur de Marmoutier et prieur de Saint-Clair de Gometz, réclamèrent pour leurs église et prieuré les dîmes de Ragonnant. Ils se mirent en procès à ce sujet avec Mathurin de Marle, seigneur de La Vacheresse. Une sentence du Châtelet de Paris, rendue le 27 novembre 1624, repoussa la demande du curé de Gometz et celle du prieur de Saint-Clair. Les dîmes de Ragonnant furent déclarées dîmes profanes et comme telles, laissées en la possession, propriété et jouissance du seigneur de La Vacheresse, dans la mouvance des Granges.

Après la mort de Mathurin de Marle, arrivée vers 1640, les dîmes de Ragonnant échurent à deux de ses filles : Catherine, épouse de Jean de Fleury, seigneur de Violette, chevalier du Saint-Empire, et Louise, épouse de Alphonse de Baillon, écuyer, seigneur de Mascottière. Par ce partage, elles furent détachées du fief de la Vacheresse. En 1646, le 26 novembre, Catherine et Louise de Marle vendirent les dîmes de Ragonnant à Jacques de Maillard, seigneur de l'Aunay. Celui-ci et sa femme Anne Brochard les cédèrent, en 1651, à Jacques de Léans, bourgeois de Paris, qui en rendit foi et hommage au seigneur de La Norville, le 15 juin 1656, et paya la somme de 200 livres pour droits de mutation. Jacques de Léans était criblé de dettes. Comme il ne pouvait satisfaire ses créanciers, ceux-ci firent saisir et vendre le fief des dîmes de Ragonnant. Il fut alors acheté par Philippe Cottard, écuyer, conseiller-secrétaire du roi. Celui-ci en fit rendre foi et hommage, en 1685, par son fils aîné Antoine Cottard à Jean-Baptiste Choderlot de La Clos.

En 1746, ce fief était encore dans la même famille et possédé par Louise-Thérèse Cottard. Cette dernière mourut le 10 octobre 1747 et ses biens passèrent à l'un de ses cousins, Étienne Fijan, conseiller au parlement de Dijon, baron de Talmay, Barin, Montigny, Montfort et Bois-fossé de Périgny. Trois jours après son héritage,

Étienne Fijan vendit les dîmes de Ragonnant à André-Christophe Taconnet, écuyer ordinaire du petit commun du roi. Devenu en 1760 contrôleur de la bouche et maison de la reine, chef de panneterie et d'échansonnerie de Madame la Dauphine, André-Christophe Taconnet mourut en 1763. Sa veuve Anne Chéron épousa en secondes noces François de Mauvoison, procureur au Parlement. C'est lui qui rendit foi et hommage des dîmes de Ragonnant au marquis de La Grandville, le 23 juin 1766. Francois de Mauvoison étant mort, Anne Chéron légua, en 1788, le fief de Ragonnant à André-Philippe-Jacques Le Brun, écuyer, contrôleur général des postes et relais de France, ancien secrétaire d'ambassade dans les cours de Constantinople et de Madrid, et à Marie-Adrienne Becquet, son épouse. Ils possédaient ensemble ce domaine en 1789.

LE FIEF D'ÉCHAINVILLIERS.

Le fief d'Échainvilliers était situé dans l'enclave de la haute justice et seigneurie d'Avrainville. Au XIVe siècle, il appartenait à Jacques d'Echainvilliers dont il a pris le nom. Celui-ci en rendit foi et hommage, aveu et dénombrement, le 18 avril 1393, à Simon de Villebon, « à cause de son hôtel des Granges. » Possédé ensuite par Adam d'Échainvilliers, ce fief fut vendu, en juin 1402, à Jean de Montaigu, seigneur de Marcoussis, qui eut, le 15 septembre de la même année, avec Simon de Villebon, seigneur des Granges, un différend à son sujet terminé peu de temps après devant le prévôt de Montlhéry. Le fief d'Échainvilliers passa ensuite dans la maison de Graville. L'amiral de ce nom le possédait à la fin du XVe siècle, en 1490, et au commencement du XVIe, comme on peut le voir dans un procès-verbal fait le 19 octobre 1508 des biens délaissés par ce seigneur, dans lequel on trouve que les cens dus à son fief d'Avrainville produisaient chaque année 14 livres 10 sols 11 deniers obole pite, et les rentes en grains 8 septiers de blé froment, évalués à la somme de 6 livres. Des héritiers de l'amiral de Graville, le fief d'Échainvilliers passa aux seigneurs de Bruyères-le-Châtel. La fille de Claude Daubray, l'un d'eux, Marie Daubray, veuve Le Cirier de Neufchelles, en fit donation entre vifs, en l'année 1640, à Regnault Lambert, avocat au Parlement.

De nombreuses contestations s'étaient élevées avant Regnault Lambert à propos du fief d'É-chainvilliers entre ses détenteurs et les religieux de Saint-Germain des Prés, seigneurs d'Avrain-ville. Ceux-ci avaient en maintes circonstances revendiqué la mouvance de ce fief en se basant sur plusieurs aveux et dénombrements rendus par l'abbaye, l'un au roi Charles V, en 1373, l'autre au roi Charles VI, en 1384, dans lesquels, avec leur seigneurie d'Avrainville, était mentionné le fief qui appartint dans la suite à Jacques d'É-chainvilliers. S'appuyant probablement sur des titres antérieurs et sur un aveu de 1393 à Simon de Villebon, l'amiral de Graville, attaqué par les religieux, conserva la mouvance du fief à la seigneurie des Granges. Les Bénédictins de Saint-Germain, peu satisfaits de cet échec qu'ils attribuaient sans doute à l'influence de leur adversaire, attaquèrent plus tard, pour le même objet, les seigneurs de La Bretonnière devenus maîtres du domaine des Granges. Ils ne réussirent pas davantage. Au commencement du XVIIe siècle, ils firent de nouvelles instances; la cause fut portée devant le Châtelet de Paris. En l'année 1613, une sentence fut rendue par ce tribunal en faveur du seigneur des Granges et, du consentement exprès des religieux, la mouvance d'Échainvilliers fut conservée à cette seigneurie.

Avec Regnault Lambert les luttes recommencèrent, non plus pour la mouvance du fief, mais pour sa nature et son étendue. Dans la donation faite par Marie Daubray, ce fief, comme dans le terrier de l'amiral de Graville, était simplement désigné en ces termes : « la censive, fief et seigneurie d'Échainvilliers, en quoi elle peut consister, assise en la paroisse d'Avrainville; qui s'étend sur manoirs et héritages en ladite paroisse. » Dans un acte de foi et hommage, rendu le 16 novembre 1642 à Louis Mercier, seigneur de La Norville, Regnault Lambert déclarait que son fief consistait seulement en censives, rapportant 12 livres tournois par an. Cet acte, comme la donation de 1640, comme le terrier de l'amiral, n'énonçait pas de domaines. Il ne mentionnait même plus la rente de 8 septiers de blé dont il avait été parlé en 1508. Il est vrai que cette rente, rachetable de la somme de 64 livres, avait pu être amortie par les propriétaires qui y étaient soumis.

Gran de fut donc la surprise des Bénédictins de Saint-Germain des Prés lorsqu'ils apprirent quelques années après 1642 que le fief d'Échainvilliers avait un domaine. Ils crurent que Regnault Lambert voulait soustraire à leur seigneurie un certain nombre de terres et l'attaquèrent devant les tribunaux compétents. Regnault Lambert se défendit en prétendant qu'il avait acquis les héritages sur lesquels il avait le droit de percevoir les censives composant autrefois le fief d'Échainvilliers. Les religieux admirent cette défense en principe, mais ils ne purent s'entendre ni avec Regnault Lambert, ni avec son fils Antoine pour le bornage des deux seigneuries. Il y eut procès sur procès, contestations sur contestations, instances sur instances à partir de l'année 1650. Cet état de lutte dura plus d'un siècle; les possesseurs du fief d'Échainvilliers et les religieux de Saint-Germain des Prés ne se mirent définitivement d'accord qu'à la veille de la révolution française vers 1789.

Après Antoine Lambert, la marquise de l'Hôpital posséda le fief d'Échainvilliers en vertu d'un acte d'acquisition passé en 1697. En 1711, elle vendit cette propriété à Jean Valin, conseiller du roi, syndic général des rentes de l'hôtel de ville, qui lui-même le céda, vers 1720, à Claude de Visigny, marchand, bourgeois de Paris. Celui-ci transmit le fief d'Échainvilliers à Marie de Visigny, sa fille, épouse de Auguste Pierre Dionis des Carrières, lieutenant du roi en la province de Guyenne, chevalier de Saint-Louis. C'est elle qui le possédait en 1789. Il consistait alors en 126 arpents 47 perches et demie de terre composant le domaine utile, et en 5 livres 5 sols 4 deniers obole pite, à prendre sur 142 arpents 8 perches et demie, composant le domaine direct.

D'après les conventions amiables passées entre les Bénédictins de Saint-Germain des Prés, seigneurs d'Avrainville, Louis-Jacques Baron, seigneur de La Norville et des Granges et la dame Dionis des Carrières, le fief d'Échainvilliers tenait à l'ouest au chemin des Postes allant d'Avrainville à Torfou, et par hache rentrante dans le champtier de la Moissonnerie, à une grande vidange; de l'autre côté, à l'ancienne route d'Orléans; d'un bout au midi, au chemin de la Ferté à Boissy; d'autre bout, au chemin d'Avrainville à Boissy et, par hache saillante, au chemin des Meuniers et encore, par la même hache, au-dessus de la grande route d'Orléans, au sieur Ménard; le tout borné par douze grandes bornes de grès.

En 1601, la mouvance de ce fief avait été évaluée à la somme de 4 écus; en 1681, à la somme de 120 livres.

CHAPITRE XI

Le fief des Carneaux. — La ferme de l'abbaye de Villiers.

LE FIEF DES CARNEAUX.

En l'année **1231**, au mois de mars, le chapitre
de Notre-Dame de Paris acheta de Henri de La
Norville et de Thomas son frère, tous deux chevaliers, un manoir ou hébergement à La Norville,
entouré de deux arpents de terre environ pour
la somme de cinquante et une livres parisis. Ce
manoir était sous la dépendance de Comtesse et
de Marguerite, filles de Gui de La Norville alors
décédé et sœurs de Henri et de Thomas. Les
deux frères s'étaient engagés envers le chapitre
de Paris à faire consentir leurs sœurs à cette vente
avant la fête de la Pentecôte de l'année **1231**, et
les maris de ces dernières, un mois après qu'elles
auraient contracté mariage, s'obligeant à payer,
en cas de non-réussite, la somme de vingt-quatre
livres parisis pour les frais et dépens.

Le manoir ainsi vendu avait été donné à Comtesse et à Marguerite par le roi de France. Le
consentement du souverain était encore nécessaire
pour la validité du contrat. Les vendeurs s'engagèrent donc envers le chapitre à rendre le prix
d'achat et à donner vingt livres d'amende si,

dans l'intervalle de trois années, le roi contraignait les acquéreurs à remettre entre les mains des deux sœurs les terres et le manoir. Pierre de Guillerville, chevalier, et Pierre de Châtres, écuyer, se portèrent garants pour Henri et Thomas de La Norville, promettant de donner eux-mêmes ces diverses sommes au chapitre, dans le cas où celui-ci ne pourrait demeurer dans la paisible jouissance de son acquisition.

Henri et Thomas de La Norville n'obtinrent pas dans le délai voulu le désistement de leurs sœurs. En l'année **1232**, l'official de Paris, par l'intermédiaire des curés de Châtres et de Linas, fit comparaître devant lui Pierre de Guillerville et Pierre de Châtres. Ceux-ci durent payer tous les frais et l'acte de vente fut annulé [1].

Ce manoir, avec les deux arpents de terre qui l'entouraient, donné par le roi aux filles de Gui de La Norville et mouvant du prince à cause de son château de Montlhéry, fut appelé, probablement à cause de quelques ornements militaires, le fief des Carneaux ou des Créneaux. Il était situé le long de la grande rue de La Norville, devant le manoir des religieuses de Villiers, et tenait à la maison seigneuriale qui passa des mains d'Isabeau de Tigery en celles de Jean le Breton.

Ce fief devint, très probablement par un mariage contracté par Comtesse ou par Marguerite, la propriété de la famille des de La Neufville. En

1. Voir Pièces justificatives, nos 29, 30, 31.

1392, il était possédé par Clément de ce nom et, dans la première moitié du XVe siècle, par Catherine de La Neufville, épouse de Jean des Noyers, écuyer, secrétaire du roi. La descendance masculine de Jean des Noyers et de Catherine de La Neufville s'éteignit au commencement du XVIe siècle. En l'année 1540, le fief des Carneaux avec ses dépendances était possédé par Charles de Joussier, écuyer, qui, dans un aveu rendu au roi le 14 avril de cette année, disait le tenir de sa bisaïeule Catherine de La Neufville. A cette époque, le fief des Carneaux consistait en une maison, cour et jardin tenant à l'église de La Norville, et en un arpent de terre près du même lieu, tenu par Étienne Hersant, moyennant une redevance de 11 sols 3 deniers tournois de cens et rente payables chaque année au jour de saint Rémy. De ce fief dépendaient quelques censives à prendre sur plusieurs maisons, terres et vignes sises à La Norville, à Châtres et au Clos-Marchais, montant à la somme de six livres, et donnant droits de lods, ventes, défauts, saisines et amendes; treize arpents de terre en trois pièces près la justice de Châtres rapportant chaque année cinq septiers de blé méteil et trois septiers d'avoine, valant en moyenne cent cinq sols; un arrière-fief à Sceaux le Grand avec ses dépendances, et les fiefs du Clos-Marchais, de la Vallée, du bois d'Aunay et des Noyers.

Charles de Joussier, à sa mort, laissa une nombreuse famille; deux fils : Adrien et Claude,

et cinq filles : Anne, Agnès, Charlotte, Marie-
Anne et Valentine. Le fief des Carneaux ne fut
pas partagé. Le 28 août 1550, Nicolas Perrot,
marchand drapier, bourgeois de Paris, et Clément
Lecoq, marchand demeurant à Châtres, achetèrent pour la somme de 1,110 livres les droits
qu'Adrien de Joussier, seigneur de Villiers-le-
Sève, en la paroisse de Coubert, près Brie-Comte-
Robert, Claude de Joussier, seigneur du Colombier de Coubert, et François de Saint-Paul,
écuyer, époux d'Anne de Joussier, pouvaient
avoir sur ce fief et ses dépendances. L'année suivante, le 10 février, et en 1554, le 24 novembre,
le même Clément Lecoq se rendit acquéreur des
droits qu'avaient sur les mêmes biens Alexandre
de La Rama, écuyer, seigneur de Gronvost et
d'Enfer, époux de Marie-Anne de Joussier, et
Charles de La Roque, seigneur de la Grange du
Mont, époux de Valentine de Joussier.

Les deux autres cinquièmes du même fief furent acquis par Robert Croisille et Catherine Biseau, son épouse, le 11 juillet 1561, de noble
homme Antoine de Saussay, écuyer, seigneur de
la Chapelle de Lanson, en Champagne, époux
d'Agnès de Joussier, et, le 25 janvier 1565, dé
Christophle d'Espinars, écuyer, seigneur de Mont-
belin, époux de Charlotte de Joussier.

En 1578, le fief des Carneaux appartenait aux
héritiers de Clément Lecoq et de Robert Croisille ; Vincent Dumouchet, chevaucheur de l'é-
curie du roi; Louis d'Estréchy et Michel Gaul-

tier. Vincent Dumouchet vendit sa part, le 4 avril 1583, pour la somme de 60 écus, à Renée Baillet, veuve de Jean de Thou, dame de Bonneuil et de Sceaux. Au mois de juillet 1585, celle-ci rendit foi et hommage au roi de cette portion devant la Cour des Comptes par son procureur Robert Sabourin, comme on peut le constater par les lettres patentes de Henri III dont le texte suit :

« Henry, par la grâce de Dieu roy de France et de Polongne, à nos amis et féaux les gens de nos comptes à Paris, prévost du dit Paris ou son lieutenant et à notre procureur et receveur ordinaire du dit lieu, ou leurs substituts, ou commis, salut. Savoir nous faisons que notre bien amé Robert Sabourin au nom et comme procureur suffisamment fondé de procuration de damoiselle Renée Baillet, dame de Bonneuil et de Sceaux, veuve de défunt M° Jehan de Thou, lui vivant seigneur du dit Bonneuil, conseiller et maître ordinaire des requêtes de notre hostel, nous a ce jourd'huy fait au bureau de notre chambre desdits comptes les foy et hommage que la dite Baillet nous estoit tenue faire pour raison de haulte justice de la dite terre et seigneurie de Sceaux, ses appartenances et deppendances tenues et mouvant de nous à cause de notre prévosté et vicomté de Paris, plus de la moitié du fief des Carneaux assis à La Norville, aussi tenu et mouvant de nous à cause de notre chasteau de Montlhéry et à la dite Baillet appartenant par l'acquisition qu'elle a faite du feu sieur de Tresmes et de Vincent Dumouchet. A quoi le dit Sabourin au dit nom a été reçu, sauf notre droit et l'autrui. Et vous mandons à chascun de vous si comme lui appartiendra que si à cause des dits foy et hommage non faits la dite haulte justice de Sceaux et moitié du fief des Carneaux ci dessus déclarées ou aucunes de leurs appartenances ou deppendances sont ou estoient mises en notre main ou autrement empêchées, vous les mettiez ou faites mettre à la dite Baillet ou délivrer incontinent et sans délai pourvu que dedans temps dub elle en baille par écrit en notre chambre des comptes foy, aveu et dénombrement, fait et paié les autres droits et debvoirs si aucuns nous soient pour ce dubs si faits et paiés ne les a. Donné à Paris, le dernier jour de juillet, l'an de grâce 1585 et de notre règne le onzième. »

L'année suivante, 1586, au mois d'avril, Renée Baillet acheta de Louis d'Estréchy l'autre moitié du fief des Carneaux et devint ainsi maîtresse de la totalité de ce domaine dont relevait une partie de ses possessions en la paroisse de Sceaux.

Ce village, devenu maintenant un chef-lieu d'arrondissement du département de la Seine, était composé, au XIIIe siècle, de deux parties : Sceaux le Petit et Sceaux le Grand. Indépendantes l'une de l'autre, elles furent réunies au XVe siècle en la seule main de Jean Baillet, primitivement seigneur de Sceaux le Grand. Ce dernier fief comprenait l'hôtel des Baillet et le vieux village vers Chantenay. C'est lui qui était dans la mouvance des Carneaux, à La Norville.

Jean Baillet avait hérité Sceaux le Grand de Pierre Baillet, son père, qui l'avait lui-même acquis d'Alix de Vaubouillon, veuve de Bérault-Buisson, en son vivant conseiller du roi. Jean Baillet eut un fils nommé Thibault. Ce dernier, de son mariage avec Jeanne d'Aunoy, dame de Tresme et de Silly, eut une fille, Anne Baillet, et un fils, René Baillet, qui hérita de la terre de Sceaux. Renée Baillet, épouse de Jean de Thou, seigneur de Bonneuil, était fille de ce seigneur. C'est elle qui acheta le fief des Carneaux et en rendit hommage au roi Henri III.

En l'année 1597, Renée Baillet vendit ses possessions de Sceaux et son fief de La Norville à Louis Potier, son beau-frère. Une fois en possession de ces biens, Louis Potier, chevalier, marquis de Gèvres, comte de Tresviers, baron de Montjay et Le Fresnoy, seigneur de Sceaux, le Bourg-la-Reine, le Plessis-Piquet et autres lieux, conseiller du roi en son conseil d'État et en son conseil privé, secrétaire des commandements de Sa Majesté, voulut acquérir tout ce qui dépendait primitivement de ses domaines et en particulier du fief des Carneaux. Dans la vente de 1583, Vincent Dumouchet et Catherine Biseau avaient retenu une partie de ce fief. Le 4 novembre 1605, Louis Potier acheta de leur ayant cause Claude de Lavoisier, commissaire des guerres demeurant à Montlhéry, les arrière-fiefs de la Vallée, du bois d'Aunay, du Clos-Marchais et des Noyers pour la somme de 600 livres.

Ce seigneur avait augmenté et transformé son domaine de Sceaux. Après avoir jeté bas l'hôtel des Baillet, il avait fait bâtir, en 1597, une grande et belle maison qui fut probablement le premier château construit dans le pays. Il désira soustraire cette importante propriété à la mouvance de l'humble fief des Carneaux. Dans ce but, le 1er mai 1625, il donna purement et simplement à Auguste Galland, conseiller du roi, les droits qu'il avait sur ce fief relevant directement de Montlhéry et sur ceux de la Vallée, du Clos-Marchais, des Noyers et du bois d'Aunay relevant des Carneaux. Pour ce don il exigea seulement que la foi et l'hommage dus à cause de ces biens fussent à l'avenir portés à Sceaux, aux seigneurs de ce lieu. Ceux-ci transmettaient ensuite au roi toutes ces soumissions féodales avec celles que devait la terre qu'ils habitaient. A partir de cette donation, la mouvance des fiefs des Carneaux et de Sceaux fut changée. Le premier, contrairement aux précédents, dépendit du second.

Après la mort d'Auguste Galland, le fief des Carneaux appartint à sa veuve Marie Delorme, puis à son fils Thomas Galland. Celui-ci le vendit en 1660 à Pierre Musnier, huissier ordinaire du roi en ses conseils. Le 26 juillet 1670, Pierre Girardin, conseiller du roi et lieutenant civil de la ville et prévôté de Paris, en fit l'acquisition.

Il s'en défit, le 18 mars 1676, en faveur de Nicolas Petit, valet de chambre ordinaire du roi. Celui-ci en rendit foi et hommage, le 14 avril 1682, à Jean-Baptiste Colbert, marquis de Seignelay, seigneur de Sceaux, suivant les termes de la donation entre vifs de 1625. Le fief des Carneaux passa dans la suite entre les mains des héritiers de Nicolas Petit et fut acquis avec ses dépendances par François-Jules Duvaucel, le 10 septembre 1738. Malgré cette acquisition, il ne fut jamais réuni au domaine de La Norville. Il resta fief indépendant et fut transmis par titres spéciaux aux différents seigneurs de ce lieu qui se succédèrent jusqu'en 1789.

Les de La Neufville, les de Joussier, les Lecoq, les Croisille et leurs héritiers immédiats habitèrent le fief des Carneaux et en firent valoir les dépendances. Il n'en fut plus ainsi lorsque cette propriété fut acquise par les seigneurs de Sceaux. Ceux-ci ne conservèrent du fief des Carneaux que la mouvance et les droits féodaux. Ils en donnèrent à rente lés bâtiments et les terres, puis les vendirent. C'est ainsi que maison, jardin et dépendances étaient, en l'année 1650, possédés par la famille Cornillier et, en l'année 1663, par Pierre Laigle, bourgeois de Paris. Celui-ci les vendit, le 11 novembre 1690, à Jean-Baptiste Chebarne, grand valet de pied de Louis XIV. Jean-Baptiste Chebarne et Claude Parmentier, son épouse, habitèrent le fief des Carneaux, alors nommé *le Petit Château,* jusqu'en 1721. En cette année, ils le cédèrent au marquis de Péry.

Le petit château comprenait alors deux corps de logis contigus, l'un grand, l'autre petit ; le grand composé d'une cave, cuisine dessus, salle à côté, allée conduisant au jardin, escalier dans œuvre, deux chambres au premier étage à côté l'une de l'autre, une autre chambre au dessus, en galetas, et un grenier à côté ; — le petit consistant en une chambre basse avec four, allée conduisant aussi au jardin, petit escalier dans cette allée, chambre haute et grenier dessus. En dehors de ces deux corps de logis étaient une petite grange, une écurie, une étable à vaches, un toit à porcs avec des greniers sur tous ces bâtiments, une grande cour ayant d'un côté un hangar ou remise et de l'autre côté un puits, une petite basse-cour, une autre grange neuve derrière les bâtiments, le tout couvert en tuiles. Un jardin clos de murs et planté d'arbres fruitiers allait du logis au cimetière de l'église. La propriété contenait en fonds de terre environ trois arpents et demi. Elle tenait d'une part au seigneur de La Norville, de l'autre à la grande rue du village, d'un bout au seigneur, à Jean Loin et à Henri Chevallier, d'autre bout au seigneur et au cimetière de La Norville.

Le marquis de Péry, le marquis de Simiane et le comte de Sabran possédèrent le fief des Carneaux en roture. Les seigneurs de La Norville n'en eurent les droits féodaux que par l'acquisition de François-Jules Duvaucel, en 1738.

De ce fief dépendaient, en 1789, 109 perches et demie de terre, en trois pièces, au champtier des Noyers, entre la garenne du Rossay, le sentier de la Messe et le chemin d'Arpajon à Leudeville, 26 deniers environ de censives à prendre sur des biens au même champtier et les arrière-fiefs du Clos-Marchais, de la Vallée, du bois d'Aunay et des Noyers.

Le fief du Clos-Marchais était près de Châtres et tenait à la Fontaine aux Bourreaux. Le champtier en la censive de ce fief était compris entre le fossé creusé près la Justice de Châtres longeant les terres de l'église de Linas et le chemin de Saint-Blaise. Il finissait en pointe au carrefour d'Egly et se trouvait borné d'un côté par les terres de Saint-Médéric et de l'autre par celles de la maladrerie de Châtres. En 1540, les propriétaires du champtier soumis au cens étaient : Thomas Boutet, lieutenant du bailli de Châtres; Jean Sallet, drapier; Pierre Poulain l'aîné, boucher; les héritiers Mathurin Salomon et les héritiers François Hersant.

Le fief de la Vallée était dans la ville de Châtres et consistait en une maison, cour, trois arpents de jardin et de saussaie donnant sur la rue Saint-Germain. En 1540, il était tenu par les héritiers d'Étienne Bisèle auquel il avait été baillé moyennant 50 sols tournois de rente et cens annuels et perpétuels payables au jour de la saint Martin d'hiver. Ils donnaient droits de lods, ventes, saisines et amendes au seigneur des Carneaux qui en devait l'hommage au seigneur de Bruyères-le-Châtel.

Le fief du Bois d'Aunay était sur le territoire de Leuville, près Vallorge et les Joncs-Marins. Comme le fief de la Vallée, il mouvait en dernier ressort de Bruyères-le-Châtel. Il consistait en vingt-deux arpents environ de terres plantées en bois avant l'année 1540. Ces terres avaient été données à rente au seigneur de Vallorge qui devait payer chaque année au seigneur des Carneaux 22 sols parisis de cens et lui fournir trois poules de rente. En 1540, le fief du Bois d'Aunay était entre les mains du sieur Douvert, seigneur des Marets.

Le fief des Noyers était sur le territoire de Châtres, auprès du chemin de Montlhéry à Bruyères-le-Châtel, et touchait aux bois de Sainte-Catherine du Val des Écoliers-les-Paris en longeant la voie rouge. Il comprenait 40 arpents de bois taillis. En 1540, un différend s'éleva à propos de la mouvance de ce fief. Le seigneur de La Bretonnière en exigeait du seigneur des Carneaux la foi et l'hommage ; le prévôt de Montlhéry, agissant au nom du roi, réclamait les mêmes devoirs. Après une courte résistance, le seigneur de La Bretonnière abandonna ses prétentions et le fief des Noyers avec celui des Carneaux fut rattaché à Montlhéry. Son revenu était estimé, en 1540, à 10 sols tournois l'arpent.

Au fief des Noyers appartenait un espace de logis couvert en chaume consistant en une chambre basse, petite cour et jardin sis à Châtres, rue Morand, tenant d'une part aux héritiers Louis Cornillier, de l'autre à Gille Ravet, d'un bout à la rue et d'autre bout aux murailles de la ville. Cette maison était chargée envers le seigneur des Noyers d'une rente annuelle de deux deniers parisis.

La Ferme des religieuses de Villiers.

Vers la fin du règne de Louis VIII, en l'année 1225, une abbaye de religieuses cisterciennes fut fondée dans un lieu appelé Villiers, près la Ferté-Aleps. Comblée de biens par saint Louis, cette abbaye arriva bientôt à un degré extraordinaire de prospérité. Quelque temps après sa fondation, en 1245, elle reçut en pure et perpétuelle aumône de Pétronille, une descendante de Renaud du Plessis, la dîme que cette dernière possédait à La Norville, mouvant en premier lieu de Guillaume de Ballainvilliers et en second lieu de Guillaume de Denonville et de Jean de Tigery. Vers la même époque, Agnès de Sainville et Guillaume son fils lui donnèrent un hébergement ou manoir avec ses dépendances, 60 arpents de terre, 20 sols parisis de menus cens et une pièce de vigne au même lieu, sous la dépendance des mêmes seigneurs.

Les descendants de Pétronille de La Norville continuèrent à combler de leurs faveurs les abbesses et le couvent de Villiers. En 1254, Mar-

guerite de la Borne, veuve de Réginald de Garancières, leur donna une dîme et, en 1257,
Odeline, veuve de Guillaume de Denonville, les
droits de champart et de justice qu'elles avaient
à La Norville.

Ces donations en amenèrent d'autres. En 1254,
Pierre de Corfou, bourgeois de Châtres, et Béatrix, sa femme, cédèrent aux religieuses une
pièce de terre à la Rosière ; en 1258, Nicolas
Aveline leur légua, au moment de la prise
d'habit de sa fille dans l'ordre de Cîteaux, deux
arpents de terre à Mondonville ; Eremburge, fille
de Gilles Baillif, étant entrée à l'abbaye de Lys,
près Melun, leur donna deux arpents de terre ;
Jeanne et Pernelle de Denonville, religieuses de
Cîteaux, portèrent à la maison de Villiers leurs
biens et 50 sols parisis de rente seigneuriale,
payable seulement leur vie durant.

Ces libéralités des habitants et des seigneurs de
La Norville ayant mis les religieuses de Villiers
en possession de biens considérables dans cette
paroisse, celles-ci cherchèrent au XIV° siècle à les
augmenter encore. En 1317, elles achetèrent à
Jean, prévôt d'Étréchy, écuyer, un arpent et
demi de terre près le chemin de Leudeville ; en
1308, cinq arpents auprès du chemin de Marolles ; en 1320, une droiture, une dîme avec les
cens et corvées qui en dépendaient. En 1331,
elles acquirent de Jean Bouvier un demi-arpent
de terre, et en 1336, de Denisot Mignot, une
quarte de vigne.

Avant la guerre de Cent Ans, ces religieuses, par suite de dons et d'achats, possédaient ainsi à La Norville : un manoir, trois dîmes, une droiture, un droit de champart, un droit de justice, 20 sols parisis de censives, environ 100 arpents de terre et deux pièces de vigne en différents champtiers. Leur manoir était bâti près de la maison seigneuriale de Jean le Breton, devant le fief des Carneaux, le chemin de La Norville entre deux, dans la partie du potager actuel qui se trouve vis-à-vis du petit château.

Après la guerre de Cent Ans et les troubles intérieurs, l'abbaye de Villiers trouva ses biens de La Norville dans le plus grand abandon. Le manoir composé jadis d'une maison d'habitation, de granges et d'étables, était en ruines ; les vignes et le jardin qui l'entouraient étaient en friches, et de fait en non-valeur ; les terres, les prés, les aunaies et autres biens étaient pareillement en « ruines, friches et désolation, » excepté les cinq arpents de prés sis à Châtres. L'abbesse Marie de Bourges, reconnaissant l'impuissance de sa communauté en présence d'un pareil état de choses, afferma tous ces biens, le 4 février 1456, à Pierre Hersant, de La Norville. Elle fit, avec ce laboureur, un bail emphytéotique à trois vies, pour lui, ses enfants et petits-enfants jusqu'au dernier survivant, moyennant la somme de 32 sols parisis et quatre septiers de blé froment de loyer annuel, payables à Châtres, au jour de la saint Martin d'hiver. Pierre Hersant et Alizon, sa femme, étaient de plus autorisés par ce bail, à construire sur l'emplacement de l'ancien manoir une maison et une grange, à toucher à leur profit la moitié des cens, champarts, droitures et rentes, et l'autre moitié au profit des religieuses de l'abbaye.

L'abbesse de Villiers se réservait le droit de justice concédé par Odeline, veuve de Guillaume de Denonville. Elle établit un maire à La Norville, qui avait le droit de condamner à l'amende jusqu'à 60 sols parisis. En 1470, il se nommait Jean Bizeau. Les religieuses de Villiers, sous les de Lignières et sous les de Beaujeu, seigneurs de La Bretonnière, avaient joui paisiblement de ce droit. Sous Pierre Leprince, les choses changèrent de face. En 1475, ce seigneur attaqua devant le bailli de Châtres le maire de l'abbaye. Jean Bizeau, en cette année, avait cité devant son tribunal un berger dont les moutons avaient fait quelques dégâts dans les blés encore verts. Pierre Leprince lui intima l'ordre de cesser ses poursuites. Jean Bizeau résista, et la cause fut portée devant le bailli de Châtres. Une sentence de ce dernier déclara les religieuses mal fondées dans leurs prétentions, et Jean Bizeau quitta sa mairie. L'abbesse de Villiers ne se tint pas pour battue. En 1478, elle obtint du prévôt de Montlhéry une sentence en faveur de ses droits. En 1480, le bailli de Châtres rendit une sentence contraire à celle de 1475. Agissant au nom de l'amiral de Graville, il reconnut explicitement aux religieuses le droit de moyenne et basse justice à La Norville. En 1483, le prévôt de Montlhéry donna encore un avis dans le même sens, malgré l'opposition du seigneur de La Bretonnière. Il fut cependant impossible aux religieuses d'obtenir gain de cause contre Pierre Leprince. Celui-ci, mettant en avant les lettres patentes de Louis XI, datées du mois de novembre 1477, qui lui accordaient les trois degrés de justice sur ses terres de La Bretonnière, La Norville, La Briche et Guillerville, fit, malgré toutes les sentences des prévôts et des baillis, fermer le tribunal de l'abbaye et destituer son maire.

Privées ainsi de leur droit de justice, les religieuses de Villiers le furent encore de leur droit de dîme. Bien plus, elles ne purent soustraire leurs propres biens à cette redevance prélevée à La Norville par le chapitre de Notre-Dame de Paris. Elles perdirent ce droit de dîme en ne faisant plus valoir par elles-mêmes les biens auxquels il était attaché. Pierre Hersant qui les possédait, se soumit en outre pendant plus de quarante années au dîmage des chanoines. Ceux-ci acquirent ainsi un droit par prescription, et, lorsque en 1730 les religieuses voulurent protester, il était trop tard. Leur demande d'exemption fut repoussée de ce chef par la chambre des requêtes.

Le bail emphytéotique fait en 1456 par l'abbesse Marie de Bourges faillit encore avoir de plus tristes conséquences. Le dernier des petits-enfants de Pierre Hersant étant mort vers 1575, les religieuses de Villiers voulurent se remettre en possession de leur domaine. Pour obtenir ce résultat, elles durent surmonter de grandes difficultés. La famille Hersant avait considéré les biens loués en 1456 comme sa propriété. Elle se les était partagés, avait arraché les bornes des champs, en avait planté d'autres, quelques terres avaient été vendues, les héritiers ou ayants cause ne voulaient faire aucune restitution. L'abbaye s'adressa aux tribunaux. Après quelques instances, plusieurs membres de la famille : Jean Crosnier, Jean Groslon et Didier Hersant se décidèrent, en 1578, à rendre ce qu'ils détenaient. Les autres persévérèrent dans leur refus.

Le 24 septembre 1595, le prévôt de Paris ordonna une enquête sur les lieux, afin de recueillir sur les anciennes propriétés des religieuses les déclarations des habitants. Le 25 octobre suivant, Cordet, sergent royal à la Ferté-Aleps, muni de la commission du prévôt et accompagné de Gilles de Mornay, prêtre, receveur et procureur de l'abbaye, de Robert Maréchal, procureur au bailliage de Châtres, de Jean Crosnier, laboureur, demeurant à Leuville, et de Jean Jouffroy, demeurant à Montmireau, se rendit à cet effet à La Norville. Il n'y fut pas bien reçu, comme on en pourra juger par la narration suivante tirée d'un procès-verbal de l'époque :

« Moi, Cordet, sergent royal à la Ferté Aleps, me rendais en compagnie de vénérable et discrète personne messire Gilles de Mornay, prêtre, maître

Robert Maréchal, Jean Crosnier et Jean Jouffroy, au lieu de La Norville, pour être à l'heure de huit heures devant la grand'porte de l'église dudit lieu, lorsque sont intervenus Charles Leprince, seigneur de La Bretonnière, et un appelé Dolet, son beau-frère, montés ledit seigneur de La Bretonnière sur un roussin grison pommelé, et ledit Dolet sur un cheval boyart, lesquels de courage mal mus sont, à course de leurs chevaux, accourus vers lesdits de Mornay, moi, Crosnier, Maréchal et Jouffroy, ayant mis leur épée au poing et disant : « Voici nos voleurs. » Ce que voyant, moi, les dits de Mornay, Maréchal et Jouffroy, nous en sommes courus et fuis jusqu'à Châtres; où voyant que nous étions sauvés, et eux, ne pouvant exécuter sur nous leurs mauvaises volontés, parce que l'on avait fermé la porte de la ville, s'en retournèrent sur ledit Crosnier, pauvre homme âgé de quatre-vingts ans, qui ne pouvait fuir, auquel le seigneur de La Bretonnière donna lors plusieurs coups de bâton sur les bras et autres parties de son corps, à l'occasion des quels coups ledit Crosnier chut et tomba par terre et, non content de ce, ledit seigneur de La Bretonnière tira son épée et voulant tuer ledit Crosnier, lui présenta la pointe dedans l'estomac. Ledit Crosnier, ayant mis la main droite devant, fut blessé par ladite épée. Incontinent après, ledit seigneur de La Bretonnière et sieur Dolet vinrent jusqu'à la ville de Châtres, où, étant, le dit Dolet vint au logis de Maréchal lui dire qu'il vint parler au seigneur de La Bretonnière, étant pour lors devant le carrefour de Châtres. Le dit Maréchal étant allé parler au seigneur de La Bretonnière, celui-ci lui tint ces propos : « Mordieu, qui te fait si hardi d'aller sur mes terres, et de mener ceux-là avec toi? Par le sang Dieu, je t'aurai et tu te repentiras. Si je trouve là toi ou d'autres, je te ferai courir grand fortune ; » et, un bâton à la main, il menaçait ledit Maréchal. Au moyen de quoi et à l'occasion que dessus, je ne pus procéder à l'exécution dudict appointement et remis ladite vue à quinzaine venant le 9 novembre 1595. »

A cette date, l'abbesse de Villiers, Jeanne de la Trémouille et trois religieuses, Gilles de Mornay, Robert Maréchal et le sergent Cordet vinrent à La Norville. Charles Leprince, devenu plus calme, ou rendu plus craintif par la présence de l'abbesse, ne parut pas, et les représentants de l'abbaye purent accomplir leur mission sans obstacles. Malgré les dépositions des habitants, malgré la visite de l'ancien manoir et des terrains, le procès engagé devant la Chambre des Requêtes n'aboutissait pas. La famille Hersant, encouragée par le seigneur de La Bretonnière, qui aurait voulu mettre les propriétés de l'abbaye en sa censive, résistait toujours. Une sentence définitive fut enfin rendue en l'année 1602. Au mois de mars de cette année, le prévôt de Paris envoya l'abbaye en possession de ses biens, et, le 15 janvier 1603, frère Guillaume Sabatier, père confesseur des religieuses, vint au nom de la communauté faire acte de propriétaire en entrant sur les terres, en nettoyant lui-même les chemins ou les sentiers qui les traversaient, en y ramassant des pierres et en y cueillant de l'herbe.

En présence du sergent Cordet et de plusieurs autres témoins, il reçut ensuite de François Hersant : un arpent six perches de terre à la Saussaie ; deux arpents à la Spée, un arpent et demi à la Grande-Pièce ; deux arpents soixante-quinze perches au fossé de la Spée et un arpent et demi à la Rosière ;

Les héritiers Yon Hersant : un arpent et demi à la Rosière ; trois quartiers et demi à la Chardonnière et trois quartiers de vigne aux Areines ;

De Louis Cornillier : deux arpents et demi à la Chardonnière ;

Des héritiers d'Étiennette Hersant : trois quartiers près la pièce de la Cerisaie, et un arpent et demi au fossé de la Spée ;

De Gabriel Pournin : deux arpents et demi, d'une part, et deux tiers d'arpent, d'autre part, à la Grande-Pièce ; un demi-arpent à la Rosière et trois arpents un quart aux Fossés ;

De Jacques Yvon : un quartier de vigne à la Fontaine ;

De Guillaume Lanson : trois quartiers au Chef-de-Ville et un arpent à la Rosière ;

De Jean Prunier : un demi-arpent à la Cerisaie et un demi-arpent à la Grande-Pièce ;

De Jean Blondeau : un arpent et demi à la Spée, trois quartiers au Chef-de-Ville et trois quartiers de vigne à la Fontaine-Saint-Denis ;

De Jean Chevrier : cinq quartes de vigne aux Areines ;

De Michel Badeau : sept quartiers à la Chardonnière, vingt perches à la Grande-Pièce, trois quartiers au Chef-de-Ville, un demi-arpent et une quarte et demie de vigne à la Fontaine ;

De Jean Fontaine : un quartier à la Cerisaie, un demi-arpent à la Spée, un quartier et demi à la Grande-Pièce, et dix perches de vigne à la Fontaine ;

De Simon Royauton : deux arpents et demi à la Grande-Pièce ;

De la veuve Louis Hersant : un quartier à la Cerisaie, trois quartiers au Fossé de la Spée et un demi-arpent à la Rosière ;

De la veuve Denis Hersant : trois quartiers à la Grande-Pièce et trois quartiers au Chef-de-Ville ;

De Denis Brûlé : un demi-quartier à la Spée, un quartier et demi à la Grande-Pièce ;

De Jean Chevrier : un quartier à la Cerisaie.

Les tribunaux et les remords firent encore restituer quelques années plus tard d'autres pièces de terre aux religieuses de Villiers. Le 8 avril 1622, une sentence du Châtelet de Paris condamna un nommé Salomon Richard à leur rendre trois arpents de terre de bonne valeur, ou bien à leur en payer le prix au dire d'experts. Le

26 novembre 1625, Catherine Nynan, épouse de Christophe Baguereau, prévôt de Montlhéry, « pour la décharge de sa conscience et ne voulant rien retenir du bien d'autrui, encore moins de celui d'église, » renonça en faveur des abbesse et religieuses de Villiers à la possession de deux arpents de terre au terroir de La Norville, lieu dit les Friches, qui lui étaient venus de la succession de ses parents.

Après la mise en possession de 1603, l'abbesse de Villiers, Oudette Closse, loua ses terres de La Norville, pour neuf années consécutives, à Robert Maréchal, notaire royal à Châtres, moyennant une redevance annuelle de cinq boisseaux de blé par arpent, mesure de Villiers, et une somme de cinquante livres tournois. Dans la suite, ces terres furent baillées à différents fermiers pour des sommes qui varièrent suivant les temps.

L'abbaye s'était réservé l'emplacement de l'ancien manoir. Au mois d'octobre 1645, elle le donna moyennant deux sols parisis de chef cens, 10 livres tournois et deux chapons de surcens et rente seigneuriale à Pierre Delton, laboureur, demeurant à Châtres, avec réserve expresse de pouvoir le remettre en sa possession à chaque mutation. En l'année 1650, du consentement de Pierre Delton, l'abbaye reprit cet emplacement et le vendit avec une pièce de terre de deux arpents et demi environ entourant l'ancien manoir et tenant, d'une part, à Mathurin Prunier, une ruelle entre deux; d'un bout, à la rue de La

Norville, et, d'autre bout, à une pièce de dix arpents appartenant à l'abbaye et à des terres appartenant à l'église de La Norville, à Louis Cornillier, marchand, bourgeois de Paris, moyennant la cession de 18 livres 15 sols de rente annuelle, rachetable de la somme de 300 livres, à prendre sur la succession de messire Martin de Mornay, en son vivant curé de Cerny, 2 sols parisis de chef cens et dix livres parisis de surcens payables chaque année, à perpétuité, le jour de la saint Martin d'hiver. Dans cet acte, les religieuses se réservaient encore le droit de rentrer en possession de ces biens à chaque mutation en remboursant à l'acquéreur ou à ses ayants cause les dépenses faites sur cette propriété. Le 17 juin 1662, les religieuses abandonnèrent cette réserve moyennant la somme de 200 livres, qui leur fut versée par les héritiers de Louis Cornillier.

L'emplacement du manoir de l'abbaye de Villiers fut cédé par la famille Cornillier à Pierre Laigle. Ce dernier le vendit, en 1690, à Jean-Baptiste Chebarne, officier du roi, qui lui-même le céda, en 1721, au marquis de Péry. Depuis cette époque, cette portion de terre, réunie au potager du château par Jules-Nicolas Duvaucel, fut possédée par les seigneurs de La Norville, qui payèrent chaque année, jusqu'en 1792, à l'abbaye de Villiers, 2 sols parisis de chef cens et dix livres parisis de surcens, suivant la convention de 1650.

A l'époque de la Révolution française, les biens de l'abbaye de Villiers étaient loués par les sieurs Joiteau et Marchand, d'Arpajon, pour la somme de 2,600 livres. Ils comprenaient 113 arpents 80 perches de terre en seize pièces sur les territoires de La Norville, d'Avrainville et d'Arpajon. Déclarés biens nationaux, ils furent vendus le 17 février 1791, et achetés en totalité par un nommé Goix, premier commis des finances, demeurant à Paris, pour la somme de 95,000 livres [1].

1. Les renseignements concernant les possessions de l'abbaye de Villiers ont tous été tirés des archives départementales. Voir Pièces justificatives du n° 10 au n° 16.

CHAPITRE XII

La dîme du Chapitre de Notre-Dame de Paris. — Les Chartreux de Vauvert.

En l'année **1216**, au mois de novembre, Gui de La Norville, chanoine d'Orléans, engagea par-devant Pierre, évêque de Paris, à l'église Saint-Vincent de Linas, sa dîme de La Norville pour la somme de **240** livres parisis. Par le même acte, il promit solennellement de vendre cette dîme à la même église aussitôt qu'il serait en son pouvoir de le faire. Robert de Gravelles, chevalier, neveu de Gui le chanoine, consentit à cet engagement et se porta garant de son exécution, ainsi que maître Gautier Cornu, chanoine de Paris, et Philippe, official du même diocèse [1].

Gui de La Norville ne put ou ne voulut tenir ses engagements envers l'église Saint-Vincent de Linas. Au mois d'octobre **1231**, il vendit au chapitre de Notre-Dame de Paris la dîme du blé et le dîmage qui lui appartenaient à La Norville pour la somme de **500** livres parisis payées comptant. Cette vente se fit du consentement exprès des maîtres du fief des dîmes : Guillaume

---

1. Pièces justificatives, n° **16**.

de Gravelles, écuyer, et Henri de La Norville, chevalier. Les neveux du chanoine, fils probablement du Robert de Gravelles qui avait paru dans l'acte de 1216, Guillaume, chevalier, et Ansel, écuyer, se portèrent garants de cette vente et tous se soumirent à la juridiction de l'official de Paris pour le cas où, manquant à leurs promesses, ils attireraient sur eux une sentence d'excommunication [1].

La perspicacité ne paraît pas avoir été le propre de cette famille, pas plus que la fidélité dans les promesses. Aussitôt après la mort de Gui le chanoine et celle de Guillaume de Gravelles, maître du fief des dîmes, arrivée vers l'année 1240, des contestations s'élevèrent entre leurs héritiers et le chapitre de Notre-Dame. Pour donner plus de force à l'acte de vente de 1231, en présence de ces dissentiments, Guillaume, évêque de Paris, le revêtit de son approbation au mois de décembre 1243, en même temps que Bernard, curé de La Norville, renonçait à tous les droits qu'il pouvait avoir à cause de sa cure sur les dîmes autrefois vendues [2].

Il fallut cependant aborder les difficultés de front et examiner le bien ou le mal fondé des réclamations élevées par la famille des de Gravelles. Guillaume de ce nom, maître du fief des dîmes avec Henri de La Norville, eut trois

<hr>

1. Pièces justificatives, n° 17.
2. Ibid., n° 19.

frères : Jean, qui devint seigneur des Granges; Robert, qui devint seigneur de Boissy, et Réginald, qui porta le nom de Gravelles. Guillaume, d'un premier mariage avec une nommée Éremburge, eut deux filles : Agnès, qui épousa Thibault de Tignonville, et Jeanne, qui épousa Pierre, frère de Thibault. Celui-ci devint aussi plus tard seigneur de Boissy. Éremburge étant morte, Guillaume de Gravelles épousa en secondes noces Jeanne de Tignonville et eut de ce mariage une fille nommée Euphémie. En donnant son consentement à la vente de la dîme que possédait Gui le chanoine, Guillaume de Gravelles s'était considéré comme seul et unique maître de la moitié du fief. Il avait stipulé avec le chapitre de Notre-Dame dans cette persuasion et avait négligé le droit de ses trois frères. De plus, il avait oublié que sur le fief de ces dîmes, sa première femme Éremburge et sa seconde femme Jeanne avaient un droit de douaire. Le chapitre, attaqué par Thibault de Tignonville et Pierre de Boissy, gendres de Guillaume de Gravelles; par Jeanne, sa veuve, et Euphémie, sa fille; par ses trois frères, Jean, Robert et Réginald, fut obligé, après examen, de reconnaître la légitimité des réclamations élevées par ces différents partis. Du consentement de Guillaume d'Écharcon dit de Gravelles, neveu et héritier de Gui le chanoine, qui s'était porté garant pour son oncle en 1231, le chapitre de Notre-Dame entra en composition avec les réclamants et leur donna, pour mettre fin aux disputes, la somme de 45 livres que les de Gravelles et les de Tignonville partagèrent entre eux, aux mois de février et de mars de l'année 1245. Guillaume d'Écharcon, au mois de mai de l'année suivante, donna une somme de 20 livres au chapitre de Notre-Dame pour l'indemniser des frais et dépens que lui avait occasionnés cette affaire [1].

Après avoir reçu les 45 livres versées par le trésorier du chapitre, les de Gravelles et les de Tignonville renoncèrent officiellement à leurs droits sur la dîme de La Norville. Par-devant l'official de Paris, le doyen de la chrétienté d'Étampes, au diocèse de Sens, et le doyen de Gambais, au diocèse de Chartres, en mars 1245, ils promirent à l'église de Paris de ne plus élever des réclamations à l'avenir, la confirmant dans sa possession et lui donnant toutes sortes de garanties [2].

Ces promesses ne furent pas longtemps gardées. Le temps de la récolte de 1245 étant venu, les de Gravelles et les de Tignonville levèrent la dîme du blé à La Norville pour leur propre compte et usèrent même de violences envers les décimateurs du chapitre de Notre-Dame. La mesure était comble. L'official de Paris lança contre eux une sentence d'excommunication, et, pour

1. Pièces justificatives, nos 18, 20, 21, 22.
2. Ibid., no 23.

donner plus de poids à cette juste pénalité, il en demanda la confirmation au souverain Pontife Innocent IV, alors au concile de Lyon.

Innocent IV acquiesça aux désirs de l'official de Paris. Par une bulle du 16 des calendes d'octobre 1245, revêtue du sceau de plomb, il enjoignit aux officialités de Sens, de Chartres et de Senlis de prêter main-forte à celle de Paris, de faire exécuter la sentence d'excommunication dans leurs diocèses et d'en poursuivre les effets jusqu'à ce que satisfaction entière fût donnée au chapitre de Notre-Dame [1].

Les de Gravelles et les de Tignonville se soumirent et on ne voit pas qu'à partir de cette époque ils aient inquiété les chanoines dans la paisible jouissance de leurs droits. Chaque année ceux-ci prélevèrent quatre gerbes de blé par arpent ensemencé. Dans la suite, ils prirent cette redevance sur les autres grains : l'avoine, le seigle, l'orge, les pois, les fèves et même sur les sainfoins, la luzerne et la bourgogne. Chaque gerbe ou chaque botte devait avoir trois pieds huit pouces de tour sous lien et, pour éviter toute contestation, les décimateurs du chapitre étaient obligés de se servir pour le mesurage des gerbes d'une chaîne dûment étalonnée au Châtelet de Paris [2].

En l'année 1231, dans l'acte même où la dîme

1. Pièces justificatives, n° 24.
2. Archives du château de La Norville.

fut vendue, Gui de La Norville avait permis au chapitre de Paris d'acheter dáns son fief et d'y posséder, libre de toute charge, un arpent de terre pour y construire une grange. En 1255, les chanoines mirent à profit cette autorisation. Ils s'adressèrent à un nommé Roger dit Facillon et à sa femme Éremburge. Ceux-ci leur vendirent pardevant l'official de Paris, pour la somme de 14 livres parisis payées comptant, un arpent de terre et une petite maison à La Norville, en la censive de Guillaume de Gravelles, chevalier, alors décédé. En 1256, Jean de Gravelles, fils du précédent et héritier de Gui de La Norville, confirma cette vente en y donnant sa ratification[1]. Le chapitre, en 1475, se défit de cette propriété et la donna pour une rente annuelle et perpétuelle de 4 sols 6 deniers parisis.

Ainsi établi dans la propriété et jouissance de la dîme du blé et du dimage, le chapitre de Notre-Dame veilla avec un soin jaloux sur ses intérêts. Quelques habitants de La Norville et de Châtres ayant converti leurs terres labourables en vignes, les représentants du chapitre, en avril 1255, leur firent passer devant l'official de Paris un acte qui les engageait à payer non plus la dîme du blé, mais celle du vin récolté sur ces propriétés. Les signataires de cet acte furent André, *dictus ad denarios*, Jean Coquillart, Matthieu Elicus, Jean Langlais, Guiard *dictus parcens verum*,

---

1. Pièces justificatives, nos 27, 28.

Guérin Brolié, Guillaume Avice, Henri *dictus sine denariis*, Bertrand Trone, Pierre Durousseau, Radulphe le Faucheur, Henri, fils d'André, Hugues Normand, Guillaume de Fulcon, Guiard son fils, Gaufrede et Étienne Brolié, André Brachet, Matthieu Normand, René de La Norville, Aubert Lesaint, Lambert et Pierre Dupuis, de La Norville, Simon Marcel et Guiborge, de Châtres. Ensemble ils possédaient 15 arpents et demi de vignes. Chaque année, au moment du pressurage, ils devaient donner au chapitre ou à son représentant un setier de mère-goutte, mesure de Châtres, par quartier de vigne, deux setiers par demi-arpent et quatre setiers par arpent [1].

Ces droits du chapitre ne furent sérieusement contestés qu'en deux circonstances : en 1479, par Pierre Leprince, seigneur de La Bretonnière et de La Norville, et, en 1642, par Nicolas Auvray, curé de ce dernier lieu. Pierre Leprince, poursuivi devant la Chambre des Requêtes pour avoir levé en son nom propre la dîme de La Norville, fut obligé, le 15 septembre 1480, de reconnaître l'injustice de ses prétentions, et le curé de La Norville, condamné devant la Cour de Parlement, dut, le 14 janvier 1643, payer au trésorier du chapitre la somme de 94 livres tournois pour les frais et les dépens occasionnés par son instance.

L'Église de Paris dut lutter plus souvent pour faire respecter l'étendue de ses droits. En 1485,

---

1. Pièces justificatives, n° 26.

elle eut une contestation avec messire Joseph Lan-
gloys, curé de Saint-Germain-les-Châtres, qui
voulait soustraire au dimage un certain nombre
de ses propriétés, et, en 1486, pour le même
sujet, avec le curé de La Norville. Le procès engagé avec ce dernier ne se termina qu'en l'année
1489. En 1509, d'autres querelles s'élevèrent
entre les mêmes partis. A peine étaient-elles
assoupies que le prieur et le curé de Châtres
firent valoir à leur tour quelques prétentions.
Une sentence des Requêtes, en l'année 1511, mit
fin à leurs attaques.

En 1525, les dîmes de La Norville étaient affer-
mées au curé de cette paroisse. Le 17 juillet de
cette année, il écrivit au chapitre pour se plaindre
des rapines et des vols commis à son détriment.
Les coupables étaient le vicaire du prieur de
Châtres et le vicaire du curé de cette ville, messire Liger, chanoine de Paris. Les armes à la
main, ces jeunes lévites étaient entrés avec violence (*vi et armis instructi*) sur les terres sujettes
à la dîme du chapitre et avaient emporté le blé
et les autres grains appartenant au curé loca-
taire. Grande fut la rumeur qui s'éleva dans l'assemblée capitulaire tenue à l'arrivée de cette
lettre. On ordonna que des informations fussent
prises sur l'événement; après les informations,
on devait s'adresser aux tribunaux pour le rétablissement du bon ordre. Le chanoine-curé Liger
fut interpellé et « jurant, mais un peu tard, qu'on
ne l'y prendrait plus » il désavoua les forfaits de

son vicaire. *(Dixit quod non advoabat suum vica-rium si quod forefactum fecerat)*[1].

En 1546, les habitants et non le clergé de Châtres, se permirent à leur tour quelques indélicatesses à propos de la dîme du chapitre. Le chanoine Fouquet fut chargé d'examiner le cas et les voleurs furent punis. Pendant plus d'un demi-siècle, et, chose surprenante, pendant les guerres de religion, aucune violence ne fut exercée ni contre le chapitre, ni contre ses fermiers. En 1605, un procès fut encore soutenu contre le seigneur de Bruyères et, en 1627, contre le curé de Châtres. Le dernier assaut fut livré par l'abbesse et les religieuses de Villiers, en l'année 1729. Ces religieuses possédaient à La Norville environ 90 arpents de terre acquis au XIIIe et au XIVe siècle. En cette année, elles ne voulurent pas les soumettre au dîmage. Pour justifier leur résistance, elles produisirent des titres de propriété qui leur donnaient le droit exclusif de dîmage sur leurs biens. La clause qui leur accordait cette faveur fut déclarée entachée de nullité ; l'abbesse et les religieuses de Villiers furent condamnées devant la Chambre des Requêtes, par sentence du 22 juin 1730.

Le chapitre de Notre-Dame afferma presque toujours ses dîmes de La Norville. En l'année 1359, cette ferme lui rapportait deux septiers de grains ; en 1408, deux muids de blé, deux muids

---

1. Archives nationales L L 139.

d'avoine et 4 livres parisis ; en 1541, deux muids de méteil et un muid d'avoine ; en 1567, 80 livres ; en 1595, 40 livres ; en 1605, 110 livres ; en 1620, 112 livres ; en 1643, 220 livres ; en 1667, 273 livres ; en 1695, 180 livres ; en 1719, 219 livres ; et, en 1759, 200 livres.

Le produit de ces grains et les sommes du fermage constituaient un bénéfice net pour le chapitre ; mais les locataires étaient grevés d'autres charges. Malgré la renonciation du curé Bernard, consignée dans l'acte de 1243, les curés de La Norville et les titulaires de la chapellenie de Notre-Dame des Minots, fondée dans l'église de ce lieu, perçurent, dès le XIVᵉ siècle, certains droits sur la dîme payée à l'église Notre-Dame de Paris.

D'après les comptes des trésoriers du chapitre, ces deux ecclésiastiques reçurent, en 1359, quatre muids et deux septiers de grains. En 1460, le chapelain des Minots eut pour sa part un muid de froment ; en 1501, cette rétribution était diminuée de moitié. Dès lors, il ne reçut invariablement, jusqu'en 1789, que six septiers de blé. Au XVᵉ siècle, cet ecclésiastique devait, pour une partie de son traitement, fournir au chapitre et entretenir à ses frais une grange à La Norville. Au siècle suivant, et probablement après la diminution de 1501, le chapelain des Minots fût seulement tenu à dire ou faire dire une messe dans l'église de La Norville le premier lundi de chaque mois.

La part du curé fut plus forte que celle du

chapelain. En 1489, elle était de huit septiers de
méteil et de six septiers d'avoine. En 1571, ce
traitement, nommé gros du curé, fut augmenté
de moitié. Jusqu'en 1789, le titulaire de la cure
préleva chaque année sur la dîme du chapitre un
muid et demi ou dix-huit septiers de grains, les
deux tiers de froment et le tiers d'avoine. Le curé
ne devait aucun service pour cette rétribution et
il y a tout lieu de croire qu'elle lui était donnée
en vertu d'arrangements secrets passés entre le
chapitre de Paris et l'église de La Norville au
moment où Bernard, curé de ce lieu, renonça à
ses droits, peut-être par complaisance, afin de
donner plus de force contre les de Gravelles à
l'acte de vente passé entre les chanoines de
Notre-Dame et Gui, leur collègue d'Orléans.

Au XVIIIe siècle, comme propriétaire de cette
dîme, le chapitre de Paris vint plusieurs fois en
aide à la fabrique de l'église Saint-Denis de La
Norville. En 1731, au moment où fut construite
une nouvelle sacristie, il donna une somme de
100 livres ; en 1741, après une demande du curé,
des marguilliers, des habitants, et sur le rapport
de l'archidiacre de Josas, il fournit pour le culte
un missel, un graduel, un antiphonaire et quatre
processionnaux ; dans les années 1749 et 1750 une
somme d'environ 100 livres pour payer des réparations faites au chœur de l'église [1].

La Révolution française bientôt après fit

_____

1. Archives nationales LL 439.

passer son niveau égalitaire sur La Norville comme elle le fit passer sur tous les autres villages de France. Les dîmes furent abolies dans l'étendue du royaume et des droits six fois séculaires du chapitre de Paris, acquis à prix d'argent, il ne resta plus que le souvenir.

LES CHARTREUX DE VAUVERT.

Dans le partage fait devant Guillaume Thibout, prévôt de Montlhéry, le vendredi après l'octave de la Chandeleur de l'année 1282, entre Renaud de Frangeville, écuyer, agissant au nom de sa femme Ysabelle de Denonville, et son cousin Pierre de Denonville, écuyer, les terres de La Norville, celles du moulin de Fourcon et d'autres lieux, le droit de pressurage et de rouage échurent à Pierre de Denonville, les cens de La Norville, montant à la somme de 13 livres 44 sols parisis, à Renaud de Frangeville et à sa femme Ysabelle de Denonville. A cette rente de 13 livres 44 sols parisis, perçue chaque année le jour de la saint Rémy, étaient attachés quelques droits seigneuriaux : droits de lods et de ventes, de saisines et d'amendes. Prélevée en particulier sur cinquante arpents de vigne à La Norville, champtier des Trois-Croix, elle constituait une propriété féodale relevant directement du roi à cause de son château de Montlhéry[1].

1. Pièces justificatives, n° 32.

Le lendemain de ce partage, Renaud de Frangeville et son épouse, par un acte passé devant l'official de Paris, donnèrent leurs rentes seigneuriales de La Norville, dans un but charitable, à titre d'aumône et pour le salut de leur âme, au prieur et au couvent des religieux chartreux établis par saint Louis, en 1257, au lieu appelé Vauvert, près Paris[1]. Au mois de mars suivant, Philippe le Hardi, roi de France, donna des lettres d'amortissement à ces religieux, et, pour le repos de l'âme du roi son père, d'illustre mémoire, pour le repos de l'âme d'Ysabelle, son épouse, en son vivant reine de France, leur permit de posséder perpétuellement et pacifiquement ces rentes seigneuriales avec les droits qui y étaient attachés[2].

Renaud de Frangeville, en cédant purement et simplement aux Chartreux de Vauvert ses possessions de La Norville, ne s'était pas tenu dans la limite de ses droits. Ysabelle, sa femme, avait deux sœurs, Jeanne et Pernelle, religieuses cisterciennes de l'abbaye de Villiers. Leur vie durant, elles devaient percevoir sur la rente de 14 livres parisis une somme annuelle de 50 sols de même nature. Mention de cette charge n'avait pas été faite dans l'acte de donation. Les religieuses de Villiers protestèrent et il est probable qu'à la suite de leurs réclamations, l'acte passé

1. Pièces justificatives, n° 33.
2. Ibid., n° 31.

devant l'official de Paris fut annulé du consentement des deux partis. Par cet acte, en effet, Renaud de Frangeville et sa femme avaient donné
leur cens à titre d'aumône et pour le bien de leur
âme. D'après les titres de l'année suivante 1283,
les cens étaient non plus donnés mais vendus
pour la somme de 218 livres parisis. Les Chartreux, moyennant ce prix, avaient conservé leurs
droits. Renaud de Frangeville s'était engagé de
son côté à donner chaque année à leur couvent, le
jour de saint Rémy, une somme de 50 sols parisis,
durant la vie de Jeanne et de Pernelle, ses belles-
sœurs, et, pour le cas où il ne tiendrait pas ses promesses, à payer trois sols parisis d'amende au roi
et trois sols parisis aux religieux pour chaque jour
de retard apporté au paiement de cette redevance.
Il avait aussi hypothéqué, à titre de garantie, dix
arpents de terre sis à Frangeville, au pays rémois,
et des vignes sises à Issy, près Paris, soumises au
pressoir du prévôt de cette ville. Ces diverses conventions furent passées au mois de février 1283
devant Gilles de Compiègne, prévôt de Paris et
bailli de Montlhéry [1].

Toutes les oppositions à la vente semblaient
être levées et toutes les précautions semblaient
avoir été prises, les Chartreux étaient sur le
point de verser la somme convenue, lorsque
Pierre, curé de La Norville, vint à son tour protester au nom de son église. Il avait le droit de

1. Pièces justificatives, n° 35.

prendre à son bénéfice sur les rentes seigneu-riales échues à Renaud de Frangeville 16 sols parisis de redevance annuelle. Ce droit n'avait pas été réservé dans l'acte de vente. En présence de cette seconde opposition, les Chartreux refusèrent de verser à Renaud de Frangeville la somme convenue. Pour mettre fin au différend qui s'éleva par suite de ce refus, les deux parties comparurent devant le prévôt de Montlhéry. Le mardi d'après la Trinité de l'année **1283**, en présence de Gilles de Compiègne, le curé de La Norville favorisa l'entente. Il entra en arrangements avec Renaud de Frangeville et donna son consentement à la vente à la condition toutefois que ce seigneur lui servirait chaque année une rente de 16 sols parisis. Les Chartreux versèrent alors le montant intégral du prix d'achat et, la veille de la fête de la nativité de saint Jean-Baptiste, en la même année, reçurent quittance de la somme de **218** livres parisis donnée par Renaud de Frangeville à Guillaume Thibout, prévôt de Montlhéry, en présence d'Aufran de Tigery, de Jouhanni, sergent du prévôt, de frère Ponce, religieux chartreux, et d'Antorant, sergent de ce dernier. Le prévôt de Paris, Gilles de Compiègne, du consentement exprès de Louis de France, second fils de Philippe le Hardi, mit alors les Chartreux en possession de leur cens et cette acquisition péniblement obtenue demeura à l'avantage de leur église [1].

1. Pièces justificatives, n° 36.

Le dimanche d'après la Trinité, en l'année 1288, Renaud de Frangeville, du consentement de Ranulphe, évêque de Paris, remboursa à Pierre, curé de La Norville, la rente de 16 sols parisis qu'il s'était engagé à lui payer par la convention de 1283. Il donna dans ce but et pour l'augmentation du bénéfice curial la somme de 16 livres parisis [2].

Deux ans auparavant, les Chartreux avaient eu un différend avec Pierre de Denonville. Ce seigneur prétendait avoir le droit de garde, à cause de son pressoir, sur les vignes en la censive des Chartreux. Ces derniers lui contestaient ce droit. Une sentence du prévôt de Montlhéry leur donna gain de cause, en mars 1286.

En l'année 1318, les religieux de Vauvert reçurent en pur don de Richer de la Croix, demeurant à Châtres, deux pièces de terre sur le territoire de La Norville ; l'une, de deux arpents trois quartiers, tenant à la terre de la Tigerie et au chemin de Marolle, et l'autre, de sept quartiers, au même champtier. Richer de la Croix s'en était réservé les profits sa vie durant. Il avait fait ce don aux Chartreux pour avoir part à leurs prières, aumônes et bienfaits.

Ces religieux firent percevoir très régulièrement leurs cens à La Norville. Après la première période de la guerre de Cent Ans, pendant les querelles des Bourguignons et des Armagnacs,

2. Pièces justificatives, n° 37.

Thévenot Châtry, Simonnot Avrathevesse, Étienne Halingre, leurs receveurs, s'acquittèrent scrupuleusement de leur charge. De 1392 à 1418, ils prélevèrent, au nom des Chartreux de Vauvert, les 14 livres parisis de rente seigneuriale sur les terres d'un certain nombre de champtiers que l'on nommait à cette époque :

L'Aunay-Poille-Villain, l'Aunay à la dame de La Norville, les Araynes, l'Aunay-Bátereau ;

Les Bonnes, le Buisson feu Thomas, le Bois de Cornillé, Bouville, le Bon-Puits, le Buisson à l'Aîné, le Buisson demi-voie, le Buisson-Mallue ;

La Couture Poille-Villain, le Chief de Ville, la Couture Clément Marchand, le Carrefour de Bouville, le Cimetière de La Norville, le Chemin de Maroles, le Chemin de Guibeville, le Chemin de Pasquot, le Chemin de Ledeville, le Chemin de Chetainville, le Champ-Doulant ;

La Fontaine-Naude ;

La Haute-aux-Nonains ;

Les Joutherys ;

Le Marchays Ouacre, Mondonville, le Marchié aux pourceaux ; les Ormeteaux, l'Orme de Guibeville, l'Orme rond, l'Osthier de Boynville ;

Le Ponceau de Ledeville, les Prés au seigneur de La Bretonnière ; les Ruyes-Maheut, le Rossay de La Norville, la Rosière, le Rochay ;

Les Saussaies, le Saulse-Gariton, le Sentier de Guibeville, les Saulses au Breton, la Sablonnière, le Saulse-Maucouvert, Touche-Bœuf, les Trois-Croix ;

La Vóie Maheut-de-Bruières ; la Voie des prés,

la Voie Saint-Denis; la Voie ou Chemin de Malet, la Voie des Polyes.

Les censitaires étaient alors : Clément Marchand, Jean Lambert, Jean Royer, Simon Cabry, Lucas du Ru, Jean Denis, Michon Hersant, Jean Marie, Arnoul et Regnault David, Gille, Simon et Philippot Jubin, Jean Antoigny, Gille et Thévenot Châtry, Collin et Perrin Hulin, Pierre le Serrurier, Jean de la Houssaie, Étienne Noel, Noel de Bouville, Jean de Vène, Étienne de Vieuville, Jean Morel, Jacob le Pillas, Gille Poufichet, Jean de Bigars, Thouvenin de Troyes, Jean Euvart, Thomas Bourgeois, Roger Torfou, Geoffroy Trehet, Perrin Prandour, Perrin Gautier, Robin Bouchart, Clément de La Neufville, Guillot Lenoir, Colin Guillart, Jean Hamel, Pierre Gringault, Jean Rayé, Jean Pointlasur, Clément Gouin, Jean Guépin, Perrin Chaulon, Simon Grémont, Pierre le Villain, Jean Choppineau, l'hôpital de Chantelou, l'Hôtel-Dieu de Châtres, le curé de La Norville, le curé de Châtres, Jean Remoulart, Jean Bourdin, Gille le Souville, Jean de Villemodan, Perrin Belassier, Jean le Roy, Alain Morin, Jean Outin, Huguelin de la Fontaine, Jean Morville, Jean Bonnefille, Gille Martin, Martin Érost, François de la Croix, Jean Lequeu, Thomas Lamiraut, Jean Tranchant, Simon le Noustre, Jean Gabelot, Denisot Génin, Jean Lemaçon, Jean de Rule, Jean Imbelot, Thomas Brulart, Jean Pichot, Jean Loytront, Thouvenin le Vaillant et Jean Pourlane.

De 1417 à 1461, les querelles des Bourguignons et des Armagnacs, la guerre contre les Anglais, la famine et la peste causèrent tant de ravages aux environs de Paris que les Chartreux furent pendant ce temps dans l'impossibilité absolue de toucher leurs rentes seigneuriales à La Norville. Lorsque en l'année 1461, le frère Jean de Puissessaud, prieur de Vauvert, voulut faire la visite des terres en la censive de son couvent, il constata avec douleur et stupéfaction que la plupart des champs étaient alors en friches. Le sol ruiné avait été presque complètement abandonné. Couvert de broussailles, il n'avait même plus de propriétaires. Pour remédier à cet état de choses déplorable, le prieur de Vauvert demanda au roi Louis XI d'accorder à son couvent la propriété de ces terres désertes sur lesquelles il avait pu autrefois avoir quelques droits. Le roi accéda à ses désirs. Les Chartreux, après l'obtention des lettres royales, commencèrent les premiers travaux de défrichement. Lorsqu'ils eurent remis à peu près les choses en état, ils cherchèrent à donner à rente les terrains améliorés. Au mois d'octobre 1477, ils reconstituèrent un nouveau terrier indiquant par tenants et par aboutissants les pièces sur lesquelles ils auraient à prélever de nouvelles redevances.

Les champtiers du territoire de La Norville portaient à cette époque, à quelques rares exceptions près, les mêmes noms qu'en 1392. Il n'en était pas ainsi des censitaires. Les familles avaient été bouleversées par les grandes calamités du XIVe et du XVe siècle. Ceux qui prirent à rente les terres des Chartreux ou qui continuèrent peut-être d'anciennes exploitations furent : Clément Fontaine, Colin Vivier, Denis, Jean, Guillot et Oudin Jubin, Denis Gille, Jean et Simon Burgevin, Étienne Despaigne, Étienne Chappelain, Étienne Poynet, Guillemin Nycolandre, Jean et Oudin Bizeau, Jean de Boinville, Jean Bouchier, Jean Poirier, Jean de la Boucheré, Jean Baron, Jean de Villiers, Jean Grémont, Jean Morville, Jean Mallegranche, Louis et Pierre Hersant, la confrérie de Châtres, Louis Horquemont, Michelet Gouin, Michel Lefeuvre, Marc et Gille Leureux, Oudin Lemonet, Oudinet Ledour, Pierre Chaussetier, Perrin Prenet, Robin Boutillier, Simonnet Pillas et Thévenot d'Étréchy. Des soixante-quatorze familles dont les terres étaient soumises à la censive des Chartreux, en 1392, six seulement se trouvaient dans les mêmes conditions en 1477.

Les Chartreux de Vauvert étaient à peine rentrés dans une partie de leurs anciennes possessions que Pierre Leprince, seigneur de La Bretonnière et de La Norville, les attaqua en justice pour usurpation de propriétés. Il leur deniait en particulier le droit de donner à rente vingt-quatre arpents de terres en friches, situées sous le Rossay de La Norville, au champtier de l'Aunay-Poille-Villain, près le chemin de Leudeville. Le procès était engagé devant la Chambre des Requêtes à Paris, lorsque, le 4 décembre 1480,

Pierre Leprince fit saisir par ses gens et emmener prisonniers au château de La Bretonnière Guillaume Burgevin et Denis Jubin, fermiers des Chartreux, qui cultivaient ces terres. En même temps, il s'emparait de leurs chevaux et de leurs instruments de labour ainsi que de dix-huit cordes de bois arraché au moment du défrichement des biens.

Les Chartreux prirent la défense de leurs fermiers ; mais il était difficile d'obtenir justice contre le maître d'hôtel ordinaire de Louis XI. Commencé en 1480, le procès intenté à l'occasion de cette violence ne fut terminé que trois ans plus tard. Le 10 juillet 1483, une sentence fut enfin rendue. La Chambre des Requêtes ordonna au seigneur de La Bretonnière de rendre à Guillaume Burgevin et à Denis Jubin leurs chevaux, juments, harnais, instruments de labour et cordes de bois. Les frais de l'incident devaient être payés par la partie contre laquelle une sentence de condamnation serait prononcée lors du jugement rendu sur le procès principal [1].

Ce jugement définitif tardait à être prononcé. De la Chambre des Requêtes, la cause avait été portée devant la Cour de Parlement. Pierre Leprince et les Chartreux, fatigués de ces luttes, résolurent de transiger ; mais, pour arriver à une conclusion, il fallait obtenir du roi l'autorisation de retirer l'instance engagée devant la Cour. Le

1. Archives du château de La Norville.

roi Charles VIII accorda cette autorisation, le 15 mars 1484[1]. Le lendemain, les deux partis s'entendirent. Le frère Girard Patin, prieur de Vauvert, agissant au nom de sa communauté, céda à Pierre Leprince les 14 livres parisis de menus cens avec tous les droits seigneuriaux qui pouvaient lui appartenir sur le territoire de La Norville. Pierre Leprince, de son côté, constitua au profit des Chartreux une rente annuelle et perpétuelle de 18 livres parisis à prendre, le jour de saint Rémy, tant sur les 14 livres parisis de cens abandonnées par l'acte de transaction que sur les seigneuries de La Norville et de La Bretonnière.

Après cette convention, les Chartreux de Paris se dessaisirent de tous leurs papiers et titres de propriété entre les mains de Pierre Leprince et, à partir de cette époque, ils n'eurent seulement de rapports qu'avec les seigneurs de La Norville et de La Bretonnière. L'un d'eux, Charles Leprince, ne voulut pas se tenir à la convention de 1484. Deux sentences du Châtelet de Paris, l'une du 6 octobre 1525, l'autre du 18 février 1530, condamnèrent ses résistances. Après le partage de 1601, la terre de La Norville resta seule chargée de la rente de 18 livres parisis. Louis Mercier s'en reconnut débiteur et en passa un titre nouvel, le 3 janvier 1656. Jean-Baptiste Choderlot de La Clos fit une semblable recon-

____

1. Pièces justificatives, n° 38.

naissance dans l'acte d'achat de la seigneurie en l'année 1682. Peu après cette acquisition, il s'entendit avec les supérieurs généraux de l'Ordre des Chartreux et se libéra en versant une somme assez considérable. Ainsi prirent fin, aux dernières années du XVIIe siècle, les droits des Chartreux à La Norville.

CHAPITRE XIII

On lit dans du Breul (théâtre des antiquités de Paris) : « Messire Jean Le Moine naquit en un petit village du diocèse d'Amiens, près d'Abbeville, que l'on appelle Cressi ou Crézi. Quelques-uns pensent qu'il était fils d'un maréchal pour ce qu'il a blasonné ses armes de trois clous. Il est à croire que c'est plutôt en mémoire de la Passion de Notre-Seigneur. Quoi qu'il en soit, tout le monde est d'accord qu'il s'avança par ses études et, qu'ayant étudié en droit canon, il s'achemina à Rome où il fut bien reçu d'aucuns cardinaux, à la suite desquels il composa quelques gloses sur les six décrétales que le pape Boniface VIII avait nouvellement compilées et par ce moyen vint en la connaissance et amitié du Saint-Père qui le fit évêque de Poitiers puis cardinal du titre des saints Pierre et Marcellin, martyrs, et finalement l'envoya légat en France au temps de Philippe le Bel duquel il obtint de grandes immunités et amortissements pour doter son collège encore appelé du cardinal Le Moine.

« En l'an 1303, le 17ᵉ du règne de Philippe le Bel, il acheta les maisons où avaient habité quelque temps les frères ermites mendiants de l'Ordre de Saint-Augustin fixés à Paris, aboutissant d'un bout à la rue Saint-Victor et de l'autre au rivage de la Seine au lieu dit vulgairement le Chardonnet et en latin *cardunetum*, parce que ces terres étaient en friches et couvertes de chardons, et les transforma en maison d'instruction. Et combien qu'il déclare par ses lettres de fondation le lieu suffisant pour soixante étudiants aux arts libéraux et quarante théologiens, toutefois, il n'y a fondé de son propre que quatre étudiants et quatre théologiens qui doivent être de la ville ou diocèse d'Amiens, constituant pour la pension de chaque étudiant quatre marcs d'argent pur et net, du poids de Paris, et pour le théologien six marcs.

« Bien que le cardinal Le Moine fut parvenu par l'étude au droit canon, il n'a toutefois voulu fonder son collège que de boursiers théologiens, connaissant que la plupart n'étudiaient en droit canon que pour chicaner des bénéfices, et, pour cette même raison, il ne permit à aucun de ses boursiers d'aller aux écoles de droit sinon durant les vacations. »

Le collège du cardinal Le Moine se distingua pendant plusieurs siècles autant par ses usages singuliers que par le nombre des savants qu'il forma. Il compta parmi ses écoliers Amyot, le remarquable traducteur de Plutarque, qui y apprit le grec sous Évagre et devint évêque d'Auxerre ; Turnèbe, Buchanan et Muret, et, parmi ses professeurs, le célèbre Lhomond. Supprimé à la

Révolution, il fut vendu le 21 messidor, an V (9 juillet 1794), à la condition pour l'acquéreur de subir le retranchement nécessaire pour un percement de rue. Cette nouvelle voie a été ouverte sous le nom de rue du cardinal Le Moine et existe encore à l'entrée du boulevard Saint-Germain [1].

Le collège du cardinal Le Moine posséda des biens et des rentes à La Norville. Ses grands maîtres, prieurs et boursiers prirent même le titre de seigneurs du fief de Mondonville. On ne pourrait dire au juste ni comment, ni à quelle époque le collège obtint ces biens, ces droits et ce titre. On peut supposer qu'il les acquit ou les reçut gratuitement de Guillaume de Denonville, écuyer, seigneur de La Norville, Édeville et Fourcon, ou de ses premiers descendants. Ce qui porterait à admettre cette supposition serait la nature même des redevances ayant appartenu au collège. Elles étaient assignées la plupart sur des vignes plantées en grande partie sur le territoire de Mondonville. Or, comme le prouve un acte passé à Châtres devant le prévôt de Montlhéry, en l'année 1309, ces redevances appartenaient primitivement à Guillaume de Denonville, à cause de son pressoir. Il y a tout lieu de croire qu'elles ne passèrent pas aux seigneurs de La Bretonnière. Ceux-ci, peu désireux comme les seigneurs du temps de multiplier les possessions indépen-

____

1. LE BŒUF, annoté par Cocheris.

dantes au centre de leur domaine, ne s'en seraient certainement pas dessaisis. Le collège dut donc acquérir droits et redevances avant la réunion de la seigneurie de La Norville à celle de La Bretonnière.

Ce qui prouverait encore que le collège du cardinal Le Moine recueillit au moins en partie les biens de Guillaume de Denonville, c'est la possession par ce collège des titres ayant appartenu à ce seigneur. La charte de Philippe le Bel, datée de Viviers-en-Brie, qui lui donnait certains droits à La Norville, l'acte du prévôt de Montlhéry de l'année 1309, déjà analysés, furent trouvés dans les archives du collège au moment de la saisie des papiers relatifs à la féodalité [1].

Quoi qu'il en soit, il est certain que le collège du cardinal Le Moine possédait à La Norville des biens en l'année 1477. Dans le cueilleret des Chartreux fait à cette époque, on voit que Guillaume Burgevin avait en la censive de ces religieux onze arpents de terre, à l'Aunay Poille-Villain, tenant d'un côté à Denis Jubin et de l'autre au cardinal Le Moine [2]. En 1487, six arpents de terre appartenant aux boursiers de ce collège étaient donnés à bail : deux arpents sous le Rossay de La Norville, devant La Bretonnière; deux arpents à la Haute-aux-Nonains; un arpent sur le Rossay de La Norville, et un arpent à la Haute du même lieu [3].

1. Pièces justificatives, n° 5.
2. Archives du château de La Norville.
3. Archives nationales, S. C. 397.

Au XVIe siècle, on trouve un état détaillé des déclarations et reconnaissances passées en faveur de cet établissement, en même temps que la somme des redevances qui lui étaient dues. En 1530, Hugues Voisin possédait, en la censive du cardinal Le Moine, 2 arpents 24 perches de terre d'une part et un demi-arpent de l'autre, au Rossay, chargés de 2 sols 10 derniers obole pite. En 1560, Jean Jubin, de Châtres, tenait de même, à la Croix-Martineau et aux Areines, un arpent 9 perches de vigne et deux arpents une quarte au Rossay, chargés de 3 sols 11 deniers parisis.

En 1571, Louis Piffret tenait un espace de logis, un demi-quartier de terre, 21 perches de vigne, à la Guiraudière, chargés de 4 deniers parisis;

Jean Bedeau — trois espaces de logis à Mondonville; trois quartiers de terre au même lieu; un quartier de vigne à Pigorreau, chargés de 16 deniers parisis; trois autres espaces de logis à Mondonville, près de la Fontaine, et un demi-quartier de terre chargés de 16 deniers parisis, et un demi-arpent de terre au Rossay, chargé de 6 deniers parisis.

En 1572, Pierre Gillet tenait deux espaces de maison, une petite étable, cour, jardin, terre, près de la Fontaine, le tout chargé de 6 sols tournois;

Jean Gillet, un espace de maison, petite étable, cour, jardin au dessous, près de la fontaine de Mondonville, le tout chargé de 3 sols tournois.

En 1573, Richard Tardif tenait une quarte et

demie de vigne à Pigorreau, chargée d'un denier tournois;

Denis Petit, 8 perches de terre au même champtier, chargées d'un denier parisis;

Jeanne Hubert, veuve de Jean Le Poil, une maison de cinq espaces, cour et jardin, un arpent et un demi-quartier de terre à Mondonville, chargés de 3 sols 6 deniers tournois, et 8 perches de vigne à Pigorreau, chargées d'un sol tournois.

En 1574, Henri Pilaut tenait 9 quartiers de vigne aux Areines, chargés de 18 deniers tournois;

Gilles Hardy, un demi-quartier de vigne à Pigorreau, chargé de 3 deniers tournois;

Louis le Haut, un arpent et demi au Bas-Rossay et à la Courteraye, chargé de 16 deniers tournois;

Pierre de la Folie, un demi-arpent 4 perches de terre à Mondonville, chargés de 8 deniers parisis;

Clémence du Bois, veuve de Vincent Jubin, un quartier de vigne à Pigorreau, chargé de 3 deniers parisis;

Louis d'Estréchy, un quartier de vigne au même champtier, chargé de 3 deniers parisis.

En 1576, Jean Jubin tenait un arpent de terre au Bas-Rossay, chargé de 8 deniers parisis.

En 1578, Lucas Carqueville tenait une vigne, maison, cour, jardin, à Mondonville, près de la Fontaine, le tout chargé de 14 deniers parisis.

En 1579, Guillaume de Gouttes et Jeanne Jubin, sa femme, tenaient un arpent et un demi-quartier de terre à La Norville, lieu dit le Riage, chargés de 13 deniers obole pite — et un arpent de terre en deux pièces, près de Mondonville, chargé de 12 deniers parisis.

En 1580, René Pillas tenait une quarte et demie de vigne à Pigorreau, chargée de deux sols obole pite;

Pierre Carqueville, un arpent et demi de vigne en six pièces à Pigorreau, 40 perches de terre près de Mondonville, le tout chargé de 21 deniers parisis.

En 1581, Jean Brulé tenait un arpent de vigne à Pigorreau, chargé de 8 deniers parisis;

Denis Heray, une maison à Mondonville, chargée de 10 deniers parisis;

Pierre Doublet, une maison, cour et jardin, à Mondonville, 3 quartes de terre au même lieu, le tout chargé de 6 deniers tournois;

Denis Gault, un demi-arpent, plus un demi-quartier de terre, près de la Fontaine, chargés de 14 deniers parisis;

Nicolle Jubin, veuve de Marc Brulé, trois espaces de logis à Mondonville, cour, jardin et terre derrière, chargés de 2 sols 3 deniers tournois;

Louis des Plantes, un espace de logis et deux parts dans une autre maison, petit jardin avec un demi-espace de grange et tels droit et part qui pouvaient lui appartenir en une maison sise à La

Norville, le tout chargé de 12 deniers tournois;

Gille Jubin, deux arpents un quartier de sablons au Rossay, un quartier de vigne à Pigorreau, chargés de 2 sols 3 deniers parisis;

Louis d'Estréchy, deux espaces de logis à Mondonville, un arpent et un demi-quartier de terre derrière le dit lieu, 7 quartiers de terre et vigne, chargés de 6 sols 6 deniers parisis;

Gratien Ferrand, une vigne à Mondonville, et deux espaces de logis, chargés de 13 deniers parisis.

En 1582, Fleury Belin tenait un quartier et demi de vigne aux Areines, chargé de 12 deniers parisis;

Claude Fontaine, 3 quartiers de vigne au même lieu, chargés de 6 deniers parisis;

Étienne d'Aigremont, un quartier et demi de vigne à Pigorreau, chargé de 6 deniers parisis;

Michel Lechat, une quarte de vigne à Pigorreau, une quarte de vigne au Rossay, chargées de deux deniers parisis;

Noel Bedeau, un tiers d'arpent de terre près de la Fontaine, chargé de 4 deniers parisis;

Jean Livré, un quartier de vigne à Pigorreau, chargé de 3 deniers parisis;

Jean Morin, un demi-quartier de vigne à Pigorreau, chargé de 2 deniers parisis;

Jean Jubin l'aîné, 5 quartiers 22 perches de vigne à la Croix-Martinet et aux Areines, chargés de 16 deniers parisis; 5 arpents et demi de terre au Riage et au Bas-Rossay, chargés de 3 sols 6 deniers parisis;

Augustin Le Roy, 8 perches de vigne à Mondonville, chargées d'une obole pite;

Jean Carqueville, un quartier de vigne à Pigorreau, chargé de 2 deniers parisis;

Pierre Gillet, une maison à Mondonville, un demi-quartier de terre, vigne et bois, au dit lieu, chargés de 6 deniers parisis;

Sulpice Jubin, un clos d'arbres fruitiers à Mondonville, un demi-arpent de terre au Rossay, chargés de 12 deniers parisis;

Jean Menestrier, deux arpents de terre au Rossay, chargés de 16 deniers parisis;

Cire Moreau, une maison, grange, étable, cour, jardin et 4 espaces de maison, cour, jardin et 5 perches de terre, à Mondonville, chargés de 6 sols parisis.

En 1583, Claude Jubin tenait un demi-arpent de terre à Mondonville, chargé de 2 deniers parisis;

Guillaume Poullier, deux arpents et un quartier de terre au Rossay, chargés de 23 deniers parisis;

En 1585, Guillaume Jarlet et Girard Deschamps tenaient un espace de grange à Mondonville, 53 perches de terre au Rossay, et un quartier de vigne, chargés de 13 deniers parisis.

En 1586, Jean Bedeau tenait un quartier de vigne à Pigorreau, 13 perches trois quarts de terre et un espace de cellier à Mondonville, chargés de 6 deniers parisis;

Adam David, une maison, un espace et demi d'étable ; 43 perches et demie de pâture ; 9 perches de vigne à Pigorreau, un demi-arpent de terre au Rossay, un quartier de vigne à Pigorreau, chargés de 28 deniers parisis.

En 1587, Nicolle Maillard, veuve de Jean Clopiau, tenait trois quartiers de terre à Mondonville, chargés de 6 deniers parisis.

En 1588, Jean Gauttier tenait un demi-arpent de terre à la maladrerie Saint-Blaise, et 5 quartiers et demi au Rossay, chargés de 2 sols 6 deniers parisis ;

Gille Bidon, trois espaces de maison, cour, jardin, à Mondonville, et trois quartiers de terre chargés de 33 deniers parisis ;

Pierre Jubin, une maison, un clos, 9 perches de terre et vigne à Mondonville, chargés de 2 sols parisis.

En 1589, Simon Guidon tenait un arpent de vigne à Pigorreau, chargé de 16 deniers parisis ;

Guillaume des Gouttes, un demi-arpent de terre au Rossay, chargé de 6 deniers parisis ;

Jean le Grand, une maison, cour et jardin, à Mondonville, chargés de 16 deniers parisis.

En 1591, Jean Carqueville tenait un demi-arpent et un demi-quartier de vigne à Pigorreau, chargés de 7 deniers une obole parisis.

En 1593, Louis Jubin tenait une maison et un arpent et demi de terre près de la Fontaine ; 3 quartiers et une quarte et demie de vigne à Pigorreau, chargés de 6 sols 8 deniers parisis.

En 1594, Louis des Gouttes tenait un arpent et demi et 16 perches de terre au Riage-Tortu, et un arpent au Bas-Rossay, chargés de 3 sols parisis;

Antoine Chevalier, trois espaces de maison, 6 perches de jardin, et la quatrième partie d'une grange à Mondonville, chargés de 2 sols parisis.

En 1595, Antoine Neveu tenait un demi-quartier 2 perches de terre au Rossay, chargés de 2 deniers une obole parisis.

En 1596, Jean Hervy tenait une maison, cour, jardin, et un quartier et demi de terre à Mondonville, chargés de 10 deniers parisis;

Jean Crosnier, un demi-arpent de vigne à Pigorreau, chargé de 8 deniers parisis;

Denis Jubin, un arpent de terre, un quartier de vigne au Rossay, chargés de 15 deniers une obole parisis.

En 1597, Jean le Grand l'aîné tenait une maison à Mondonville, un demi-quartier et une demi-quarte de vigne au Grand-Pigorreau, trois quartes de terre à Mondonville, chargés de 23 deniers parisis;

Pierre Jubin, une masure à Mondonville, et cinq quartiers de terre chargés de 4 sols 4 deniers parisis;

Girard Rousseau, une maison près de la Fontaine; cinq quartiers de vigne et un arpent de terre au-dessus de la Fontaine, chargés de 16 deniers une obole parisis;

Jean Baguinard et Gille Gervais, quatre espaces de grange, une étable, les deux tiers d'un jardin et 5 quartiers de terre, chargés de 3 sols parisis.

En 1598, Denis Roux tenait deux arpents de terre au Rossay, chargés de 2 sols parisis.

En 1599, Jean Livrée tenait un quartier et demi de vigne à Pigorreau, chargé de 7 deniers parisis;

Adrien Bruyant, un quartier de vigne à Mondonville, chargé de 3 deniers parisis;

Jean le Grand le jeune, trois quartiers de vigne au-dessous de Mondonville, chargés de 12 deniers parisis.

En 1602, Marin Duchemin tenait un quartier de vigne aux Baronnets, et quatre quartes et demie de vigne à Pigorreau, chargés de 10 deniers parisis.

Au XVII° siècle, l'accord qui paraît avoir jusque-là régné entre les seigneurs de La Norville et les maîtres du fief de Mondonville, fut rompu. En l'année 1607, les grands-maîtres, prieurs séculiers et boursiers du collège du cardinal Le Moine eurent une discussion avec Josias Mercier à propos de droits qu'ils prétendaient avoir sur une maison de la ville de Châtres, bâtie sur le pont de l'Orge, en la possession d'un nommé François le Chartier. Ces droits de censive montaient à la somme de deux sols parisis et portaient lods et ventes, saisines et amendes. Josias Mercier les leur contestait en soutenant que la maison en question dépendait non du fief de Mondonville, mais du fief des Boucheries. La querelle fut portée devant le prévôt de Paris; Josias Mercier obtint gain de cause et le collège fut condamné à payer pour les dépens la somme de 152 livres 7 sols 6 deniers.

Les procureurs du collège ne se hâtèrent pas de verser cette somme. Après une sommation donnée par huissier et demeurée sans résultat, Josias Mercier fit saisir sur le collège le fief de Mondonville. Devant cette saisie, les grands-maîtres relevèrent la sentence du prévôt de Paris et en firent appel. Sur ces entrefaites, Josias Mercier mit opposition au paiement de quelques censives à La Norville, en en contestant la propriété au collège. Un second procès fut entamé. Les difficultés se compliquaient et les choses traînaient en longueur, lorsque les boursiers du cardinal Le Moine, désireux d'en finir et conservant peu d'espoir sur leur appel, proposèrent une transaction au seigneur de La Norville. Le 15 janvier 1608, ils cédèrent à Josias Mercier tous leurs droits de fief, censives, seigneurie et leurs menus cens, montant à la somme de 6 livres parisis, qu'ils avaient au lieu de Mondonville, en la paroisse de La Norville et environs, sur des maisons, terres, vignes et autres héritages. Josias Mercier, de son côté, constitua au profit du collège une rente foncière de 16 livres tournois, payable chaque année au jour de la Quasimodo, hypothéquée sur la terre et seigneurie de La Norville.

A partir de cette époque, les seigneurs de cette paroisse s'acquittèrent envers le collège suivant cette convention ; mais, soit oubli, soit mauvaise volonté, ils ne passèrent jamais un titre nouvel de cette redevance. Les boursiers du collège toléraient cet état de choses, lorsqu'en 1685 Jean-Baptiste Choderlot de La Clos refusa de payer les 16 livres tournois, opposant aux demandes qui lui étaient faites le défaut d'homologation du contrat de 1608 et une prescription de plus de soixante-dix-sept années pendant lesquelles il n'avait été passé ni reconnaissance ni déclaration.

Avant d'entamer un procès contre le seigneur de La Norville, les directeurs du collège soumirent à l'appréciation d'un conseil les moyens de défense mis en avant par leur adversaire. Les avocats consultés leur firent entrevoir une défaite. Jean-Baptiste Choderlot de La Clos proposait d'ailleurs une transaction en offrant pour l'amortissement de la rente contestée une somme assez considérable. En 1685, le collège du cardinal Le Moine avait besoin d'argent. Il avait fait abattre le corps de logis qui bordait la rue Saint-Victor et élever à sa place de nouvelles constructions. Il avait aussi fait reconstruire, sur le devant de l'établissement, une partie des bâtiments démolis au moment où on avait élargi la même rue. La proposition du seigneur de La

Norville venait dans un moment opportun. En présence de leurs droits rendus douteux, les grands-maîtres, prieurs et boursiers n'hésitèrent pas à accepter les offres qui leur étaient proposées. Jean Baptiste Choderlot de La Clos versa une somme de 600 livres tournois et la seigneurie de La Norville fut ainsi délivrée de ses obligations envers le collège du cardinal Le Moine, le 28 septembre 1685.

MONDONVILLE.

Le fief de Mondonville, dont une partie appartint pendant deux siècles au collège du cardinal Le Moine, était une simple rue du village de La Norville et commençait à l'intersection des deux chemins de Châtres à Leudeville et de Châtres à La Norville pour finir au territoire de La Bretonnière. On en trouve le nom pour la première fois dans un acte du mois de mars 1258, par lequel Nicolas Aveline de Châtres donnait à l'abbaye de Villiers une pièce de terre de deux arpents [1]. Le nom de Mondonville paraît encore dans la convention de 1309 passée à Châtres devant le prévôt de Montlhéry. Les cueillerets des Chartreux, de l'année 1392 à l'année 1418, le rapportent très souvent. Enfin, il en est fait une mention spéciale dans les lettres patentes du roi Louis XI, de l'année 1477, par lesquelles furent accordés à Pierre Leprince les trois dégrés de justice. A partir de cette époque, les seigneurs de La Bretonnière, puis ceux de La Norville, ajoutèrent à leurs autres titres celui de seigneurs de Mondonville et exercèrent les pouvoirs de hauts justiciers dans ce fief en même temps que le collège du cardinal Le Moine y avait des droits de censives comportant lods et ventes, saisines et amendes.

En l'année 1545, M⁰ Jacques Nicolas, conseiller du roi au Châtelet de Paris, acheta plusieurs maisons dans la partie de Mondonville qui touche à La Bretonnière. Il les fit disparaître, et sur leur emplacement construisit une habitation de fermier avec quelques dépendances. En même temps, il acquit sur les territoires de Mondonville, de La Norville et lieux circonvoisins un grand nombre de pièces de terre et parvint à se constituer un domaine assez considérable. A sa mort, il possédait environ 65 arpents de terre, dont 48 étaient en la censive du seigneur de La Norville. Grevés à raison de 15 deniers l'arpent, ils produisaient à ce dernier 3 livres 9 deniers de rente.

Jacques Nicolas eut quatre enfants. Une de ses filles nommée Jeanne hérita de la ferme de Mondonville. En 1612, Jeanne était mariée à Gui Delavau, seigneur d'Aulton, conseiller, notaire et secrétaire du roi, maison-couronne de France et de ses finances. Gui Delavau eut une fille aussi son père et celle de son frère Robert Delavau, décédé sans postérité ; puis elle porta en mariage la ferme de Mondonville à Georges Joubert, capitaine des galères royales. De leur union naquit une fille ; elle épousa Alexandre-François Paré, seigneur de la Varenne. Jeanne Delavau vécut jusque dans un âge très avancé. Ce fut son petit-fils, Pierre-Antoine Paré, prêtre, curé de Gentilly, nommé son curateur, qui passa en son nom, le 30 novembre 1688, une déclaration de la ferme de Mondonville au terrier que fit alors de son domaine Jean-Baptiste Choderlot de La Clos, seigneur de La Norville.

Le 8 juin 1700, les petits-fils de Jeanne Delavau, Pierre-Antoine Paré, prêtre ; Georges-François Paré, seigneur d'Aulton ; Charles-Mathieu Paré, seigneur de la Vau, et Alexandre-François Paré, seigneur de la Varenne, vendirent à Nicolas Petit, seigneur de La Gallanderie, leur ferme de Mondonville et les 66 arpents 80 perches de terres et vignes qui en dépendaient. En 1738, François-Jules Duvaucel, ayant acheté de Nicolas Petit, seigneur de Bois-d'Aunay, la maison de la Gallanderie et ses dépendances, réunit au domaine de La Norville les terres de la ferme de Mondonville. L'habitation du fermier et ses dépendances avaient été démolies quelques années avant cette acquisition et leur emplacement vendu ou donné à rente à plusieurs particuliers. En suivant le plan de la seigneurie de La Norville dressé en 1765, on voit que la ferme de

Mondonville était bâtie sur les terrains où se trouvent aujourd'hui les maisons d'Arthur Délion, Pierre Buchette, Prévôt, et la cour de la veuve Avenard.

En 1642, Étienne Delassus passait une déclaration en faveur de Louis Mercier, seigneur de La Norville, dans laquelle il reconnaissait qu'une maison sise à Mondonville lui appartenant et neuf quartiers de terre joints à l'habitation étaient en la censive de ce seigneur. La maison des Delassus et ses dépendances devint, au XVIIIᵉ siècle, la propriété des Hardy de Vicques, anciens seigneurs de Beaulieu, près Leudeville. En 1757, elle était habitée par Jacques Daniel Hardy, écuyer, seigneur de Vicques et de Mirabel ; par Françoise Claveaux, son épouse ; et par Jean-Auguste Hardy de Vicques, ancien capitaine au régiment du Vexin, chevalier de Saint-Louis. Jacques-Daniel Hardy de Vicques et Françoise Claveaux eurent de leur mariage six enfants : Marguerite-Victoire, qui mourut le 26 août 1759 ; Geneviève-Éléonore, qui mourut à l'âge de 22 ans et demi, le 28 septembre 1760 ; Christophe-Auguste qui, après avoir été en 1762 chanoine de l'église Saint-Sernin de Toulouse, était, en 1764, prêtre du diocèse de Paris, docteur en théologie, chanoine de l'église cathédrale de Lombez et vicaire général du même diocèse ; Jean-François, qui demeura à La Norville ; Claude-Constance, qui mourut le 5 janvier 1784, à l'âge de 52 ans ;

et Marie-Madeleine. Cette dernière épousa, le 24 novembre 1764, Benoît Cabeuil, conseiller du roi, avocat au Parlement et expéditionnaire en Cour de Rome. Françoise Claveaux, veuve de Jacques Daniel Hardy de Vicques, étant morte, le 2 octobre 1770, ses propriétés de Mondonville échurent à son fils Jean-François. Celui-ci mourut sans postérité. Sa sœur Marie-Madeleine, veuve de Benoît Cabeuil, rentra dans son héritage. Elle vécut à Mondonville pendant la tourmente révolutionnaire et céda, au commencement de ce siècle, à la famille Pluyette l'ancienne maison des Delassus considérablement augmentée par les Hardy, seigneurs de Beaulieu, de Vicques et de Mirabel.

Tout auprès de la propriété des Delassus, Guillaume Chardon, procureur fiscal du bailliage de La Norville, possédait, vers 1650, une maison et quelques pièces de terre. Il eut une fille, Marie-Anne. Née en 1681, elle épousa, vers 1705, Étienne-Firmin Dautrive, officier d'infanterie au régiment du marquis de Péry. Étienne-Firmin Dautrive et Marie-Anne Chardon s'étant fixés à Mondonville augmentèrent et embellirent la propriété de l'ancien procureur fiscal. De leur mariage naquit un fils, Charles-Firmin. Il fut baptisé le 15 septembre 1726 et eut pour parrain Charles-Louis Guigou de Varatre, écuyer, officier au régiment des gardes françaises, et pour cette époque, Étienne-Firmin Dautrive était commis employé dans les affaires du roi. Marie-Anne Chardon mourut en l'année 1774, à l'âge de 93 ans 5 mois. Charles-Firmin Dautrive devint avocat au Parlement et bailli de La Norville. Il mourut en l'année 1790 et fut inhumé dans le cimetière, près de l'église, le 20 août, en présence d'Albert-Étienne Dautrive, son fils, de Louis-Jacques Baron, seigneur de La Norville, de Jean-François Hardy de Vicques, écuyer, et de messire François-Marie Guinchard, curé d'Arpajon. Charles-Firmin Dautrive rendit de grands services aux habitants du bailliage à la tête duquel il se trouvait. En plusieurs circonstances il défendit leurs intérêts devant la Cour de Parlement avec autant de probité que de savoir. C'est avec raison qu'on a gravé sur sa tombe cette épitaphe : *Vir probus legumque peritus* [1].

L'ÉGLISE.

Les titres les plus anciens qui se rapportent à l'église de La Norville remontent au XIIIᵉ siècle. En l'année 1231, le curé de cette église était Bernard, qui donna son consentement à la vente de la dîme faite par Gui de La Norville au cha-

---

1. La maison de campagne bâtie à peu près en face de la propriété Dautrive, et appartenant aujourd'hui à Mlle de Varreux, est de date relativement récente. Elle a remplacé une simple chaumière qui existait encore au moment de la Révolution.

pitre de Notre-Dame de Paris. En l'année 1283, Pierre était curé de ce lieu et prenait part à la transaction passée entre Renaud de Frangeville et les Chartreux. En l'année 1309, Martin de Chériens, curé de La Norville, se présentait à Châtres devant le prévôt de Montlhéry et consentait à payer pour ses vignes une redevance à Guillaume de Denonville.

La guerre de Cent Ans étendit ses ravages autour de Paris. La ville de Châtres, brûlée par Charles le Mauvais, en 1358, fut assiégée et prise quelques années plus tard par le roi d'Angleterre. Le général anglais Knole, après la rupture du traité de Brétigny, suivit la grande route d'Orléans en se dirigeant de Paris sur la Loire et détruisit en passant le manoir de Jean le Breton, à La Norville. L'église de ce lieu fut épargnée au milieu de ces dévastations. Elle existait en 1392. En cette année, d'après les cueillerets des Chartreux, il y avait à La Norville un curé, un chapelain, un cimetière, et par conséquent une église. En 1418, malgré les luttes des Bourguignons et des Armagnacs, les choses étaient encore dans le même état. A partir de cette année, les luttes intestines et la guerre étrangère redoublèrent d'intensité. La garnison royale de Montlhéry répandait la désolation autour de cette forteresse. « Nos troupes de Montlhéry, » dit Charles VI lui-même dans une ordonnance de 1418 déjà citée, « pillent, robbent, boutent feu, sans épargner les églises, et mettent même à mort ceux qu'elles savent être à nous. » Aussi, depuis 1418, les Chartreux de Paris ne perçoivent plus leurs rentes, le chapitre de Notre-Dame ne prélève plus ses dîmes, les terres restent en friches et la désolation s'étend de tous côtés. L'église de La Norville fut détruite à cette époque. Elle ne se releva de ses ruines qu'une quarantaine d'années après.

En suivant le terrier des Chartreux et les anciens plans du village, il est facile de déterminer le lieu de son emplacement. Les églises, selon l'esprit catholique et d'après une coutume immémoriale, étaient toujours entourées du cimetière. Là où était le champ du repos, là aussi était l'asile de la prière. Or le cimetière de La Norville, en 1418, se trouvait entre le chemin de Châtres à Leudeville et la Voie des prés, c'est-à-dire entre le chemin actuel d'Arpajon à Leudeville et le grand sentier qui, longeant en partie la propriété Dautrive, se dirige sur la route d'Arpajon à Mondonville en traversant le champtier des Areines. Une partie du terrain compris entre ces deux chemins fut appelée jusqu'en 1789 « le vieux cimetière » et, sur un plan de 1760, était teinté d'une manière spéciale, alors que le cimetière de La Norville, existant où se trouve actuellement la place du village, était lui-même désigné sous une rubrique particulière. La maison Favré et une portion de la terre qui l'avoisine, en descendant du côté d'Arpajon, occupent aujourd'hui, d'après les anciens plans, le lieu du cimetière de 1418, par conséquent celui de la primitive église[1].

La cure de La Norville faisait partie au XIII° siècle du doyenné de Linas ; plus tard elle dépendit du doyenné de Montlhéry. La nomination des curés appartenait de plein droit à l'évêque de Paris.

Après la destruction de l'église, en 1418, les habitants de La Norville furent réunis à ceux de Saint-Germain et durent suivre les cérémonies du culte dans l'église de cette paroisse. La tradition rapporte qu'après l'occupation anglaise les eaux de l'Orge ayant débordé couvrirent le pont du moulin appelé plus tard de la Boisselle et interrompirent de ce côté les communications entre les deux villages.

Un habitant de La Norville étant mort sur ces entrefaites, on voulut conduire son corps à l'église de Saint-Germain en le faisant porter à travers la ville de Châtres. Les habitants de cette ville refusèrent de laisser entrer dans leurs murs le convoi funèbre, et l'on dut inhumer le cadavre, sans les cérémonies du culte, dans une terre non bénite. Après s'être rendus à cette cruelle nécessité, les habitants de La Norville prirent la résolution de reconstruire leur église. Un cultivateur, un charron et un jardinier se mirent à la tête de l'entreprise. Ils reçurent des seigneurs de La Bretonnière un espace de terrain et bientôt l'église qui existe aujourd'hui fut élevée tout auprès du

1. Archives du château de La Norville.

lieu seigneurial, à l'extrémité des dépendances du fief des Carneaux.

Cette tradition, recueillie par l'abbé Le Bœuf et toujours gardée dans le pays, se trouve fortement appuyée par certains signes caractéristiques gravés sur la troisième clef de voûte de l'église, au-dessus de la marche du chœur. Sur cette clef de voûte on voit une roue, une bêche et un soc de charrue : la roue du charron, la bêche du jardinier et la charrue du laboureur.

Quoi qu'il en soit, il est certain que l'église primitive, détruite en 1418, était reconstruite sur un emplacement différent en 1460. En cette année, les papiers du chapitre de Notre-Dame de Paris, conservés aux Archives nationales [1], parlent d'un chapelain à La Norville. Comme il n'y a aucune apparence qu'une chapelle indépendante ait existé à cette époque, il est certain que la présence d'un chapelain dans ce lieu indique le rétablissement de l'église. Le nouvel édifice n'eut probablement son complet achèvement que sous les Leprince. Ceux-ci firent placer leurs armoiries sur la deuxième clef de voûte, au-dessus de l'entrée du sanctuaire. Elles sont d'argent à cinq fasces de gueules.

L'église de La Norville fut dédiée le 6 juin 1542, sous le vocable de saint Denis [2]. Elle se

---

1. LL. 439.

2. Note du curé Adam écrite dans les registres de la paroisse : L'an mil sept cent trente-trois, au mois de décembre, sur un ancien morceau de bois scellé au-dessus du balustre de la chapelle des Mi-

compose d'une nef longue de 25 mètres et large de 8 mètres, et d'un seul collatéral au fond duquel est une chapelle anciennement appelée de Notre-Dame des Minots. Malgré l'irrégularité causée par l'absence d'un second bas-côté, cette église ne manque pas de style. Elle est construite dans le goût du XVe siècle. Ses piliers minces et sans chapiteaux soutiennent, par les nervures qui les couronnent, une solide voûte de pierre; ses fenêtres ont l'ogive peu aiguë. Elles sont sans ornements, celle qui surmonte l'autel a seule dans le haut quelques découpures. Le collatéral est appuyé d'une tour solide mais peu gracieuse, comme celles de tous les environs. L'ornementation intérieure rachète amplement ce qui peut manquer de ce côté à la majesté extérieure de l'édifice.

Au XIVe siècle, un ecclésiastique ayant le titre de chapelain était déjà attaché au service de la chapelle des Minots dont il vient d'être parlé. Il recevait du chapitre de Notre-Dame une certaine quantité de blé. Cette rétribution, prise sur les dîmes de La Norville et payée par les chanoines de Paris, laisserait croire que la chapellenie des Minots fut fondée dans l'église primitive par les

nots qui menaçait ruine, j'ai remarqué qu'il avait été écrit ces paroles : Cette église a été dédiée en mil cinq cent quarante-deux. — Ce qui pourra servir dans les temps à venir à lever tous soupçons sur la réalité de la dédicace de cette église, au cas que l'on en fût en doute. C'est pourquoi je l'ai inséré dans le présent registre.

ADAM, curé.

anciens seigneurs de La Norville et peut-être par Gui le chanoine au moment de la vente de sa dîme. Dans le chapitre spécial aux droits de l'église de Paris on a vu les différentes variations de la rétribution accordée au chapelain de Notre-Dame des Minots et les obligations que celui-ci avait à remplir. Les noms des chapelains connus sont les suivants :

> Guillaume Laurenceau, 1485 ;
> Louis Moreau, 1542 ;
> Joseph Polliot, 1560 ;
> Pierre Lambert, 1574 ;
> Thomas du Mont, 1610 ;
> Toussaint Milin, 1711 ;
> Jean Roger, 1756.

Dans l'église de La Norville, il y avait encore une chapelle consacrée à l'apôtre saint Jacques et une confrérie du nom de ce saint. En l'année 1629, cette chapelle et cette confrérie percevaient 30 sols de rente sur des biens tenus par la famille Jubin. L'église de Là Norville ne fut jamais riche ni en terres, ni en revenus. En 1789, d'après la déclaration faite par le trésorier Charles Huet au greffe du domaine des gens de main-morte, elle possédait 78 livres de rentes sur l'hôtel de ville, 214 livres de rentes sur particuliers, le presbytère construit, après un échange, par Jean-Baptiste Choderlot de La Clos, en l'année 1686, et 5 arpents et demi de terre, aux champtiers du Chef de Ville, de la Marre aux Rayons, du Chemin de la Messe et du Cimetière. En dehors du casuel, des dix-huit septiers de grains donnés par le chapitre de Paris, de la jouissance du presbytère et des 5 arpents et demi de terre appartenant à l'église, le curé de La Norville avait alors la dîme du vin, du chanvre, de la filasse, et un droit sur les porcs tués dans le pays, appelé droit de charnage.

Les personnages les plus marquants inhumés dans l'église de la Norville sont : Louis Jubin, prêtre, vicaire de Leudeville, originaire de La Norville, inhumé le 6 octobre 1540 ; Thomas Simon, curé de La Norville, inhumé en 1611 ; Firmin Le Moyne, curé de La Norville, inhumé en 1631 ; Jean Lefèvre, prêtre habitué à La Norville, inhumé le 29 août 1678 ;

Denis Poulain, curé de La Norville, inhumé le 22 avril 1680 ; Noël Le Hée, curé de La Norville, inhumé le 22 juin 1686 ; Jean-Baptiste de La Clos, âgé de deux ans, fils de Jean-Baptiste Choderlot de La Clos, seigneur de La Norville, inhumé le 27 juillet 1690 ;

Demoiselle Marie Dupuis de Marivaux, âgée de 65 ans, tante de Jean-Baptiste Choderlot de La Clos, inhumée le 3 juillet 1691 ; Charles Choderlot de La Clos, âgé de 23 ans, inhumé le 8 août 1705 ;

Jean-Baptiste, marquis de Péry, lieutenant-général des armées du roi, inhumé le 6 mars 1721 ;

François Adam, curé de La Norville, inhumé le 31 mars 1738 ;

Marguerite-Victoire Hardy de Vicques, inhumée le 26 août 1759 ;

Geneviève-Éléonore Hardy de Vicques, inhumée le 28 septembre 1760 ;

Françoise Claveaux, veuve de Jacques-Daniel Hardy de Vicques, inhumée le 20 octobre 1771 ;

Marie-Anne Chardon, veuve de Firmin Dautrive, âgée de 93 ans, inhumée en 1774 ;

Charles-Eugène-Gabriel-Gaspard-Louis de la Croix de Castries, âgé de 3 mois, inhumé le 21 avril 1789.

CHAPITRE XIV

La Révolution française (1790 à 1794).

Au moment de la convocation des États généraux en l'année 1789, d'après les détails qui précèdent, on voit qu'à la tête de la seigneurie châtellenie de La Norville se trouvait messire Louis-Jacques Baron, écuyer, ancien receveur général des finances du comté de Bourgogne, conseiller secrétaire en la chancellerie près le Parlement de Besançon. Cette seigneurie châtellenie, en la coutume de Paris, avait droit de haute, moyenne et basse justice dont les sentences ressortissaient en appel du Châtelet. Pour exercer ce droit, il y avait bailli, greffier, procureur fiscal et sergents.

Avec le droit de justice, le seigneur de La Norville possédait ceux de tabellionage, de greffe, de rouage, qui était de deux deniers par charretée de vin emportée de la seigneurie, de forage qui était de quatre pintes par muid de vin vendu au détail dans l'étendue de la paroisse, de pêche dans la rivière d'Orge en communauté avec le seigneur d'Arpajon et de La Bretonnière, de foire le lendemain de la fête de la nativité de la sainte Vierge, de censives à percevoir sur les territoires de La Norville, d'Avrainville, de Guibeville et de Marolles, de rentes seigneuriales montant à la somme de 1,919 livres 16 sols un denier, 18 poulets, 2 poules et un cochon de lait.

De la seigneurie de La Norville dépendaient six fiefs servants : le fief de la Lance, situé près d'Arpajon ; le fief de Videlles, près Milly en Gâtinais ; le fief du grand Vivier, en la paroisse d'Orsay ; le fief de Varennes ou de la Maison-Rouge, en la paroisse de Valpuiseaux ; le fief de Voisins-le-Bretonneux, près Châteaufort, et le fief du Bois de Presle, à Boissy-le-Sec. Le seigneur de La Norville était en même temps seigneur du fief des Carneaux, de la Gallanderie, des Granges et des fiefs qui en étaient mouvants : le fief d'Échainvilliers à Avrainville, le fief de la Vacheresse et celui des dîmes de Ragonnant à Gometz-le-Châtel.

La dîme du blé, de l'orge, du seigle, de l'avoine, du sainfoin, de la luzerne, de la bourgogne, des fèves, des lentilles, était prélevée par le chapitre de l'église Notre-Dame de Paris à raison de quatre gerbes ou quatre bottes l'arpent. La dîme du vin, du chanvre, de la filasse, un droit de charnage, étaient perçus par le titulaire de la cure. Les religieuses de l'abbaye de Villiers possédaient à La Norville 113 arpents 80 perches de terres, les religieuses de Saint-Eutrope-les-Chanteloup 9 arpents et demi, l'église de La Norville 5 arpents et demi et le presbytère, la succursale de La Bretonnière 21 arpents

76 perches, la fabrique de Montlhéry 8 arpents, et la confrérie du Saint-Sacrement d'Arpajon 10 arpents.

La dîme du chapitre de Paris et celle du curé, la justice et les autres droits de la seigneurie furent abolis par la loi du 9 août 1789. Les terres de l'abbaye de Villiers furent vendues le 17 février 1791 ; celles des religieuses de Saint-Eutrope, déclarées comme les précédentes biens nationaux, furent aliénées à la même date et achetées pour la somme de 6,335 livres par les nommés Rondin, Picard, Montet, Desbruères, Prunier, Chartier, Jubin, François Prunier, Louis Montet et Chevalier, vignerons à La Norville ; celles de l'église furent vendues le 15 juin 1791 pour la somme de 3,750 livres, et achetées par les nommés Rondin, Chevalier le jeune, Jubin, Prunier, Pierre Montet, Jacques-Étienne Montet, Rochefort, Marineau, Sévin et Desbruères ; celles de la succursale de La Bretonnière furent vendues le 27 septembre de la même année et achetées pour la somme de 17,000 livres par un nommé Perrier, de Paris, administrateur de la compagnie des Judes ; celles de la fabrique de Montlhéry furent vendues le 18 septembre 1793 pour la somme de 17,000 livres à un nommé Delavigne, d'Arpajon ; les terres de la confrérie du Saint-Sacrement furent vendues le 1er octobre de la même année pour la somme de 18,100 livres à un nommé Lefranc, de Paris ; enfin, le presbytère fut vendu le 29 vendémiaire an V, et acheté pour la somme de **3,240** livres par un nommé Joseph Georgery [1].

Les décrets de l'Assemblée nationale placèrent, au moment de la nouvelle délimitation territoriale, la commune de La Norville dans le département de Seine-et-Oise, le district de Corbeil et le canton d'Arpajon. A la suite de ces abolitions et de l'établissement de l'ordre de choses basé sur la déclaration des droits de l'homme et du citoyen, un certain nombre d'événements se déroulèrent à La Norville. Pour les faire connaître nous nous contenterons de mettre sous les yeux des lecteurs les documents originaux qui s'y rapportent. Chaque personne pourra de la sorte former elle-même son opinion sur cette période de notre histoire locale et donner à son gré éloge ou blâme aux personnages qui occupèrent les emplois publics et jouèrent un rôle actif dans les événements. Nous aurons ainsi atteint le but que nous nous étions proposé : faire connaître l'histoire de La Norville et de sa seigneurie.

Constitution de la première municipalité.

Le **24** janvier 1790, les citoyens actifs de La Norville, c'est-à-dire les citoyens âgés de vingt-cinq ans au moins, domiciliés dans le canton de-

---

1. Archives de Seine-et-Oise.

puis un an, payant en contributions la valeur locale de trois journées d'homme et n'étant pas en service, se réunirent devant la porte principale de l'église, à l'issue des vêpres, et nommèrent Jean Thomine président de la municipalité, Jean-Pierre Rondin, secrétaire-greffier, Pierre Renard maire, Nicolas Chartier procureur de la commune, Michel Desbruères et François Prunier officiers municipaux, Pierre Hatesse, Laurent Avenard, Charles Huet et Pierre Avenard notables. Ces derniers devaient se joindre aux dignitaires précédemment élus pour former dans les circonstances graves le conseil général de la commune.

Établissement d'une garde bourgeoise.

Le 24 janvier 1790, nous, officiers municipaux, procureur, notables et habitants de la commune, étant au lieu où se tiennent les séances ordinaires, après avoir entendu de nouveau la lecture des décrets rendus par les pairs de la patrie, approuvés et sanctionnés par Sa Majesté, auxquels nous adhérons de tout notre cœur, jurant de les faire observer dans tout leur contenu, avons reconnu qu'il était de l'intérêt commun de former un corps de milice nationale pour prévenir les violences, vols et brigandages susceptibles d'être commis dans l'étendue de notre commune, tant sur nos personnes que sur nos propriétés, par nombre de gens sans aveu répandus dans les environs et aussi dans ce lieu, qui, sous prétexte de chercher de l'ouvrage, se mettent en bandes et entrent dans les habitations pour forcer à leur donner l'aumône en la nature qu'ils avisent. Pour ces motifs, nous avons arrêté : 1° que dans la commune de La Norville seraient choisis des citoyens de bonne volonté pour composer la dite milice ;

2° Que ce corps serait chargé de veiller à la tranquillité publique, d'arrêter les personnes suspectes, de dissiper les émeutes et attroupements, de faire exécuter les décrets de l'Assemblée nationale ;

3° Qu'il aurait à sa tête un commandant général, un capitaine, un lieutenant, un sous-lieutenant, un porte-enseigne, deux sergents et quatre caporaux ;

4° Qu'il serait soumis à un règlement à fixer ultérieurement.

A la suite de cet arrêté, M. Baron, seigneur de La Norville, fut proclamé d'une voix unanime commandant général, puis, par voie de scrutin, Louis Lejars, receveur de la seigneurie, fut nommé capitaine ; Jean-Pierre Rondin, ancien greffier du bailliage, fut nommé lieutenant ; Jacques Avenard sous-lieutenant ; Jacques-Étienne Montet porte-enseigne ; Jean-Marie Bouteloup et Remi Girou sergents ; Jacques Huet, Jean-Baptiste Ferrand, Louis Ferrand et Vincent Brulé caporaux. La milice bourgeoise comptait en officiers et soldats 98 hommes.

Repos du dimanche.

L'an 1790, le 10 juin, en l'assemblée des officiers municipaux, procureur et notables de la paroisse de La Norville, réunie en la chambre d'audience où se traitent les affaires de la commune, a été arrêté : que défense serait faite à toute personne domiciliée dans cette paroisse ou autre de travailler ou faire travailler le dimanche à quelque ouvrage que ce soit dans l'étendue du territoire de La Norville ;

Que les officiers municipaux donneraient permission de travailler lorsque les biens seraient en péril ;

Que les personnes prises à travailler seraient condamnées à trois livres d'amende pour la première fois, à six livres pour la seconde, et à une plus grande peine pour la troisième si le cas y échoit ;

Que défense expresse serait également faite aux personnes des paroisses voisines de se transporter le dimanche pour travailler sur le territoire de La Norville.

RENARD, maire ; DESBRUÈRES, PRUNIER, CHEVALIER, JEAN THOMINE, MONTET, FERRAND, HUET, CHARTIER, AVENARD, PIERRE AVENARD, RONDIN.

FÊTE DU 14 JUILLET 1790

Préparatifs.

L'an 1790, le 12 juillet, en l'assemblée des habitants de la paroisse de La Norville, convoquée par les officiers municipaux, sur le réquisitoire du procureur de la commune, il a été décidé : 1° que serait célébrée à La Norville la fête du 14 juillet, jour anniversaire de la Révolution ; 2° que défense serait faite à toute personne de travailler ce jour-là dans l'étendue du territoire à quelque œuvre servile que ce soit.

> RENARD, maire ; DESBRUÈRES, CHARTIER, HUET, PIERRE AVENARD, HATESSE, RONDIN, greffier.

Cérémonie.

Le 14 juillet 1790, jour mémorable à jamais, à huit heures du matin, la générale a été battue dans tous les carrefours du village de La Norville. A neuf heures toute la garde a été rangée en bataille sur la place publique. Le capitaine commandant a donné l'ordre de la marche qui s'est effectuée dans l'ordre suivant :

1° Quatre sapeurs et un tambour ;
2° Quatre doyens d'âge ;
3° Quatre grenadiers ;

4° Les quatre adjoints de la justice criminelle;

5° Quatre grenadiers;

6° Les quatre notables;

7° Quatre grenadiers;

8° La municipalité, le commandant général et le major, ensuite le commandant en second à la tête du bataillon avec le capitaine commandant.

On entre à l'église tambour battant, drapeau déployé, la troupe bien rangée, tous armés, les femmes, les filles et les enfants assis sur les bancs. M. le curé a célébré la messe avec la plus grande solennité possible et a fait un très beau discours au peuple. Après la messe, le maire est monté à l'autel avec les deux officiers municipaux et le procureur de la commune. Ils ont proféré le serment d'être fidèles à la nation, au roi, à la loi, de maintenir de tout leur pouvoir la constitution du royaume et de faire exécuter les décrets de l'Assemblée nationale dans l'étendue du territoire de La Norville. Tous les citoyens ayant levé la main ont dit unanimement ensuite : Nous le jurons, et crié : Vive la nation, vive le roi, vive l'Assemblée nationale. Ensuite la troupe a défilé et les citoyens sont rentrés dans leurs demeures.

Sur les trois heures de l'après-midi, la troupe s'est rassemblée dans le même ordre et s'est rendue dans la cour du château, où M. Baron, ci-devant seigneur, commandant général de la garde, avait fait dresser des tables et mis à la disposition des habitants une pièce de vin, en mémoire de la fédération. Tous les citoyens et toutes les

citoyennes ont bu à la santé de la nation, du roi
et de l'Assemblée nationale avec un grand respect et une grande modération. Cela fait, une
partie des citoyens a contribué à la construction
du feu de joie en apportant du bois. Ce feu a été
allumé à la fin du jour. Toute la garde était alors
présente sous les armes et on a répété les cris de :
Vive la nation, vive le roi et l'Assemblée nationale.

Voilà comment s'est passée à La Norville la
journée du 14 juillet. Pas un citoyen n'a fait
œuvre de travail et tous étaient heureux de célébrer une fête aussi mémorable que celle de la fédération. Ce procès-verbal fut fait en la Chambre
d'audience, lieu ordinaire où se traitent les
affaires de la commune, le 14 juillet 1790.

RENARD, maire ; MONTET, commandant ;
BRULÉ, JACQUES AVENARD, PIERRE AVE-
NARD, RONDIN.

Respect de l'Église.

L'An 1790, le dimanche 3 octobre, en l'assemblée convoquée par les officiers municipaux en la
manière accoutumée, ouï le rapport du procureur
de la commune concernant la police dans l'église
de La Norville, il a été enjoint à toute personne
de se comporter dans l'église avec décence et
modestie et de plus défendu à toute personne de
se transporter dans le chœur de la dite église en
guêtres et en grande culotte, sous peine de trois

livres d'amende pour la première fois et d'une plus grande punition en cas de récidive.

> Renard, maire; Chartier, procureur de la commune; Rondin, greffier.

Distribution du pain bénit.

En l'Assemblée générale de la commune, le 23 janvier 1791, il a été décidé qu'à l'avenir aucune distinction de rang n'aurait plus lieu dans la distribution du pain bénit qui se fait ordinairement dans l'église de La Norville; en conséquence, monsieur le curé et les marguilliers sont invités à donner à leur bedeau des ordres dans ce sens et cela dans la huitaine à partir de ce jour, sous peine d'être condamnés chacun à dix livrés d'amende et d'être renvoyés devant les juges qui doivent connaître de la cause. Une copie de la présente délibération sera faite par le greffier et notifiée aux sieurs curé et marguilliers afin qu'ils n'en ignorent.

> Renard, maire; Desbruères, Pierre Avenard, Chevalier, Thomine, Jubin, Huet, Bouteloup, Hatesse, Chartier, Rondin.

3 février 1791, déclaration de Jacques-Antoine Guillaumey, curé, au greffe de la mairie, avec promesse de prêter serment à la constitution civile du clergé.

Serment civique du curé.

L'An 1791, le 6 février, à l'issue de la messe chantée et célébrée en l'église de ce lieu de La Norville, en conformité du décret de l'Assemblée nationale, du 27 novembre 1790, relatif au serment à prêter par les évêques, ci-devant archevêques et autres ecclésiastiques fonctionnaires publics, le sieur Jacques-Antoine Guillaumey, curé de La Norville, pour se soumettre au dit décret et à la constitution civile du clergé décrétée par l'Assemblée nationale, après avoir fait, suivant l'article 3 du dit décret sa soumission au greffe de la municipalité, dont il lui a été donné acte par Jean-Pierre Rondin, greffier de la dite municipalité, est monté en chaire devant les officiers municipaux, le conseil général de la commune et tous les citoyens assemblés et a prêté serment, suivant l'article 1er du décret, en disant : « Je jure de veiller avec soin sur tous les fidèles de cette paroisse qui m'est confiée ; je jure d'être fidèle à la nation, à la loi et au roi ; de maintenir de tout mon pouvoir la constitution décrétée par l'Assemblée nationale et acceptée par le roi ; » puis, le dit sieur curé a demandé à la municipalité une expédition de l'acte rédigé au sujet de ce serment par le secrétaire ordinaire de la commune. Ce fut fait en l'église de La Norville, le dimanche 6 février 1791, et ont, les officiers municipaux, procureur, notables et autres habitants, signé avec le dit sieur curé et le secrétaire.

> RENARD, maire; DESBRUÈRES, BRULÉ, CHARTIER, FRANÇOIS PRUNIER, ÉTIENNE CHEVALIER, JACQUES BEDEAU, JACQUES-ÉTIENNE MONTET, JEAN CHEVAL, JACQUES PRUNIER, RONDIN.

(On ne trouve pas sur l'original la signature du curé.)

Élection d'un maire.

L'An 1791, le 13 novembre, en conformité du décret de l'Assemblée nationale sur la constitution des municipalités, donné à Paris, au mois de décembre 1789, l'Assemblée communale, annoncée au prône huit jours à l'avance et devant procéder à l'élection d'un maire, d'un officier municipal, d'un procureur de la commune et de deux notables, s'est réunie sous la présidence de Jacques-Antoine Guillaumey, curé de La Norville. Jean-Pierre Rondin fut choisi pour secrétaire, Laurent-Jean-Baptiste Avenard, Nicolas Chartier, et Jean-Marie Bouteloup pour scrutateurs. Le scrutin ayant été ouvert et les bulletins ayant été dépouillés, l'assemblée étant composée de vingt-six votants, le sieur Jean Gillet a été nommé maire par 14 voix, ensuite Jean-Marie Bouteloup a été nommé officier municipal, Nicolas Chartier, procureur de la commune, Denis Prunier et Jacques Bedeau le jeune, notables.

GILLET, maire; JEAN-MARIE BOUTELOUP, DENIS PRUNIER, PIERRE AVENARD, RENARD, AVENARD, BRULÉ, CHARTIER, DESBRUÈRES, GUILLAUMEY, RONDIN.

Retrait de l'état civil au curé.

L'An 1792, le 5 novembre, l'an Ier de la République française, nous, maire et officiers municipaux, nous sommes transportés chez le citoyen curé de La Nórville pour clore et arrêter les registres courants et les remettre entre les mains de l'officier public conformément à la loi du 20 septembre 1792 et à la réquisition du procureur de la commune.

GILLET, maire; BRULÉ, officier municipal; BOUTELOUP; CHARTIER, procureur de la commune.

Élection d'un maire.

L'An 1792, le 9 décembre, l'an Ier de la République, conformément au décret du 19 octobre 1792 relatif au renouvellement des corps administratifs et judiciaires, l'Assemblée générale de la commune, convoquée huit jours à l'avance par le citoyen maire, s'est réunie à l'effet d'élire une nouvelle municipalité. Le citoyen Jacques Guillaumey, curé de la paroisse, a été nommé président de l'assemblée, les citoyens François Prunier, Laurent Avenard et Jean-Marie Bouteloup ont été nommés scrutateurs, et le citoyen Harmand secrétaire greffier. Le scrutin ayant été ouvert, le citoyen Pierre Avenard a été nommé maire, les citoyens François Prunier et Laurent Avenard officiers municipaux, le citoyen Pierre Hatesse procureur de la commune, les citoyens Denis Prunier, Louis Hurot, Jacques-Étienne Montet et Louis Gillet, notables, les quels ont accepté leurs fonctions et prêté le serment d'être fidèles à la nation, de maintenir la liberté et l'égalité de tout leur pouvoir. Le conseil général a ensuite choisi pour secrétaire greffier de la commune le citoyen Jean-François Harmand.

GILLET, HATESSE, CHARTIER, AVENARD, AVENARD.

Enrôlement de volontaires. Recrutement.

Ce jourd'hui 13 mars 1793, l'an deuxième de la république française, est comparu par devant la municipalité de La Norville le citoyen Serres, administrateur et commissaire nommé par délibération du directoire en date du 6 mars présent mois pour faire exécuter la loi du 24 février dernier sur le recrutement, le quel : 1° nous a requis de faire afficher la proclamation du directoire; ce qui a été exécuté en sa présence; 2° nous a déclaré que le contingent des hommes à fournir par la commune de La Norville était de huit sur une population de 400 habitants, la commune n'ayant pas encore fourni de soldats. A cette déclaration, nous avons répondu qu'il existait à La Norville un enrôlement de treize citoyens, en date du 8 septembre de l'année dernière, lesquels volontaires, à l'exception de deux restés à l'armée, sont disposés à rejoindre leur corps. Le contingent ci-dessus demandé se trouve donc rempli par les dits volontaires qui sont : Louis-Germain Ferrand, François Avenard, Jacques-Pierre Dijon, Laurent Montet, Claude Chevallier, Jean-Baptiste Avenard, Denis-Mathieu Dubuisson, Jacques Le Roi, Jean Montet, Antoine Marineau et Silvain Thomine.

Le citoyen administrateur nous a demandé, en troisième lieu, le nombre d'armes, d'habits et autres équipements militaires que nous pouvions avoir. A quoi nous avons répondu que nous n'avions point de fusils de munition, les volontaires ayant laissé les seuls que nous avions aux bataillons dans lesquels ils étaient incorporés; que les volontaires prêts à partir avaient chacun leur sabre et leur habit; que la municipalité pourvoirait au reste de l'équipement sans toutefois s'engager à fournir sacs et gibernes. Sur la demande du citoyen commissaire, il lui a été donné copie du présent procès-verbal.

MICHEL SERRES, administrateur; AVENARD, maire; AVENARD, officier municipal; PRUNIER, officier municipal; HARMAND.

Réquisition et Perquisition.

Le 3 avril 1793, comparurent devant la municipalité, assemblée sur le champ par le maire, Antoine-Toussaint Fédon et Nicolas-Antoine Gaultry, le premier administrateur du district de Corbeil, le second demeurant à Bretigny, tous deux commissaires nommés à l'effet de faire exécuter dans la commune de La Norville l'arrêté du département de Seine-et-Oise sur les prêtres et nobles. Après avoir pris connaissance de la commission des ci-dessus nommés, nous, maire, officiers municipaux et notables, avons déclaré que dans l'étendue de notre municipalité il n'existait aucune personne noble, si ce n'est madame veuve Cabeuil, dont le patriotisme nous est connu. Nous nous sommes ensuite transportés chez la dite dame et lui avons communiqué l'arrêté du département, ensuite nous l'avons requise de nous remettre les armes qu'elle pouvait avoir, conformément au dit arrêté. A l'instant la dite dame nous a déclaré qu'elle se soumettait à l'arrêté du département et nous a remis un fusil de chasse simple, un pistolet de selle, un autre pistolet plus long, deux baïonnettes, une pique, deux couteaux de chasse, trois épées, dont l'une a un fourreau et un ceinturon, les deux autres sans fourreau, deux cannes, l'une à épée et l'autre à dard, les quelles armes seront déposées chez le citoyen François Prunier qui se charge de les remettre sur une réquisition authentique. La dite dame Cabeuil nous ayant prié de lui laisser pour la sûreté de sa personne et de sa maison, un fusil simple, deux pistolets, deux cannes armées et une pique, nous avons obtempéré à sa demande et laissé les dites armes. Nous avons ensuite déclaré que nous ne connaissions aucune personne suspecte dans notre municipalité; que le recrutement s'y était fait conformément à la loi; que le citoyen curé avait prêté le serment; que le propriétaire de la ci-devant seigneurie était le citoyen Baron, ancien notaire à Paris, non noble; qu'il n'y avait pas d'autre prêtre que le curé dans la paroisse.

De tout ceci nous avons dressé le présent procès-verbal en présence des susdits commissaires qui ont signé avec nous :

> GAULTRY, FÉDON, AVENARD, maire; PRUNIER, officier municipal; AVENARD, officier municipal; HATESSE, procureur; DENIS PRUNIER, HUROT, MONTET, HARMAND, greffier.

Le 28 avril 1793, la commune assemblée vota la somme de 75 francs pour faire arranger et rétablir les livres d'Église, le graduel, l'antiphonaire, le rituel et cinq processionnaux.

Réquisition.

L'an 1793, deuxième de la République Française une et indivisible, le 11 juillet, à 7 heures du soir, les citoyens Louis-Jacques Sauner, maire de la ville et commune de Montlhéry, et François Noel, commissaires nommés par le directoire du district de Corbeil à l'effet de se transporter dans les différentes communes du canton d'Arpajon pour procéder au recensement des grains et farines, en exécution de l'arrêté du département de Seine-et-Oise du 21 juin dernier, ayant fait assembler le conseil général de La Norville et les citoyens au son de la cloche, ont exhibé leurs pouvoirs et commission dans la salle ordinaire des assemblées.

Après avoir entendu la lecture de ces pouvoirs et de cette commission et la réquisition du procureur de la commune touchant l'exécution de l'arrêté du département, l'assemblée a résolu que la municipalité se transporterait sur le champ et accompagnerait les dits commissaires chez les cultivateurs et les propriétaires pour faire le recensement des grains et farines.

> Noel, commissaire; Sauner, commissaire; Avenard, maire; Desbruères, Montet, Hatesse, procureur; Avenard.

Réquisition.

Ce jourd'hui, 3 du second mois de la deuxième année de la République Française une et indivisible, le citoyen Marin Levacher, de Vert le

Grand, est comparu par devant nous. Après nous avoir exhibé les pouvoirs à lui donnés par le district de Corbeil, le 28 du mois dernier, il nous a fait les réquisitions suivantes :

1° d'avoir à consigner sur nos registres les dites réquisitions ;

2° d'ordonner aux cultivateurs de fournir deux septiers de blé par semaine et par charrue pour l'approvisionnement de Paris et de les porter dans les greniers de Corbeil ;

3° de dire s'il existait dans notre commune des forges propres à fondre le fer des biens nationaux ;

4° de faire publier que tout citoyen ayant de vieux fers et de vieux cuivres inutiles était invité à s'en défaire en faveur de la République et à les déposer à la municipalité qui devra prendre les mesures nécessaires pour en faire payer le prix aux propriétaires aussitôt que les objets seront livrés à l'administration ;

5° de déclarer ce que nous avions fait et ce que nous comptions faire pour l'exécution de l'art. XIV de la loi du 23 août ;

6° de lui déclarer si nous avions dans notre commune des chevaux de luxe et des étrangers nés dans les États actuellement en guerre avec la République ;

7° de déclarer si aux termes de la loi du 21 mars dernier, nous avions composé un comité de surveillance.

Nous avons obtempéré immédiatement à la première réquisition; à la seconde nous avons répondu que notre territoire était divisé de telle façon que le plus fort cultivateur demeurant dans la commune pouvait exploiter à peine une demi-charrue et que par conséquent nous ne pouvions rien fournir; à la troisième nous avons répondu négativement; à la quatrième nous avons promis de satisfaire dès le lendemain; à la cinquième nous avons répondu que nous n'avions fait jusqu'ici aucune réquisition parceque les propriétaires avaient en grains à peine de quoi faire leurs semences, mais que, les circonstances changeant, nous obéirions à la loi; à la sixième nous avons répondu négativement; à la septième nous avons répondu que vu le petit nombre d'habitants de la commune et le peu de fréquentation des chemins nous n'avions pas formé jusqu'ici de comité de surveillance, mais que les circonstances devenant plus impérieuses et la sûreté intérieure plus compromise, nous allions incessamment en former un.

AVENARD, maire; HATESSE, procureur; HARMAND.

Réquisition.

Aujourd'hui 7 octobre 1793, vieux style, an II de la République Française une et indivisible, nous, maire et officiers municipaux, nous sommes réunis à l'effet de prendre connaissance d'un extrait d'une délibération du département de

Seine-et-Oise. Cette délibération réclame premièrement des subsistances de première nécessité et secondement des batteurs en grange à fournir au nombre de quatre par chaque charrue. Après examen, nous avons répondu à ces réquisitions : 1° que nous ne pouvions fournir de subsistances attendu qu'il n'y a pas dans la commune assez de grains pour nourrir les habitants ; 2° que la réquisition de batteurs en grange ne pouvait être faite dans notre commune puisqu'aucun propriétaire n'exploite à lui seul une charrue.

Nous avons reçu et examiné ensuite un extrait du registre des délibérations du directoire du district de Versailles par lequel on presse les habitants des communes d'approvisionner les marchés de denrées de première nécessité, telles que : légumes, fruits, beurre, fromages et volailles.

Dans notre commune on élève peu de volailles, cependant, après une recherche domiciliaire, nous avons pris note de ce que chacun pouvait fournir chaque semaine au marché et nous avons dressé le tableau suivant :

POURRONT FOURNIR, SAVOIR :

François Prunier — 5 fromages à la crème ;
La veuve Pierre Hatesse — 2 livres de beurre, 3 fromages à la crème ;
F. Baudoin — 2 livres de beurre, 3 fromages à la crème ;

Clément Prunier — 2 livres de beurre, 2 fromages ;

T. Carqueville — 2 livres de beurre, 3 fromages ;

Étienne Hatesse — 3 livres de beurre, 3 fromages ;

J.-B. Bouteloup — 4 fromages à la crème ;

Les héritiers P. Prunier — 2 livres de beurre, 3 fromages ;

Pierre Hatesse — 2 livres de beurre, 2 fromages ;

Pierre Picard — 3 livres de beurre, 3 fromages ;

J.-B. Rochefort — une livre de beurre, un fromage ;

Louis Montet — 5 livres de beurre, 5 fromages ;

La veuve Jean Prunier — 2 livres de beurre, 2 fromages ;

Pierre Chevallier — 2 livres de beurre, 2 fromages ;

Pierre Montet — 5 fromages à la crème ;

Antoine Marineau — 2 livres de beurre, 2 fromages ;

La veuve Chartier — 2 livres de beurre ;

La veuve Charles Bedeau — 2 livres de beurre, 2 fromages ;

Simon Bouteloup — 4 fromages à la crème ;

Pierre Fichet — 5 fromages à la crème ;

Pierre Jubin — 2 livres de beurre, 2 fromages ;

Le citoyen Baron — 3 livres de beurre et 6 fromages ;

Arrêté en la maison commune les jour et an que dessus :

> AVENARD, maire ; AVENARD, officier municipal ; HATESSE, procureur ; HARMAND, greffier.

Réquisition.

Le 18 brumaire (8 novembre 1793) l'an II de la république française une et indivisible, s'est présenté devant nous le citoyen Delanoé, commissaire nommé par une délibération du directoire de Corbeil en date du 10 courant, pour l'exécution de l'arrêté du département de Seine-et-Oise, en date du 8, et du décret de la convention nationale, en date du 5, relatif à la fabrication des souliers pour l'armée dans toutes les communes de la république. Le dit commissaire nous ayant donné communication de ses pouvoirs, nous a ensuite demandé acte de sa comparution et requis de transcrire sur le registre de nos délibérations les décrets de la convention et les arrêtés du département. Nous avons alors répondu au citoyen commissaire qu'ayant reçu par un exprès de l'administration du district un exemplaire imprimé des dits décrets et arrêtés, cette transcription sur nos registres n'était pas nécessaire. Nous lui avons ensuite déclaré qu'il n'y avait dans l'étendue de notre commune ni cultivateurs à charrue, ni cordonniers. Le dit commissaire nous a alors re-

quis, suivant ses pouvoirs, de dresser un état
des cultivateurs de notre commune qui d'habi-
tude allaient au marché d'Arpajon, chef-lieu de
canton, et de leur faire défense d'aller ailleurs,
les marchés établis depuis 1789 étant supprimés,
de faire apporter au dit marché les œufs, beurre,
volailles, fruits, fromages, légumes et autres denrées par les personnes qui en apportaient habi-
tuellement avant la publication de la taxe des
denrées, et cela au nom de la loi, et, en cas de
refus, de les déclarer suspectes, de les dénoncer
afin qu'elles soient poursuivies et punies suivant
la rigueur de la loi, et de lui remettre le plus
promptement possible l'état des dites personnes
et la liste des lieux qu'elles fréquentaient.

Et après que le dit commissaire nous eut déclaré qu'il n'avait plus de réquisitions à nous
faire, nous avons clos et signé le présent procès-
verbal les jour et an susdits.

> AVENARD, maire; PRUNIER, officier mu-
> nicipal; AVENARD, officier municipal;
> BRULÉ, JACQUES BEDEAU, MONTET, GIL-
> LET, HARMAND, greffier.

Dépouilles de l'église.

L'an II de la république française une et indivisible, le 23 frimaire (13 décembre 1793), a été
tenue l'assemblée générale de la commune de La
Norville, convoquée extraordinairement pour la
reprise d'une assemblée précédemment tenue le

2 frimaire présent mois, à l'effet de délibérer sur la reddition et le transport des effets d'argent, de cuivre et de fer appartenant à notre église. A l'ouverture de la séance, le maire, président, a proposé de voter pour ou contre les propositions qui seraient faites par assis ou par lever. La motion du maire ayant été acceptée, on a mis en délibération la proposition de faire conduire à la Convention les dépouilles de l'église. La délibération ayant pris fin et le moment du vote étant venu, tous les membres de l'assemblée présents se sont levés et la proposition a été acceptée. En conséquence, seront portées à la convention : six livres d'argent, évaluées à cent livres, poids de marc ; soixante-dix-sept livres de cuivre argenté ; quatre-vingt livres de cuivre pur et trois cents livres de fer. Il a été décidé que les dits effets seraient conduits par le citoyen François Prunier, qui, de plus, fournirait sa voiture, un cheval et un charretier, et que la veuve François Chartier fournirait un second cheval. En outre, quatre commissaires ont été nommés pour accompagner le dit envoi : Antoine Marineau, Louis Montet, Jean-Marie Bouteloup et Pierre Mercier.

Fait en la maison commune les jour et an que dessus.

> Avénard, maire ; Avenard, officier municipal ; Prunier, officier municipal ; Hatesse, procureur ; Montet, Turquis, Hurot, Jacques Huet, Jacques Prunier, Jacques Fleury, Dijon.

Réquisition.

L'an II de la république française une et indivisible, le 26 frimaire (16 décembre 1793), s'est présenté le citoyen Delanoé, nommé par délibération du directoire du district de Corbeil commissaire pour les subsistances et pour l'exécution de différentes lois et arrêtés du département, lequel, après nous avoir donné lecture de la dite délibération et s'être assuré qu'il n'existait dans toute l'étendue de la commune ni cordonniers, ni cultivateurs à charrue capables d'approvisionner en avoine le marché d'Arpajon, nous a fortement engagés à inviter les petits cultivateurs de La Norville qui auraient récolté au-delà de leurs besoins à porter leur excédent de grains au marché d'Arpajon. Nous lui avons répondu alors que ceux de nos cultivateurs qui avaient récolté des avoines au-delà de leurs besoins avaient déjà porté ce surplus au dit marché d'Arpajon et que, d'un autre côté, le citoyen Péan, maître de poste d'Arpajon, avait enlevé chez plusieurs de nos cultivateurs au moins dix-sept septiers d'avoine, d'après les pouvoirs dont il nous a justifié.

Le citoyen commissaire nous a requis de lui rendre compte des offrandes qui pouvaient avoir été faites par les citoyens et citoyennes de notre commune en charpie et vieux linge nécessaires au pansement des blessés. Nous lui avons répondu que nous n'avions encore rien reçu. Sur les pressantes invitations du citoyen commissaire, nous avons promis de faire tous nos efforts pour activer les dons.

Le citoyen commissaire nous a ensuite demandé si nous avions mis à exécution les dispositions de l'arrêté du département du 12 courant relatif aux grains et fourrages en meules, hors des fermes, qui devaient être rentrés sans délai dans les granges actuellement vides. Nous avons répondu que nous ferions rentrer les meules sur-le-champ.

Le citoyen commissaire nous a encore requis de lui déclarer si, en conséquence des lois des 11 et 29 septembre derniers (vieux style) nous avions envoyé à l'administration du district l'état de la fixation des prix pour les salaires, gages, main-d'œuvre et journées de travail, ainsi que notre avis pour la taxation du prix de la mouture des grains. Nous avons répondu que nous avions promulgué les décrets relatifs à ces différents objets, que nous ne nous étions pas encore occupés à faire ces différents états, mais que nous allions les envoyer incessamment à l'administration.

> Avenard, maire ; Prunier, officier municipal ; Avenard, officier municipal ; Hatesse, procureur de la commune.

Réquisition.

Le 3 nivôse, an II de la république française une et indivisible (23 décembre 1793), la municipalité et le conseil général de la commune étant assemblés au lieu ordinaire de leurs séances, à dix heures du matin, le citoyen Chabanel, commissaire envoyé par l'administration de Corbeil, s'est présenté et nous a fait les réquisitions suivantes portées dans sa commission :

Il nous a demandé : 1° Si nous étions contents de notre municipalité ; à quoi nous avons répondu affirmativement. La municipalité a fait alors observer qu'elle ne pouvait demeurer plus longtemps en fonctions, étant toujours en activité de service et le peu de fortune de ses membres ne leur permettant pas d'être aussi souvent en séance. Le citoyen Chabanel a demandé alors quelles seraient dans notre commune les personnes en état de prendre la place de la municipalité actuelle. René-Michel Desbruères a été alors désigné comme pouvant être maire, Côme Ferrand et Jacques Huet comme pouvant être officiers municipaux, Denis Prunier agent municipal, Charles Huet greffier et Pierre Jubin notable.

Le citoyen commissaire a demandé en second lieu s'il existait des édifices publics dans la commune. Nous lui avons répondu qu'il y avait une église et un presbytère. Il nous a demandé en troisième lieu à quel usage ces édifices pourraient servir. Nous lui avons répondu que l'église pourrait servir à tenir les assemblées de la commune et le presbytère à tenir les assemblées municipales.

En quatrième lieu, le citoyen Chabanel nous a

demandé quelques renseignements au sujet du maximum. Nous lui avons répondu que toutes les marchandises dans nos villages étaient vendues au maximum et portées dans les marchés.

Il nous a demandé, en cinquième lieu, si les envois des cordonniers étaients prêts. Nous avons répondu qu'il n'y avait aucun cordonnier dans notre commune. Le citoyen Chabanel nous ayant dit que sa mission était remplie, nous avons clos et arrêté le présent procès-verbal les jour et an que dessus.

> AVENARD, maire; AVENARD, officier municipal ; DESBRUÈRES, RONDIN, FERRAND, JACQUES HUET, HARMAND, greffier.

Réquisition.

L'an II de la république française une et indivisible, le quartidi de la seconde décade du mois de ventôse (4 mars 1794), à huit heures du matin, pour l'exécution de l'arrêté de la commission des subsistances et des approvisionnements. de la république, autorisée par le comité de salut public de la Convention nationale, portant que le droit de préhension sera exécuté sur les selles, brides et autres objets nécessaires à l'équipement de la cavalerie et d'après l'invitation faite par l'administration du district de Corbeil, je soussigné, Jean-Baptiste Rousseau, domicilié dans la commune de Francval, ci-devant Arpajon, commissaire nommé par le conseil général du district de Corbeil pour le canton d'Arpajon par sa délibération du 23 pluviôse (13 février) pour mettre à exécution la dite préhension sur les selles, brides et autres objets nécessaires à l'équipement de la cavalerie, déclare m'être transporté en la maison commune de La Norville les jour et an que dessus. Là, j'ai trouvé les officiers municipaux assemblés. Je leur ai donné connaissance de ma commission et la municipalité, après examen de mes pouvoirs, a nommé pour m'accompagner chez les habitants les citoyens Pierre Avenard, maire, Laurent-Jean-Baptiste Avenard, officier municipal, et François Prunier, aussi officier municipal, avec lesquels je me suis rendu dans les maisons de cette commune pour y exercer le droit de préhension. Les citoyens chez lesquels se sont trouvés des objets appréhendés ont été invités à apporter les dits objets à la maison commune pour, après ma visite faite, être du tout dressé procès-verbal, duquel est résulté ce qui suit :

Ont apporté après réquisition : Jean-Marie Bouteloup, une bride en cuir noir garnie de son mors ; Louis Dijon, une selle avec ses garnitures et une bride avec son mors ; François Prunier, une bride en cuir noir garnie de son mors. Les objets ci-dessus énoncés ont été appréhendés et déposés à la maison commune de La Norville et nous avons invité la municipalité à les faire transporter à Francval pour de là être envoyés au district.

ROUSSEAU, commissaire; AVENARD, maire; PRUNIER, HARMAND, greffier.

L'an II de la république, le 5 germinal (25 mars 1794), les objets appartenant à l'église furent mis sous scellés par Avenard, maire; Prunier, officier municipal; Avenard, officier municipal; Hurot, notable; Montet, notable; Gillet et Harmand, greffier, puis vendus le 30 thermidor suivant (17 août) pour la somme de 1,304 livres 17 sols.

Réquisition.

Ce jourd'hui 19 germinal, an II de la république (8 avril 1794), en présence des citoyens de cette commune assemblés au son du tambour, lecture a été donnée d'une lettre à nous adressée par le directoire de Corbeil annonçant que la commission des subsistances demandait au district de fournir pour le département de l'Yonne vingt-quatre mille quintaux de grains. La même lettre nous a appris que la commune de La Norville devait fournir pour sa part deux cent dix-sept quintaux de blé, méteil, seigle et orge. Après délibération, l'assemblée a déclaré être dans l'impossibilité d'obtempérer à cette réquisition à cause du peu de récolte fourni par le territoire occupé en grande partie par les habitants des

communes voisines, notamment par ceux d'Arpajon. Les recensements faits jusqu'ici ont fait trouver une certaine quantité de grains, mais cette
quantité était à peine suffisante à la nourriture
des habitants. Depuis ces recensements, une
certaine consommation de denrées a eu lieu et
une autre partie a été délivrée par acquit à caution pour l'approvisionnement du marché d'Arpajon. Pour ces motifs, nous nous trouvons dans
l'impossibilité de fournir les deux cent dix-sept
quintaux de grains demandés.

Fait les jour et an que dessus :

> AVENARD, maire ; PRUNIER, officier mu-
> nicipal ; AVENARD, officier municipal ;
> HUET, agent national ; DENIS PRU-
> NIER, greffier ; BRULÉ, MONTET, JAC-
> QUES BEDEAU, HARDY, FERRAND, RON-
> DIN, HUET, ÉT. CHEVALLIER, HARMAND.

Réquisition.

Ce jourd'hui, 20 germinal, an II de la république française une et indivisible (9 avril 1794),
la municipalité de La Norville s'est réunie pour
prendre connaissance de la réquisition à elle
adressée par le district de Corbeil en vertu de
l'arrêté du comité de salut public de la Convention nationale du 4 germinal relativement aux
transports et convois militaires. Cette réquisition
oblige la municipalité à fournir une des plus

grandes voitures de la commune, garnie de son attirail, attelée de quatre chevaux et un charretier pour les conduire, laquelle voiture doit se trouver à Corbeil le 21 du présent (10 avril) pour de là se rendre à Soissons. La même réquisition invite la municipalité à envoyer aussi à Corbeil un délégué pour traiter avec le citoyen Perray, chargé de pouvoirs de l'administration. Pour satisfaire à ces demandes, nous avons requis la citoyenne veuve François Chartier de fournir sa voiture et deux chevaux, plus les citoyens Baron et Jean Le Roi de fournir chacun un cheval, le citoyen Gautier, charretier chez la veuve François Chartier, a été requis pour conduire la voiture et le citoyen François Prunier a été délégué pour s'entendre avec le citoyen Perray.

> AVENARD, officier municipal; PRUNIER, officier municipal.

Réquisition.

Ce jourd'hui, 27 germinal, l'an II de la république française (16 avril 1794), d'après une lettre venant du district, annonçant une réquisition de la commission des subsistances de la ville de Paris et demandant dix-huit septiers d'avoine, nous avons fourni douze sacs d'avoine seulement, notre commune, pour satisfaire ainsi à cette demande, ayant dû prendre sur ce qui lui était nécessaire.

> AVENARD, officier municipal.

Réquisition.

Aujourd'hui 30 germinal, l'an II de la république française (19 avril 1794), sur la réquisition qui nous a été faite le 26 du présent mois de fournir vingt et un quintaux de grain mangeable, nous avons réuni les citoyens de la commune et les avons sommés d'obéir à la susdite réquisition. Dix-sept quintaux de grains ont été apportés. Nous les avons fait conduire à Corbeil par la voiture du citoyen Louis Montet et par les chevaux de Pierre Montet et d'Antoine Marineau.

> AVENARD, maire ; AVENARD, officier municipal ; PRUNIER, officier municipal ; HUET, agent national.

Réquisition.

Ce jourd'hui, 5 floréal, l'an II de la république française (24 avril 1794), nous avons reçu de Francval une lettre datée du 26 germinal. Cette lettre nous a été adressée conformément au décret de la Convention nationale, en date du 11 germinal, qui ordonne une levée extraordinaire de chevaux pour le service des transports militaires. Cette levée doit être d'un cheval sur vingt-cinq, propre au trait, âgé au moins de cinq ans, de la taille de quatre pieds six pouces et au-dessus. Il doit aussi être fourni un harnais solide, un sac à avoine, une troussière, une corde à fourrage par quatre chevaux et, en outre, une voiture solide par douze chevaux avec les cuirs et harnais nécessaires à l'attelage complet de quatre chevaux, avec un charretier pour chaque voiture en état de conduire et pris dans les citoyens au-dessus de vingt-cinq ans. Pour nous conformer à la dite réquisition, nous avons compté les chevaux de notre commune et en avons trouvé vingt-sept. Parmi ces vingt-sept, trois seulement ont la mesure voulue, l'un appartenant au citoyen Baron, l'autre à la citoyenne veuve Jean Prunier, le troisième au citoyen Jean Cheval. Tous étant dans le même cas, on a tiré au sort. Jean Cheval a été désigné ; en conséquence, le dit citoyen devra être prêt à livrer son cheval à la première réquisition.

> AVENARD, maire ; AVENARD, officier municipal ; PRUNIER, officier municipal ; HUET, agent national ; DIJON, HUET.

Perquisition.

Le décadi floréal, l'an II de la république française (29 avril 1794), le citoyen Morize, commissaire nommé par le directoire du district de Corbeil, s'est présenté pour opérer le recensement général des grains : blé, seigle, orge, avoine et, par augmentation, des farines ainsi que de la population actuellement existant dans la commune de La Norville.

> MORIZE, commissaire ; AVENARD, maire ; HARMAND, greffier.

Pétition.

Le même jour, décadi floréal, an II de la République française (29 avril 1794), en l'assemblée générale convoquée en la manière accoutumée, il a été exposé que sans cesse des réquisitions de subsistances nous venaient du district de Corbeil malgré la rareté des mêmes subsistances dans notre commune. D'après les derniers recensements, il ne reste, à La Norville, que cent quatre-vingts septiers de grains mangeables, blé, méteil, seigle, orge et farine ; or, les dites réquisitions nous contraignent à fournir une quantité presque égale à celle ci-dessus désignée, sans avoir égard à une population de 400 individus qui restera sans vivres. La commune en conséquence nomme les citoyens Charles Huet, Sévin, Carqueville et Harmand pour demander au district si la commune peut se soustraire à des réquisitions aussi considérables, ou si elle devra, malgré les chiffres ci-dessus donnés, fournir encore quelque chose. Dans ce dernier cas, les citoyens ci-dessus désignés demanderont au district que la commune puisse réserver sur ses subsistances de quoi subvenir à ses besoins, pour un temps donné, en déclarant que jamais nous n'aurons assez de quoi vivre jusqu'à la récolte prochaine.

AVENARD, maire ; AVENARD, officier municipal ; PRUNIER, officier municipal ; HUET, agent national ; CARQUEVILLE, BEDEAU, DENIS PRUNIER, BRULÉ, HUROT, HARMAND, greffier.

Réponse à cette pétition.

Aujourd'hui, 20 floréal, l'an II de la République française (9 mai 1794), s'est réunie, dans une assemblée extraordinaire, la généralité des habitants de la commune, à l'effet de nommer une commission composée de quatre citoyens. Ont été nommés Étienne Hatesse, Antoine Desgranges, François Leroy et Michel Chevallier, à l'effet de réclamer sur l'arrestation de Pierre Avenard, maire et de Charles Huet, agent national, emmenés en prison, décadi 20 floréal, au moment où ils réquisitionnaient différents objets pour le service de la République. Nous déclarons ne connaître en aucune façon les motifs de cette arrestation. Le maire et l'agent national ont toujours exactement rempli les devoirs de leur charge et se sont sacrifiés pour l'intérêt général républicain. Il est vrai que nous n'avons pas toujours satisfait aux réquisitions de subsistances qui nous ont été adressées. Nous avons fait des mémoires et des réclamations à ce sujet en donnant connaissance de notre situation à la commission des subsistances, mais nous n'avons agi de la sorte que d'après l'avis de toute la commune, après avoir, toutefois, donné connaissance aux citoyens des lettres que vous nous avez adressées. Si le maire et l'agent national ont été arrêtés à cause de ces réclamations, nous ferons observer qu'ils ne sont pas seuls coupables ; tous les citoyens de cette commune le sont au même degré. La situation des citoyens arrêtés est digne du plus grand intérêt. Le citoyen maire est veuf et laisse à sa maison deux jeunes enfants dont l'une est infirme, ses travaux sont suspendus et ils exigent des soins pressés. Le citoyen agent laisse à sa maison six enfants qui ne peuvent vivre que du travail de leur père. Nous demandons pour ces motifs aux citoyens administrateurs de rendre aux citoyens arrêtés la justice qui leur est due en les mettant en liberté.

Pour satisfaire aux dernières réquisitions, malgré la pénurie des grains, nous envoyons au district neuf sacs de grains mangeables, par la voiture de Pierre Chevalier, en attendant que le district nomme, s'il le juge nécessaire, une commission chargée de vérifier l'exactitude des déclarations de chaque citoyen à propos des subsistances.

Fait et arrêté les jour et an que dessus :

> PRUNIER, officier municipal ; AVENARD, officier municipal ; GILLET, notable ; BRULÉ, président du comité de surveillance, DENIS PRUNIER, CARQUEVILLE, J. BEDEAU, RONDIN, JEAN THOMINE, CHEVALLIER. SÉVIN, BEDEAU, JACQUES HUET. HATESSE, HUET, JEAN-MARIE THOMINE, HUROT, BOUTELOUP, FERRAND, CHEVALLIER, JACQUES FLEURY.

Perquisition.

Aujourd'hui 26 floréal, an II de la République française (15 mai 1794), nous nous sommes réunis pour rendre compte d'un recensement fait hier par nous, officiers municipaux, accompagnés des membres du comité de surveillance. Nous nous sommes transportés au domicile de chaque citoyen et nous avons fait scrupuleusement les recherches et perquisitions de grains mangeables de toute nature, ne nous en tenant pas aux déclarations des individus, mais fouillant minutieusement jusque dans l'intérieur des domiciles. Après avoir fait toutes nos opérations, nous avons comparé les résultats obtenus avec ceux du dernier recensement fait le 10 floréal (10 avril), et nous avons trouvé de l'inégalité. Le premier recensement avait fait connaître qu'il y avait dans la commune 189 septiers de grains mangeables ; le second en a fait découvrir 216 septiers, soit une augmentation de 27 septiers, non compris les neuf sacs que nous avons envoyés au district le 21 du présent mois. Les grains cachés et dissimulés ont été saisis et seront envoyés au district à la première réquisition.

Ayenard, officier municipal ; Prunier, officier municipal ; Brulé, Hurot, Carqueville, J. Bedeau, Denis Prunier, Rondin.

Réquisition.

Aujourd'hui, 28 floréal, an II de la République française (17 mai 1794), en vertu d'une lettre à nous envoyée par l'administration du district de Corbeil et conformément à l'arrêté du comité de salut public de la Convention nationale, en date du 12 germinal, qui invite à faire ramasser tous les vieux chiffons, vieux linges de toute espèce propres à la fabrication du papier, et qui impose à chaque personne inscrite au rôle d'en fournir au moins une livre, nous avons réuni les citoyens de cette commune et leur avons fait connaître leur devoir. Les citoyens de La Norville ont satisfait à cette demande selon leur pouvoir et nous avons recueilli cent quarante livres et plus des objets réclamés, gardant cette quantité en dépôt en attendant l'ordre de la faire transporter au lieu de sa destination.

PRUNIER, officier municipal ; AVENARD, officier municipal.

Réquisition.

L'an II de la République française, le 1ᵉʳ prairial (20 mai 1794), sont comparus les citoyens Dubois et Briquet, commissaires des travaux du salpêtre établis à Francval, lesquels, conformément à l'arrêté du comité de salut public, nous ont demandé à être autorisés à prendre dans la maison du nommé Baron, dont les biens ont été mis sous séquestre, une grande bassine de cuivre rouge étamée avec un aureau et une grande terrine de terre vernissée qu'ils savent exister dans la cuisine du dit Baron, lesquels vases sont propres à faciliter la cristallisation du salpêtre et utiles à l'atelier de Francval. La matière ayant été mise en délibération et le citoyen Laurent-Jean-Baptiste Avenard, faisant fonctions d'agent national, entendu, le conseil de la commune désirant contribuer de tout son pouvoir au succès de la fabrication du salpêtre qui doit servir à exterminer les tyrans et les ennemis de la République, arrête que le citoyen Denis Montet, gardien des scellés apposés dans la maison du dit Baron, délivrera aux citoyens commissaires les objets ci-dessus désignés, de la remise desquels il sera donné reconnaissance.

> Avenard, faisant les fonctions d'agent national ; Prunier, faisant les fonctions de maire.

Réquisition.

Ce jourd'hui 10 prairial, an II de la République française (29 mai 1794), nous nous sommes réunis au lieu ordinaire de nos séances sur la réception d'une lettre à nous adressée par les administrateurs du district de Corbeil, reçue le 8 du dit mois, à onze heures du soir, portant que les réquisitions de l'Yonne et de Versailles venaient de cesser, mais que les besoins urgents des citoyens de Corbeil, Villeneuve-la-Montagne, Brunoy, Montgeron, Yerres, Draveil, Soisy-sous-Etiolles et autres communes exigeaient de prompts secours. En attendant les subsides que la commission des subsistances nous a promis à nous-mêmes, pour satisfaire aux demandes du district, nous avons décidé d'envoyer trois voitures de grains et farines, contenant environ trente-et-un ou trente-deux sacs, aujourd'hui 10 prairial. Cinq autres voitures chargées partiront demain. Elles contiendront environ quarante-deux sacs de farine et grains mangeables. La lettre du district demandait 402 quintaux de grains et farines, il nous paraît impossible de fournir pareille quantité. Après avoir fait charger les huit voitures ci-dessus mentionnées, il ne nous reste plus de vivres que pour onze à douze jours. A notre tour nous attendons les secours que la commission des subsistances nous fait espérer, secours que la commission elle-même attend pour en faire la distribution.

> AVENARD, officier municipal; PRUNIER,
> officier municipal; DENIS PRUNIER,
> FERRAND, LOUIS BEDEAU.

Le maire, Pierre Avenard, et l'agent national, Charles Huet, emprisonnés par ordre du district, ne furent mis en liberté que vers le mois de juillet 1794. Ils ne reprirent pas leurs fonctions. Le maire du Directoire fut Jacques-Étienne Montet. Il eut pour successeur René-Michel Desbruères, et, en 1806, Laurent-Jean-Baptiste Avenard qui, pendant toute la période révolutionnaire, avait conservé la charge d'officier municipal. Le 21 mars 1813, le maire de La Norville fut le comte Louis Lacroix de Castries.

Le registre d'où nous avons tiré toutes les délibérations et procès-verbaux qui précèdent finit au milieu de l'année 1794. Celui qui devait lui faire suite a disparu des archives communales. Nous sommes donc contraint, par le genre même de publication que nous avions entreprise, de nous arrêter à notre tour. Les pièces mises sous les yeux des lecteurs suffiront d'ailleurs pour faire apprécier les hommes qui ont été mis en évidence et les événements qui se sont accomplis à La Norville pendant la période la plus aiguë de la Terreur.

DOCUMENTS

ET

PIÈCES JUSTIFICATIVES

Chartes concernant la seigneurie.

I

Hersendis, uxor Wlgrini, in extremâ parte posita, omnia que habebat in ecclesia S^ti Michaelis sancte Marie de Longo Ponte donavit, scilicet duas partes de decimaria ipsius ecclesie, hoc est, de annona, de vino, de lino, de cambe, de ovis, de porcis, de vitulis et de omnibus omnino rebus. Post obitum vero ejus, antequam ipsa ad tumulum deferretur, Ulgrinus, vir ejus, et Guido frater ejus de Lynais, istam donacionem per scyphum S^ti Macarii super altare Sancte Marie posuerunt. Hujus rei sunt testes : Harduinus presbiter, Frotgerius decanus, Ulgrinus, Gaufridus, Bernoala, *Guido de Lanorvilla*, Guido filius Aldeberti, etc..... (Charte de l'année 1090. Cartulaire du prieuré de Longpont publié à Lyon, chez Louis Perrin et Marinet — 1879.)

II

Notum fieri volumus tam futuris quam presentibus quod Milo, Milonis filius, Guidonis Troselli frater, ab Hugone de Crecio male captus apud Castellum Forte, Deo et Sancte Marie de Longo Ponte et monachis ejusdem loci, in presentia Domini Henrici prioris, dedit quod habebat apud Longum Pontem et medietatem culturarum suarum, se ipsum etiam, si moreretur, tumulandum.

Hujus rei sunt testes : Teodoricus monachus, Rogerius qui vocatur Paganus de Sancto Yonio, Hugo frater ejus, Bartholomeus filius Hungerii, Galterius qui tunc temporis Miloni serviebat. Post aliquantum vero temporis, idem Milo, tam crudeli tamque inauditâ morte apud Castellum Forte occisus et a priore Henrico apud Longum Pontem allatus, in presentia Ludovici regis et Girberti parisiensis episcopi et Bernerii decani et Stephani archidiaconi aliorumque multorum tam clericorum quam laicorum honorifice sepultus est. Quo audito, Rainaldus, frater ejus, tristis mestusque a Trecassina urbe cum nepotibus suis et Manasse, vicecomite Senonensi, venit ad Longum Pontem videre fratris sui sepulturam ibique, fusis lacrimis, ad altare S^{ti} Petri pro ejus animâ missam cantare fecit. Eodem die rediens ad Castrum montis Letherici, in domum Duranni prepositi, donum quod fecerat supranominatus Milo sancte Marie concessit et in manu Henrici prioris dedit, excepto quod inde retinuit, videlicet prata, medietatem culturarum et clientium suorum tantummodo corpora, Stephani videlicet et Duranni. Quod viderunt et audierunt hii : Manasses de Villamor, Milio filius ejus, Symon de Breis, Guido de Dampetrâ, Hugo de Plessei, Clarembaldus de Cappis, Tevinus de Forgiis, Galterius dapifer, Thomas de Brueriis, Rogerius qui vocatur Paganus de S^{to} Yonio, Hugo frater ejus, Burchardus de Vallegrinosâ, Balduinus filius Rainardi, Hugo de Brùeriis, Petrus filius ejus, Galterius Rochardus, Ebrardus Chosis, Thomas de Castro-Forti, Godefredus Gruel, Bencelinus, *Aymo de Norvilla*, Durannus, Robertus qui vocatur Paganus de Porta, Arroldus major, Landricus filius ejus, Tebertus, Gaufredus major, Bernardus famulus, Rogerius famulus. (Charte de l'année 1117. — Cartulaire de Longpont.)

III

Guillelmus, filius Guillelmi Cochivi, mutuavit et dedit in tuicione contra omnes calumpniantes, pro animabus patris et matris suc, Deo et sancte Marie de Longo Ponte et monachis ejusdem loci, quicquid pater suus apud Champlant habuerat et ipse post eum habuit, videlicet in hospite, in terris, in vineis, in paagio, in roagio, excepto feodo molendini quem Radulphus Baudus tenebat de eo; et pro hoc dederunt ei prior Heinricus et monachi similiter in tuicione quatuor hospites censuales apud Britiniacum, Tescelinum et fratrem ejus, Helinvisam et Holdeburgem, quas habebant de Aymone, filio Herei de Donjone et unum equum in pretio quinquaginta solidorum. Hoc autem concessit Hugo frater ipsius Guillelmi, *Aymo de Norvilla* avunculus ejus, *Guido et Thomas filii ipsius Aymonis,*

Ursus filius Normanni de Stampis, nepos jam dicti Guillelmi. Hii itaque omnes de hoc miserunt donum super altare sancte Marie..... (Charte de l'année 1110. — Cartulaire de Longpont.)

IV

Charta de lite pacificata inter priorem de Castris et Comitissam de Norvilla et aliis super foragio et aliis rebus.

In nomine sancte et Individue Trinitatis, Ego, Mauricius Dei gratia Parisiensis ecclesie humilis minister, universis ad quos presentis scripti pagina pervenerit notum fieri volo quod cum in presentia nostra diu litigassent, ex una parte, prior S^{ti} Clementis de Castris et, ex alia parte domina Comitissa de Norvilla et Robertus de Repenti et Galterius de Granchiis super foragio et teloneo et pedagio domûs in qua carnifices habent et exercent apud Castras; tandem, post multas objectiones et litigia, in hunc modum composuerunt : domina si quidem Comitissa, Robertus et Galterius, pro jure quod in predicta domo monachi habebant, monachis hostitiam quam tenet Renardus de Chevrosia perpetuo possidendam dederunt et quicquid juris in eadem hostitia habebant monachis perpetuo quittaverunt, duos quoque solidos et octo denarios censuales et sex denarios de garda quos predicta domina Comitissa habebat in vineis que pertinent ad priorem de Longovillari, cum omni jure et pressoragio monachis perpetuo quittavit, duodecim denarios censuales quos vinea Gerardi Luce debet et pressoragium et quicquid juris in eadem vinea do-

mina Comitissa habebat monachis perpetuo quittavit; monachi vero quittaverunt ei quicquid juris
habebant in predicto carnificio. Hanc compositio-
nem firmiter tenendam domina Comitissa, Robertus
et Galterius, Guido miles et Philippus filii domine
Comitisse, fide interpositâ, firmaverunt et fidejussores garandie dederunt dominum Thomam de
Brueriis, dominum Philippum de S^to Yonio, Adam
patruum predicte domine. (Charte de l'année 1190.
— Cartulaire de St Maur. — Archives nationales.)

V

Philippus Dei gratiâ Francorum rex : Notum facimus universis tam presentibus quam futuris quod
nos, dilecti nostri Guillelmi de Denonvilla militis
supplicationibus annuentes, eidem concessimus,
de gratia speciali, ut ipse triginta libratas terre
sue, de sexaginta libratis terre quas habere se asse-
rit in villa et territorio de Norvillâ, juxta Castras,
subtus Montem Lerhicum, videlicet septem libras,
duodecim solidos et quatuor denarios census parisiensis adpreciatas anno quolibet ad decem libras
annui redditûs, item septem directuras, directurâ
quâlibet unius sextarii avene, unius minoti fur-
menti, duorum caponum et duorum denariorum,
anno quolibet aprecietas in redditibus annuis quatuor libras et quatuor solidos parisiensium, item
campipartem viginti quatuor arpentorum terre,
apreciatam septuaginta solidos parisiensium, item
unum arpentum cum dimidio vinee, apreciata viginti solidos parisiensium annui redditûs, quas sibi
amortizamus per presentes, personis ecclesiasticis,

religiosis, secularibus vel aliis quibuscumque alienare, vendere aut alienare valeat, vel sibi heredibus successoribusque suis et ab eo causam habi-
turis retinere et aliàs facere suam omnimodam
voluntatem et quod persone quevis alie quibus for-
san idem miles predictas triginta libras terre alienare, vendere aut donare contingeret, dictas triginta,
libras teneant, habeant et in manu mortua perpetuo possideant pacifice et quiete absque occasione
vendendi, vel extra manum suam ponendi aut pres-
tandi nobis vel successoribus nostris aliquam finan-
ciam pro eisdem, salvo in aliis jure nostro et quolibet alieno. Quod ut firmum et stabile permaneat
in futurum hiis presentibus litteris nostrum fecimus apponi sigillum. Actum apud Vivarium in
Bria, anno Domini millesimo trecentesimo nono,
mense Julio.

Sur le repli : Per Dominum Inguerranum. J. de
Templo. (Archives nationales. — S. 6397. N° 20.)

Abbaye de Villiers. — Mouvance de Ballainvilliers.

VI

De domino Renaudo de Plesseio et Margareta
uxore sua qui invadiarunt decimam suam de Lanorvilla capellanie beate Marie de Corbolio.

Odo, Dei gratia parisiensis episcopus, omnibus
presentes litteras inspecturis in Domino salutem.
Notum facimus quod constituti in presentia nostra
Renaudus de Plesseio et Margereta uxor ejus recognoscunt se invadiasse pro viginti libris parisien-

sibus decimam bladi de Lanorvilla graenagrii sui
et hospitum suorum et censivarum capellanie beate
Marie Corboleii de martio in martium redimendam,
et hoc, fide interposita, se promiserunt servaturos
et garantiam laturos. Hanc etiam invadiationem
laudavit Domina femina de Bellenviler de cujus
feodo movet decima et tam ipsa quam Philippus
de Sancto Verano et Hugo, ejus filius, ejusdem se
fidejussores, fide datà, constituerunt et promiserunt garantiam laturos. Actum anno gratie millesimo ducentesimo tertio, mense aprili, Pontificatûs
nostri anno septimo. (Archives nationales. —
LL. 175.)

VII

Johannes, Dei dignationè Sancti Victoris Parisiensis dictus abbas, universis presentem chartam
inspecturis in Domino salutem. Noverint universi
quod Margareta de Lanorvillà et Henricus filius
ejus, Reginaldus de Garancier, miles, maritus ejusdem Margarete, in nostra presentià constituti quittaverunt Letitie et Ysabelli, filiabus ipsius Margarete et sororibus dicti Henrici, totam decimam
quam ipsi habent de blado apud Lanorvillam tam
in terris propriis quam in aliis, volentes et conce-
dentes ut due sorores, Letitia et Ysabellis, de illà
decimà tanquam de suà faciant et disponant pro
suo beneplacito voluntatis; promiserunt autem,
fide mediante, predicti Margareta et Reginaldus,
vir suus, et Henricus quod contra quittationem predictam per se aut per alium venire aliquatenus non
presument. In cujus rei testimonium presentes litteras sigillo nostro fecimus muniri. Actum anno

Domini millesimo ducentesimo vicesimo quinto, mense Novembre. (Archives de Seine-et-Oise. Fond de Villiers.)

VIII

Guillelmus, permissione divinà parisiensis ecclesie minister indignus, presentes litteras inspecturis salutem in Domino. Notum facimus quod in nostra presentia constituti domina Margareta de Lanorvilla, Philippus de Garanciers, Petrus de Valenton, Letitia et Ysabella, filie dicte Margarete, uxores dictorum Philippi et Petri, recognoverunt quod inter se diviserunt totam hereditatem que fuit defuncti Reginaldi de Plesseio, quondam mariti ipsius Margarete, et hereditatem moventem ex parte dicte Margarete in duas partes, quarum una pars assignata est super totam terram de Lanorvilla quam dictus Petrus et uxor sua Letitia scilicet receperunt gratanter pro medietate hereditarii predictorum. Totum vero residuum erit ipsius Margarete, et Philippi, et Ysabellis, uxoris sui, in quo residuo Petrus et ejus uxor in vita dicte Margarete, sive post mortem ejus non poterunt reclamare. Si vero terra de Lanorvilla inveniretur plus valere quam residuum, illud quod plus invenirent eisdem Margarete, Philippo et uxori sue restituere tenerentur. Actum anno Domini millesimo ducentesimo trigesimo quarto. (Archives de Seine-et-Oise.)

IX

Omnibus presentes litteras inspecturis officialis curie Parisiensis salutem in Domino. Notum facimus quod in nostra presentia constituta nobilis mulier domina Margareta de Norvilla recognovit quod dederat olim Petro de Valentone, armigero, in maritagium cum Letitia, filia ipsius domine Margarete, totam teneuram suam quam habebat et possidebat, ut dicebat, apud Norvillam et in territorio de Norvilla in vineis, pratis, terris, domibus et aliis possessionibus moventem jure hereditatis ex parte dicte domine Margarete, ut dicebat, volens et concedens quod prefati Petrus et Letitia ejus uxor, filia dicte domine, heredesque ipsorum teneant et possideant totam teneuram predictam cum omni justitia et jure et decimis ad dictam teneuram pertinentibus et promisit dicta domina Margareta, fide in manu nostra corporaliter prestita, quod contra donacionem et concessionem hujusmodi per se, vel per alium, non veniet in futurum et quod in dicta teneura et in decimis dicte teneure et in aliis rebus ad dictam teneuram pertinentibus nihil de cetero reclamabit. Domina Ysabella, soror dicte Letitie, et dominus Philippus, miles, ejus maritus, et Johannes, armiger, frater dictarum sororum, coram nobis constituti predictam donacionem et concessionem voluerunt et concesserunt et se contra non venturos in futurum, fide media, promiserunt anno Domini millesimo ducentesimo quadragesimo quinto, mense februario. (Archives de Seine-et-Oise.)

X

Omnibus presentes litteras inspecturis officialis curie Parisiensis in Domino salutem. Notum facimus quod in nostra presentia constitutus Guillelmus de Balemvillari, armiger, recognovit quod domina Petronilla de Lanorvilla, vidua, dederat et concesserat in éleemosinam puram et perpetuam abbatisse et conventui de Villaribus, Cisterciensis ordinis, decimam quam ipsa Petronilla habebat apud Lanorvillam moventem primo loco de feodo ipsius Guillelmi, ut dicebat, quam donacionem et concessionem idem Guillelmus, coram nobis constitutus, volens, laudans, pariter et acceptans quittavit et cessit dictis abbatisse et conventui et earum monasterio, in perpetuum, omne jus et dominium et omnes actiones reales et personales quod et quas habebat et habere poterat idem Guillelmus, seu etiam competebat in dicta decima sive ratione ejusdem decime, nihil juris, jurisdictionis, justitie, dominii et quantum ad proprietatem et quantum ad possessionem sibi aut ejus heredibus retinens in decima predicta, promittens idem Guillelmus, fide in manu nostra prestita corporali, quod contra promissa, vel aliquod promissorum per se, vel per alium, non veniet in futurum et quod dictam decimam dictis abbatisse et conventui et earum monasterio in manu nostra garantizabit et liberabit ad mores et consuetudines Francie contra omnes, quantum ad se pertinet, tanquam primus dominus feodi in decima supradicta; promisit insuper, sub prestita fide, quod Alipdis, uxor ejus, omnia et singula suprascripta rata et firma perpetuo habebit et inviolabiliter observabit et quod contra ea non veniet in futurum jure hereditario ratione dotalicii aut aliquo quoquo modo, pro quibus omnibus idem Guillelmus coram nobis confessus est se jam a dictis monialibus septem libras parisienses in numerata pecunia recepisse. Datum anno

Domini millesimo ducentesimo quadragesimo quinto, mense Novembre. (Archives de Seine-et-Oise.)

XI

Universis presentes litteras inspecturis officialis curie Parisiensis salutem in Domino. Notum facimus quod coram nobis constituti dominus Guillelmus de Denonvilla, miles, domina Odelina, uxor ejus, diocesis Carnotensis, dominus Johannes de Tygriaco, miles, et domina Margareta, uxor ejus, soror dicte Odeline, diocesis Parisiensis, asserunt, prout credebant, quod domicella Petronilla de Lanorvilla, vidua, mater dictarum Odeline et Margarete, quondam dedit et concessit in puram et perpetuam éleemosinam abbatisse et conventui de Villaribus, Cisterciensis ordinis, diocesis Senonensis, decimam quam ipsa Petronilla habebat apud Lanorvillam et in territorio ejusdem ville et locorum aliorum circum adjacentium; asserunt etiam coram nobis dicti Guillelmus, Odelina uxor ejus, Johannes et Margareta uxor ejus quod domina Agnès de Seinvilla et Guillelmus ejus filius dederunt et concesserunt in éleemosinam puram et perpetuam eisdem abbatisse et conventui sexaginta arpenta terre, vel circiter, sita apud Lanorvillam et prope eamdem villam, etiam viginti solidos parisienses, vel circiter, minuti censûs sive capitalis, que omnia ipsi Agnes et Guillelmus habebant super terris sitis apud Lanorvillam et in territorio ejusdem loci, etiam quamdam pieciam vinee quam ipsi Agnes et Guillelmus habebant apud Lanorvillam et quoddam herbergagium sive porprisium et virida-

rium contiguum dicto porprisio cum pertinanciis
ejus porprisii, quorum sexaginta arpentorum, vel
circiter, decima est de decima collata, ut credebant,
ut dictum est eisdem abbatisse et conventui a dicta
Petronilla. Recognoverunt insuper dicti Guillelmus,
Odelina uxor ejus, Johannes, Margareta uxor ejus,
soror dicte Odeline, quod decima, terra, census,
herbergagium, viridarium cum pertinanciis ejus
movebant secundo loco de feodo ipsorum ratione
dictarum Odeline et Margarete de quarum hereditate movebat feodum predictum, ut dicebant, et
quod liberi Guillelmi de Bellenviler defuncti exis-
tentes, ut dicitur, in ballo Alipdis matris sue et
Guiardus de Lers et Johanna uxor ejus, soror quondam dicti Guillelmi, res predictas tenebant imme-
diate in feodo ab eisdem ; quas donaciones et con-
cessiones factas eisdem abbatisse et conventui, ut
dictum est, et omnia alia supradicta dicti dominus
Guillelmus, Odelina uxor ejus, dominus Johannes
et Margareta uxor ejus coram nobis specialiter et
expresse, sponte et ex certa scientia voluerunt,
acceptaverunt et rata habuerunt et quittaverunt,
cesserunt et remiserunt et nunc et in perpetuum.
Datum anno Domini millesimo ducentesimo quinquagesimo, mense Decembre. (Archives de Seine-
et-Oise.)

XII

Omnibus presentes litteras inspecturis Stepha-
nus, decanus christianitatis Stampensis, salutem in
Domino. Notum facimus quod in nostra presentia
constituta nobilis domina Margareta, quondam
uxor defuncti Reginaldi de Garanteriis, dicta de

Borna, recognovit se in puram et perpetuam eleemosinam constituisse monialibus de Villaribus, juxta Feritatem Aliesis, totam decimam suam quam dicta Margareta de Boorna habebat, ut dicebat, moventem de hereditate sua sitam apud Lanorvillam, juxta Castras, fiduciam prebens dicta videlicet Margareta quod contra dictam collationem dicte decime per se, vel per alios, non veniet in futurum, nec in dicta decima jure proprietatis, dotis, hereditatis, seu aliquo jure alio aliquid de cetero reclamabit, vel faciet reclamari. Datum anno D^{ni} millesimo ducentesimo quinquagesimo quarto, mense martio. (Archives de Seine-et-Oise.)

XIII

Omnibus presentes litteras inspecturis officialis curie Parisiensis salutem in Domino. Notum facimus quod coram nobis constituta nobilis mulier Odelina, relicta defuncti Guillelmi de Denonvilla, militis, dedit et quittavit in puram et perpetuam eleemosinam abbatisse et conventui de Villaribus, diocesis Senonensis, totam campipartem cum omnibus pertinanciis, juribus, justiciis et..... spectantibus ad dictam campipartem, salvo eidem relicte et ejus heredibus alio..... eidem domine censu quem habet dicta domina in territorio dicte campipartis, quam campipartem dicebat se habere ex hereditate propria ipsius domine Odeline apud Norvillam et in locis circumdantibus *in feodo domini Regis* ab eisdem monialibus in manu mortua possidendam..... Ad hoc autem Guillelmus, filius dicte Odeline, armiger donacionem et quittationem voluit et laudavit. Datum in festo beati Andree, anno millesimo ducentesimo quinquagesimo septimo. (Archives de Seine-et-Oise.) — L'original ayant été rongé en plusieurs endroits nous avons laissé en blanc les passages latins disparus.

XIV

A tous ceux qui ces présentes lettres verront Guillaume de la Chapelle, garde de la prévôté de Montlhéri, salut. Jean le prévost d'Estrechi, escuyer, recognut avoir vendu à religieuses dames l'abaisse et couvent de l'abbaye de Villers un arpent et demi de terre qu'il avait assis à La Norville, derrière les courtils, au leu que l'on dit la cousture, tenant au chemin de une part qui s'a dreite à Ledeville et au dit vendeur, d'autre part, *tenant en fié de nostre sire le Roi,* pour la somme de 12 livres, en l'année 1317. (Archives de Seine-et-Oise.)

XV

A tous ceux qui ces présentes lettres verront Robert de Branles, prévost de Montlhéri, salut. Savoir faisons à tous que par devant nous comparut en jugement Jehan prévost d'Estrechi, écuier, congnut et affirma par devant nous qu'il avait vendu aux religieuses de Villiers droiture et deime avec tous les cens et corvées, appartenances et dépendances d'iceux qu'il avait à La Norville et tous les quieux damoiselle Ysabeau de Tygeri tenait, prenait et recevait, devait avoir, tenir et prendre et recevoir par titre de douère le cours de sa vie seulement, si comme il disait, sur les héritaiges et possessions ci-nommées et divisées, c'est assavoir : sur la masure Guiot Bouvier et Jehanne, sa sœur, de La Norville qui tient à la maison que les dites religieuses ont à La Norville, de une part, et au seigneur de la Bretonnière, d'autre part, une droiture et la moitié d'une droiture sur la maison que Pierre Vincent et Sédilot, sa femme, ont et tiennent à La Norville, tenant aux dites religieuses, de une part, et au seigneur de la Bretonnière, d'autre part, *mouvant en fief tout ce de notre sire le roy*, à une foy et hommage, avec tout le droit et l'action, sens, saisine, propriété, possession et seigneurie qu'il y avait, pouvet et entendait y avoir, dont y se désaisit en notre main comme en main souveraine et veut que les dites religieuses en fussent saisies, tout pour le prix et la somme de 6 livres, sauf toutefois et retenu à la demoiselle Ysabelle tel droit de douaire qu'elle a durant sa vie. En l'année 1320. (Archives de Seine-et-Oise.)

Chapitre de Notre-Dame de Paris. — Mouvance des de Gravelles.

XVI

Petrus, Dei gratià episcopus Parisiensis, omnibus presentes litteras inspecturis salutem in Domino. Notum facimus quod Guido de Norvilla, Aurelianensis canonicus, in nostra presentia constitutus, fide interposita, titulo pignoris obligavit ecclesie S[ti] Vincenti de Linais totam decimam suam

de Norvilla pro ducentis quadraginta libris parisiensibus. Recognovit etiam coram nobis idem canonicus se per sacramentum suum promisisse quod
illam decimam alienis nequaquam venderet nec
pignori obligaret nisi Ecclesie supradicte et promisit quod bona fide laboraret, quam cito posset, ad
hoc, quod jam dicta decima eidem ecclesie posset
emptionis titulo devenire. Robertus autem de Gravella, miles, nepos dicti canonici, a cujus feodo
movet predicta decima, istam invadiationem concessit et laudavit et tam de fidejussione quam de garandia, corporali fide dedita; hujus nostre invadia-
tionis sunt plegii magister Galterius Cornutus,
parisiensis canonicus, fide data, et magister Philippus, officialis parisiensis, fide interposita. In cujus
rei testimonium, presentes litteras, ad petitionem
partium, sigilli nostri munimine fecimus roborari.
Actum anno Domini millesimo ducentesimo sexto
decimo, mense Novembre. (Archives nationales.
L. 466.)

XVII

Omnibus presentes litteras inspecturis officialis
curie Pariensis salutem in Domino. Noverint universi quod constitutus in presentia nostra Guido de
Lanorvilla, canonicus aurelianensis, vendidit ecclesie beate Marie Parisiensis totam decimam bladi
et tractum decime quem habebat apud Lanorvillam
pro quingentis libris parisiensibus, de quibus denariis confessus est coram nobis idem canonicus
sibi esse plenius satisfactum, renuntians exceptioni non numerate pecunie et pretii non soluti et
fidem corporalem in manu nostra prestitit quod ven-

ditionem istam dicte ecclesie garantizabit et defendet, et insuper de venditione decime dicte garantizanda eidem ecclesie in straplegium dedit quidquid
in diocesi parisiensi habet de consensu dominorum
feodi, videlicet Guillelmi de Gravellis scutiferi et
Henrici de Lanorvilla militis, quo decimam et tractum decime dicta ecclesia quiete et libere perpetuo
possidebit. Hanc autem venditionem concesserunt,
laudaverunt et de garandia ferenda fidem corporalem in manu nostra dederunt et se plegios constituerunt dictus Guillelmus de Gravellis, scutifer,
primus dominus feodi, et dictus Henricus, miles,
secundus dominus feodi supradicti. Preterea, Guillelmus de Gravellis, miles, Ansellus de Gravellis,
scutifer, nepotes predicti Guidonis, hanc venditionem et asseruerunt et laudaverunt, fide in manu
nostra prestita corporali, promittentes quod contra
venditionem istam venire de cetero nullatenus at-
temptabunt; idem etiam Ansellus, scutifer, de garandia ferenda se plegium constituit et per fidem.
Ad hec jam dictus Guido coram nobis voluit et
concessit quod liceat ecclesie Parisiensi emere et
in perpetuum possidere unum arpentum terre in
feodo suo de Lanorvilla liberum et quittum ab omni
onere et consuetudine et censu ad grangiam, si
dicta ecclesia voluerit, faciendam et hoc laudaverunt et concesserunt coram nobis tam domini quam
nepotes superius nominati; insuper Guido et alii
prenotati supposuerunt se jurisdictioni curie parisiensis ut, ubicumque sint, in eos possemus excommunicationis sententiam promulgare si in aliquo
defecerint. Quod ut ratum permaneat in futurum
presentes litteras, ad petitionem Guidonis et aliorum
superius nominatorum, sigillo parisiensi curie fe-

cimus roborari, anno Domini millesimo ducentesimo trigesimo primo, mense ottobre. (Archives nationales. LL. 175.)

XVIII

Anno Domini millesimo ducentesimo quadragesimo secundo, mense Junio, procurator decani et
capituli beate Marie Parisiensis denuntiavit in jure
Guillelmo de Gravellis, militi, quod ipsi decanus
et Capitulum nomine suo impetebantur et molesta-
bantur a Theobaldo et Petro de Dheingnonvilla, fra
tribus, nomine uxorum suorum filiarum domini
Guillelmi de Gravellis, militis, super decimam et
tractum decime de Lanorvilla quam decimam et
tractum ejusdem Guido de Lanorvilla, canonicus
aurelianensis, vendidit ecclesie beate Marie Parisiensis de qua venditione tenenda et garantizanda
eidem ecclesie prefatus Guillelmus de Gravellis, nec
miles tempore venditionis scutifer, plegium se constituit, ut dicit dictus procurator, et monuit idem
procurator dictum Guillelmum tanquam plegium ut
ipse dictam venditionem ecclesie beate Marie Parisiensis garantizet et defendet super hec contra dictos fratres et uxores corum. (Archives nationales.
LL. 175.)

XIX

Universis presentes litteras inspecturis Guillelmus, divina permissione Parisiensis ecclesie minister indignus, salutem in Domino. Noveritis quod
nos, anno Domini millesimo ducentesimo quadragesimo tertio, mense Decembre, litteras curie Pa-

risiensis non abolitas, non cancellatas, neque in aliqua parte sui juriatas recepimus et de libo ad libum diligenter inspexerimus in hec liba : « Omnibus presentes litteras inspecturis officialis curie Parisiensis salutem in Domino. Noverint universi quod constitutus in nostra presentia Guido de Lanorvilla, canonicus Aurelianensis etc. »..... (Puis, suit le texte complet de la charte XVII.).....

Nos vero, Bernardo presbitero et curato de Lanorvilla, in cujus parochia sita est decima predicta, venditionem ipsius decime ex tunc voluisse et ratam habuisse et iterato volente et expresse concedente coram nobis et dicente quod eamdem decimam non poterat habere nec voluerat, nec non et omne jus quod ratione juris parochialis ecclesie sue baptismalis in ipsa decima vendita habebat vel habere poterat remittente, cedente et quittante, auctoritate nostra, et parocho consensum prebente, ecclesie beate Marie Parisiensis ipsam venditionem dicte decime volumus, laudamus, concedimus et approbamus et ipsam decimam auctoritate nostra ecclesie Parisiensi perpetuo habendam et possidendam confirmamus. In cujus rei testimonium presentibus litteris nostrum sigillum fecimus apponi. (Archives nationales, LL., 175.)

XX

Universis presentes litteras inspecturis Johannes, ecclesie Parisiensis archidiaconus, salutem in Domino. Noverint universi quod constitutus coram nobis nobilis vir Guillelmus de Gravellis, miles, voluit et concessit coram nobis ut decanus et capitulum beate Marie parisiensis compromittant, si voluerint, de querela que inter eos, ex una parte, Petrum, Theobaldum, Johannem de Grangiis, Reginaldum Robertum de Boixeria, armigeros, et eorum uxores, ex altera, vertitur super decimam de Lanorvilla, que fuit, ut dicitur, defuncti Guidonis de Lanorvilla, quondam canonici Aurelianensis. Actum anno Domini millesimo ducentesimo quadragesimo quinto, die veneris ante festum beate Marie Magdalene. (Archives nationales, LL., 175.)

XXI

Omnibus presentes litteras inspecturis officialis curie Parisiensis salutem in Domino. Notum facimus quod in nostra presentia constituti Johannes de Gravellis et Reginaldus fratres, Petrus de Boisseria et Theobaldus, frater ejus, recognoverunt se recepisse per manum venerabilis succentoris parisiensis duodecim libras parisienses quas Capitulum parisiense eisdem, pro bono pacis, ratione decime de Lanorvilla promiserat se daturum. Datum anno Domini millesimo ducentesimo quadragesimo quinto, mense februario. (Archives nationales, LL., 175.)

XXII

Omnibus presentes litteras inspecturis officialis curie Parisiensis salutem in Domino. Notum facimus quod in nostra presentia Johannes de Gravellis, scutifer, recognovit se recepisse pro se et Reginaldo fratre suo, et Petro de Boisseria, et Theobaldo, fratre ejusdem Petri, armigeris, per manum venerabilis viri succentoris parisiensis, triginta et tres libras parisienses que restabant solvende, ut dicebat dictus Johannes, de summa quadraginta et quinque librarum parisiensium, quas quadraginta et quinque libras capitulum parisiense, pro bono pacis, ratione decime de Lanorvilla promiserat se daturum. Datum anno Domini millesimo ducentesimo quadragesimo quinto, mense martio. (Archives nationales, L., 466.)

XXIII

Universis presentes litteras inspecturis Odo, decanus de Gambes, diocesis Carnotensis, salutem in Domino. Noverint universi quod quedam Johanna relicta cujusdam defuncti Guillelmi de Gravellis, militis, et Euphemia filia ejusdem Johanne, filia etiam dicti defuncti Guillelmi, Agnes et Johanna, filie quedam dicti defuncti Guillelmi, suscepte ex defuncta Eremburga, prima uxore dicti Guillelmi, Theobaldus de Tegnonvilla, armiger, dicte Agnetis maritus, et Petrus, frater dicti Theobaldi, maritus dicte Johanne sororis dicte Agnetis, dicerent, ut dicunt, decimam de Lanorvilla, quam Guido de Lanorvilla, quondam canonicus Aurelianensis, vendidit, ut dicitur, ecclesie beate Marie parisiensis, movisse et fuisse pro medietate, ut dicitur, de feodo prefati Guillelmi de Gravellis, militis, et tempore venditionis scutiferi, et dicta Johanna diceret, ut dicitur, se doarium habere in feodo ipsius decime et prefati Agnes et Johanna, Theobaldus et Petrus, earum mariti, dicerent, ut dicitur, se jus

habere in eadem medietate dicti feodi quia mater
earum doarium in eadem medietate habuisset et
habere dicerent secundum usus et consuetudines
Francie ; et apparet quod predicte filie Agnes et Johanna, suscepte ex prima uxore dicti Guillelmi, nec
non et mariti earum prenominati, predicta Johanna,
relicta dicti Guillelmi, et Euphemia filia dicti Guillelmi, suscepta ex dicta Johanna, peterent, ut dicitur, in quantum jus cujuslibet persone eisdem
concedebat in dicto feodo, ut decanus et Capitulum,
beate Marie parisiensis dictam decimam ponerent
extra manum suam, ut dicitur, cum precedentes
persone dictam venditionem nec laudassent, nec
quittassent, ut dicebant; item, cum Johannes, Robertus et Reginaldus de Gravellis fratres, armigeri,
fratres quondam dicti defuncti Guillelmi, dicerent,
ut dicitur, dictam decimam movere et esse pro medietate de eorum feodo et peterent, ut dicitur, ut
ipsi decanus et Capitulum dictam decimam redde-
rent et ponerent extra manum suam, cum dictam
venditionem nec laudassent, nec quittassent, ut
dicebant, tandem, post multas altercationes, Robertus et Reginaldus de Gravellis, fratres, armigeri,
fratres quondam dicti defuncti Guillelmi de Gravellis, Maria, uxor ejusdem Roberti, et Ysabellis, uxor
dicti Reginaldi, coram nobis constituti, dictam ven-
difionem dicte decime a dicto Guidone de Lanorvilla factam ecclesie parisiensi, ut dicitur, et concesserunt et quittaverunt nomine suo et heredum
suorum et voluerunt, tanquam primus dictus, pro
medietate dicti Robertus et Reginaldus fratres una
cum Johanne de Gravellis, fratre eorum, ut ecclesia
Parisiensis dictam decimam teneat in perpetuum et
possideat in manu mortua sine coactione vendendi

aut extra manum ponendi et omne jus et dominium quod in eadem decima et in feodo ejusdem habebant et habere poterant quoquo modo dederunt, cesserunt et quittaverunt in perpetuum ecclesie parisiensi coram nobis dicti Robertus et Reginaldus fratres et eorum uxores, nihil juris sibi et eorum heredibus in eadem decima retinentes, promittentes, fide prestita in manu nostra corporali, quod predicta jure hereditario, ratione dotalicii, aut alio jure, per se vel per alios, non venient et quod dicti decimarii, scilicet dicti Robertus et Reginaldus de Gravellis, tanquam primi domini pro medietate dicti feodi, ecclesie Parisiensi garantizabunt et deffendent in manu mortua sine coactione vendendi aut ponendi extra manum quandocumque et quocumque de hoc fuerint requisiti contra omnes qui se dicerent primos dominos feodi anteadicti et, ad ista predicta et singula tenenda et adimplenda, suos obligabunt heredes parisiensi ecclesie coram nobis. In cujus rei testimonium presentes litteras sigillo nostro fecimus roborari. Datum anno Domini millesimo ducentesimo quadragesimo quinto, mense Martio. (Archives nationales, LL., 175.)

Les autres membres de la famille de Gravelles désignés dans cet acte passèrent un arrangement identique avec le chapitre de Paris devant l'official de ce diocèse, au mois de février, et devant Etienne, doyen de la chrétienté d'Etampes, au mois de mars de l'année 1245.

XXIV

Innocentius episcopus, servus servorum Dei, dilectis filiis Senonen. Carnoten. et Siluanecten. officialibus salutem et apostolicam benedictionem.

Decanus et Capitulum Parisienses, sua nobis peti-
tione, monstrarunt quod, cum Petrus, Theobaldus
de Gravellis, Joannes de Granchia, Reginaldus et
Robertus de Boisseria, laici Senonen. Carnoten. et
Parisien. dioceseon, quasdam decimas de Lanorvilla, parisiensis dioceseos, ad eos communiter
pertinentes ipsis per violentiam abstulissent, officialis parisiensis in eos, ratione delicti quia pluries
ab eo moniti diligenter decimas ipsas restituere con-
tumaciter recusabant, auctoritate venerabilis fratris
nostri episcopi Parisiensis excommunicationis sententiam, exigente justitia, promulgavit, quare humi-
liter nobis supplicârunt ut eamdem sententiam
robur faceremus firmitatis debitum obtinere : quo-
circa discretioni vestre per apostolica scripta mandamus, quantum sententiam ipsam rationabiliter est
prolata faciatis auctoritate nostra usque ad satis-
factionem condignam, appellatione remotà, inviolabiliter observari. Quod si non omnes hiis exequendis
potueritis interesse, duo vestrum eá nihilominus
exequantur. Datum Lugduni, XVI kalendarum oc-
tobris, Pontificatûs nostri anno tertio. (Octobre 1245.
Archives Nationales, L. 466.)

XXV

Omnibus presentes litteras inspecturis officialis
curie Parisiensis salutem in Domino. Notum facimus quod cum pacificatum est inter decanum et
capitulum Parisiense, ex una parte, nobilem mulie-
rem Johannam de Thegnonvilla relictam defuncti
Guillelmi de Gravella militis, Euphemiam ejus

filiam susceptam e dicto Guillelmo, Petrum et Theobaldum armigeros fratres et eorum uxores, Reginaldum, Robertum et Johannem armigeros et eorum uxores, ex alterà, super contentionem que erat inter ipsas partes super decimam de Lanorvilla, quam defunctus Guido de Lanorvilla quondam canonicus aurelianensis vendiderat ecclesie Parisiensi, ad quam decimam garantizandam eidem ecclesie petebant ipsi decanus et capitulum in jure coram nobis nobilem virum de Escharconio dictum de Gravella militem tanquam heredem dicti venditoris supradicti ad reddendum eisdem dampna illata sibi super dictam decimam per dictam dominam Johannam et Euphemiam filiam ejusdem, et per dictos armigeros et eorum uxores ; tandem, super hiis compositum sit in hunc modum inter dictum decanum et capitulum parisiense et dictum nobilem virum Guillelmum de Escharconio dictum de Gravella militem coram nobis : ad hec prefatus Guillelmus miles, nobilis mulier Alipdis uxor ejus, pro dictis dampnis et expensis factis in prosecutione litis occasione dicte decime, promiserunt, fide in manu nostra prestita corporali, se reddituros et soluturos eisdem decano et capitulo viginti libras parisienses infra octavam omnium sanctorum proxime venturam et, pro eisdem viginti libris, dicti decanus et capitulum parisienses dictum Guillelmum, ejus uxorem et eorum heredes quittaverunt de dampnis et expensis supradictis quantum ad hoc jurisdictioni curie Parisiensis se supposuerunt. Datum anno Domini millesimo ducentesimo quadragesimo sexto, mense maio. (Archives Nationales, L. L. 175.)

XXVI

Omnibus presentes litteras inspecturis officialis curie Parisiensis salutem in Domino. Notum facimus quod in nostra presentia constituti Andreas dictus ad denarios, Johannes Coquillart, Matheus Elicus, Johannes Anglicus, Guiardus dictus parcens verum, Guerinus Brolié, Guillelmus Avice, Henricus dictus sine denariis, Bertrandus dictus Trone, Petrus Roucelli, Radulphus dictus le faucheur et Henricus filius defuncti Andree, omnes de parochia de Norvilla, asseruerunt in jure coram nobis quod ipsi habebant et possidebant terras quasdam sitas in parochia predicta in decimatione venerabilium virorum decani et capituli parisiensis, videlicet : dictus Andreas unum arpentum, Johannes Coquillart dimidium arpentum, Matheus Elicus dimidium arpentum, Johannes Anglicus unum quarterium, Guiardus predictus unum quarterium, Guerinus predictus tria quarteria, Guillelmus Avice quinta quarteria, Henricus dictus sine denariis unum arpentum, Bertrandus dimidium arpentum, Radulphus predictus unum arpentum, Petrus Roucelli dimidium arpentum, Henricus filius defuncti Andree unum arpentum. Asseruerunt ipsi homines prenominati quod easdem terras quibuslibet ipsorum hominum sedere in portionem et quantitatem que habetur, ut dictum est, tam in vineis quam masuris, asserentes etiam in jure coram nobis ipsi homines quod pro quolibet arpento tenentur reddere et solvere dictis decano et capitulo parisiensi, ad unum edictum mandatum, quatuor sextaria vini, scilicet mere gutte, et pro dimidio arpento duo

sextaria et pro uno quarterio unum sextarium
ejusdem vini annuatim in vindemiis, ita etiam quod,
quolibet anno in posterum cum vindemias colli-
gent, denuntiabunt decano et capitulo vel eorum
servienti seu mandatario diem quâ eamdem vin-
demiam fullare volent, ut veniant quesitum decimam suam et cum venerit serviens capituli accipiet
in cupa, ubi vindemia vinearii ponetur, sine contradictione aliqua, decimam sibi debitam, ut dictum
est, ad mensuram de Castris, quam idem serviens
secum portabit, et si forte contigerit aliquo anno in
posterum vinum non crescere in vineis seu masuris
anteadictis anno sequenti tenebuntur decimam
duplicare quilibet ipsorum hominum sed in quantitatem vinee seu masure quam tenerent, et ad
promissa omnia et singula tenenda et firmiter in
perpetuum adimplenda obligant se et suos heredes
sive successores quoscumque homines supradicti
nec non et omnia bona sua ubicumque et in quibuscumque consistant et vineas seu masuras
predictas specialiter et sponte eidem capitulo parisiensi obligatas specialiter reliquerunt, promittentes ipsi homines nominati omnes et singuli in jure
coram nobis, spontanea voluntate et ex certa
scientia, fide in manu nostra prestita corporali
quod dicto servienti seu mandatario dicti capituli
nullatenus se opponent quum dictam decimam in
eorum cuppis, ad mensuram predictam, annuatim
libere percipiet prout superiùs est expressum et
quod eadem et singula et omnia promissa inviolabiliter observabunt et fideliter adimplebunt. Preterea prenominati Henricus sine denariis et Bertrandus dictus Trone promiserunt uterque eorum
in solidum et per fidem quod facient et procurabunt

quod Aubertus dictus Sancte similiter reddat annuatim pro uno arpento vinee quod tenet in decimatione predicta quatuor sextaria vini, sicut et alii facient, prout superiùs continetur, et ad hoc obligant se et sua pro eodem Auberto ipsi Henricus et Bertrandus capitulo memorato, insuper omnes et singuli homines prenominati promiserunt sub prestita fidei religione quod contra promissa, vel aliquod de promissis, per se aut per alium non venient in futurum. In cujus rei testimonium, ad petitionem supradictorum hominum, sigillum curie Parisiensis presentem cartam fecimus communiri. Datum anno Domini millesimo ducentesimo quinquagesimo quinto, mense aprili. (Archives Nationales, L. L. 175.)

L'année suivante, le jeudi après la Quasimodo, un engagement fut passé dans les même termes entre le chapitre de Paris et plusieurs habitants de La Norville et de Châtres.

XXVII

Omnibus presentes litteras inspecturis officialis curie Parisiensis salutem in Domino. Notum facimus quod in nostra presentia constituti Rogerus dictus Facillon et Eremburgis, uxor ejus, asseruerunt et recognoverunt in jure se habere et possidere quamdam masuram continentem unum arpentum terre, in quo arpento terre est quedam domuscula sita apud Lanorvillam, in censiva defuncti Guillelmi de Gravellis, militis, quam masuram cum domuscula et pertinenciis ejusdem masure ipsi Rogerus et Eremburgis, ejus uxor, recognoverunt in jure coram nobis se vendidisse et in perpetuum quittavisse viris venerabilibus decano et capitulo parisiensi pro quatuordecim libris parisiensibus jam eisdem venditoribus solutis, traditis et numeratis, prout ipsi venditores confessi sunt coram nobis, renuntiantes expresse et ex certa scientia exceptioni non numerate pecunie, ita quod predictum capitulum in loco predicto construere, edificare possit quamdam granchiam ad opus ipsorum decani et capituli prout melius voluerint et viderint expedire et promiserunt ipsi Rogerus et Eremburgis, ejus uxor, spontanea voluntate et ex certa scientia, fide in manu nostra prestita corporali, quod contra venditionem et quittationem predictas jure hereditario, ratione conquestûs, dotis, dotalicii, vel alio quoquo jure per se aut per alium non venient in futurum et quod dictam venditionem, ut dictum est, factam memoratis decano et capitulo garantizabunt et liberabunt in judicio et extra quoties opus fuerit contra omnes et de ista garandia, ut dictum est, ferenda supra dictis decano et capitulo bona sua mobilia et immobilia, presentia et futura ubicumque et in quibuscumque consistant in contraplegium obligarunt et obligata promiserunt et specialiter reliquerunt. In cujus rei testimonium, ad petitionem supradictorum venditorum, presentem cartam sigillo curie Parisiensis fecimus roborari. Datum anno Domini millesimo ducentesimo quinquagesimo quinto, die lune post festum sancti Clementis. (Archives nationales, L. L., 175.)

XXVIII

Universis presentes litteras inspecturis officialis curie Parisiensis salutem in Domino. Notum facimus quod coram nobis constitutus Johannes de Gravella, armigero, recognovit et asseruit coram nobis quod Guido de Lanorvilla, quondam canonicus aurelianensis, voluit et concessit quod liceret ecclesie parisiensis emere et in perpetuum possidere unum arpentum terre in feodo suo de Lanorvilla liberum et quittum ab omni onere, consuetudine et censu ad grangiam, si dicta ecclesia voluerit, faciendam, asseruit etiam dictus Johannes quod dicta ecclesia parisiensis emit unum arpentum terre in feodo de Lanorvilla nunc ad ipsum ex successione sua paterna pertinente; et voluit et concessit dictus Johannes quod dicta ecclesia parisiensis dictum arpentum terre situm in feodo ipsius Johannis de Lanorvilla teneat et possideat in perpetuum liberum et quittum ab omni onere, consuetudine et censu in manu mortua sine coactione vendendi aut extra manum ponendi et promisit dictus Johannes, fide in manu nostra prestita corporali, quod supradicto arpento terre jam empto in suo feodo de Lanorvilla dictam ecclesiam parisiensem nullatenus molestabit, nec contra concessionem et emptionem predicti arpenti per se aut per alium quocumque jure veniet in futurum. Datum anno Domini millesimo ducentesimo quinquagesimo sexto, die sabbati post festum beati Nicolai hiemalis. (Archives nationales, L. L., 175.)

Mouveance du roi. — Fief des Carneaux.

XXIX

Universis presentes litteras inspecturis officialis curie Parisiensis salutem in Domino. Noverint uni-

versi quod Henricus de Lanorvilla et Thomas frater
ejus, milites, in presentia nostra constituti, recognoverunt se vendidisse decano et capitulo parisiensi, pro quinquaginta et una libris parisiensibus,
de quibus recognoscunt sibi fuisse plenarie satisfactum, quoddam herbergagium situm apud Lanorvillam et circiter duo arpenta terre circa idem
herbergagium, quod predictam terram garantizabunt
eisdem secundum usus et consuetudines Francie
contra omnes et quod contra istam venditionem
per se aut per alium non venient in futurum; promiserunt insuper dicti venditores, et ad hoc se sub
fide prestita adstrinxerunt, quod dictam venditionem facerent laudari, quittari et concedi infra
Pentecosten venturam a Comitissa et Margareta sororibus, filiabus quondam defuncti Guidonis de
Lanorvilla, de quarum feodo dictum herbergagium
et terra movere dicuntur, et eamdem venditionem
concedi facient et laudari a maritis ipsarum sororum infra mensem postquam contraxerint cum eisdem, quoque istas quinquaginta et unam libras et
preterea viginti libras pro pena dampni et deperditionis reddere tenerentur decano et capitulo memoratis. Sciendum liquide est quod dicti fratres milites
promiserunt se soluturos dictas quinquaginta et
unam libras cum viginti libris similiter pro pena
dampni et deperditionis dictis decano et capitulo et
omnia costamenta sive expensas factas sive positas
circa herbergagium et terras predictas ad dictum
virorum bonorum si dominus Rex, a quo dicte sorores tenere predicta dicuntur, infra tres annos
proxime venturos compelleret dictos decanum et
capitulum dictum herbergagium et terram ponere
extra manum suam, vel nisi permitteret eos dictum

herbergagium et terram quiete et pacifice possidere, et dicti decanus et capitulum tenerentur restituere eisdem sororibus dictum herbergagium cum terra in eque bono statu in quo ea receperunt ab eisdem. Ad hec dominus Petrus de Guillervilla miles et Petrus de Castris scutifer se fidejussores et principales assistunt debitores de predictis sexaginta et undecim libris et de expensis, si que fient in dicto herbergagio, decano et capitulo parisiensi persolvendis si dicte sorores et eorum mariti non quittarent, concederent et laudarent dictam venditionem, prout superius est expressum, et si dominus Rex, infra triennium, prohiberet ne decanus et Capitulum predicta tenerent pacifice et quiete. In cujus rei testimonium presentes litteras sigillo curie Parisiensis fecimus roborari. Datum anno Domini millesimo ducentesimo trigesimo primo, mense martio. (Archives nationales, L. L., 175.)

XXX

Petunt decanus et Capitulum beate Marie Parisiensis a Petro de Guillervilla, milite, et a Petro de Castris, scutifero, sexaginta et undecim libras parisienses ad que solvende se principaliter obligaverunt nisi Comitissa et Margareta sorores, filie quondam defuncti Guidonis de Lanorvilla, herbergagium suum apud Lanorvillam cum duobus arpentis terre juxta herbergagium, que Henricus de Lanorvilla et Thomas fratres earum milites vendiderunt dictis decano et Capitulo, infra Pentecosten proxime petitam dictis decano et capitulo non laudarent, concederent et quittarent et a maritis dictarum Comitisse et Margarete infra mensem postquam cum ipsis matrimonium contraherent concedi facerent et quittarent, unde cum, tempore pretermisso, non fuit facta quittatio et concessio predicta, petunt decanus et Capitulum dictas sexaginta et undecim libras parisienses. (Archives nationales, L., 466.)

XXXI

Officialis curie Parisiensis de Linais et Sancti Clementis de Castris presbyteris salutem. Mandamus vobis quod, prout vobis subierunt, citetis Petrum de Guillervilla militem et Petrum de Castris scutiferum ad diem mensis post festum beati Martini hiemalis coram nobis capitulo parisiensi responsuros. Datum anno Domini millesimo ducentesimo trigesimo secundo. (Archives nationales, L., 466.)

Chartreux de Vauvert.

XXXII

A tous ceus qui ces presentes lettres verront Guillaume Thibout, prevost de Montlhéri, salut : nous fesons à savoir à tous que par devant nous vindrent en dret Renaut de Frangeville, escuier, et damoiselle Ysabel, sa fame et Pierre de Denonville, escuier, et requirant qu'il avaient et poursuivaient ensemble terre et autres chauses plusieurs à Lanorville et elles, ques autour et au molin de Fourcon, laquelle terre et toutes les autres chauses qui

sont au leu dessus dit et autour le dit Renaut et sa
fame accorderant et voudrant par acord ont par es-
change que icelle terre et autres chauses toutes
soient a tousjours mes perpetuellement audit Pierre
de Denonville, cousin de ladite domoiselle, et aux
hers d'icelui Pierre ou telle congenère que ledit
Pierre veust, et accorda pardevant nous que ledit
Renaut et sa fame et leurs hers aient et pringnent
à tousjours mes perpetuellement sans nul contredit
le cens de Lanorville qui vaut treize livres et quatorze souls parisis de rante chacun an qui ayent en
fié dou rei et la seingnoire et les aventures de ce
cens et est a savoir que tous les mars dou pressouer
et les rouages sont audit Pierre et à ses hers ainsi
que comme les autres chauses les quels Renaut et
sa femme et Pierre s'accorderant au chauses et aus
convenances dessus dites, si comme elles sont des-
signées et promettant en bone foi que james ne
vendront à l'encontre de nulle chause et james ne
tendront ces convenances les uns les autres bien et
loiaument sans bares et sans fraude, et pour toutes
ces convenances tenir a tousjours mes ils ont obligé
les uns envers les autres et envers leurs hers aus
leurs hers les biens de leurs hers et tous leurs biens
meubles et non meubles présents et a venir à justifier par les prevosts de Montleheri, sans autres seingneur avouer et outre renoncié a toutes exceptions
de mal déclarer, de tricherie, à tout privillège de
croix prise ou a prendre, à toutes indulgences ob-
tenues et acquises et a toute coutume de pais, à ce
que l'une partie ne l'autre ne puis alléguer doresnavant et a toutes chauses pourquoi ils precient dire
contre ce présent escrit de dret ou de fet ; en tésmoi-
gnage de ceste chause nous à la requeste des per-

sonnes dessus dites feimes ces lettres sceller par
Jehan Mulier garde dou scel de la dite prevosté de
Montlheri. Ce fut fet en l'an de Notre Seingneur
MCC quatre vinz et deux, au mois de feuvrier le
vendredi auprès les huitièmes de la chandeleur. (Archives du château de La Norville.)

XXXIII

Universis presentes litteras inspecturis officialis
curie Parisiensis salutem in Domino. Noveritis quod
coram nobis constituti Reginaldus de Frangevilla,
armiger, et Ysabellis de Dampnonvilla, ejus uxor,
asseruerunt coram nobis quod ipsi habebant, tenebant et possidebant quatuordecim libras parisienses
minuti censûs annui ex hereditate dicte Ysabellis,
ut dicebant, quas quatuordecim libras ipsi percipiebant annuatim in festo Sancti Remigii specialiter
super quinquaginta arpenta vinearum, vel circiter,
que vulgaliter interpretantur *ad tres cruces* et generaliter super aliis terris arabilibus sitis in diversis pieciis in villa et territorio de Lanorvilla in feodo
et dominio illustris Regis Francie, nullo alio mediante, de quibus quatuordecim libris parisiensibus
minuti censûs predicti conjuges recognoverunt et
confessi sunt coram nobis intuitu caritatis et ob remedium animarum suarum se dedisse et concessisse quittavisse religiosis viris priori et conventui
Vallis viridi, prope Parisiis, ordinis cartusiensis et
Prioratui ejusdem loci in puram et perpetuam eleemosinam donatione facta inter vivos et sine spe
dominii de cetero revocandi; promiserunt etiam
dicti conjuges, fide et juramento prestitis ab eisdem

coram nobis, quod contra hujusmodi donationem et
concessionem per se aut per alium non venient in
futurum nec venire procurabunt; voluerunt etiam
et concesserunt quod predicti religiosi super dictas
quatuordecim libras predictam quittanciam habeant
et percipiant annuatim in perpetuum absque aliqua
sui vel heredum suorum contradictione, quin possint et valeant dictam quittanciam libere, pacifice
et quiete in puram et perpetuam eleemosinam possidere et habere, obligantes quantum ad hec se heredesque suos, bona sua heredumque suorum mobilia et immobilia, presentia et futura; jurisdictioni
curie Parisiensis se supposuerunt ubicumque se
duxerint transferendos. In cujus rei testimonium sigillum curie Parisiensis presentibus litteris duximus
apponendum. Datum anno Domini millesimo ducentesimo octogesimo secundo, die sabbati post oc-
tavas purificationis beate Marie Virginis. (Archives
du Château de La Norville.)

XXXIV

Philippus Dei gratia Francorum Rex. Notum facimus universis tam presentibus quam futuris quod
cum prior et fratres de Valle viridi, juxta Parisiis,
ordinis Cartusiensis, post tempus infra ordinatione
prefinitum acquisierunt in feodo nostro per empcionem a Reginaldo de Frangevilla armigero et Ysabelle uxore ejus quatuordecim libras parisienses minuti censûs, moventis de propria hereditate dicte
Ysabellis siti apud Norvillam et in territorio ejusdem ville super terris et vineis, solvendas anno
quolibet in festo Sancti Remigii ab hominibus te-

uentibus dictas terras et vineas, sub pena quinque
solidorum pro emenda solvenda a quolibet homine
non solvente censum suum in predicto festo, cum
dominio, vendis, saisinis, justicia et expletis, ac
omni jure quod dictus armiger et ejus uxor in premissis omnibus habebant vel habere poterant ratione quacumque sicut in litteris propositure Parisiensis super his confectis dicitur contineri; Nos
predictam acquisitionem et empcionem, quantum
in nobis est, ratas et gratas habentes volumus et
concedimus eisdem religiosis ob remedium animarum inclite recordationis illustrissimi Domini et
genitoris nostri Ludovici, quondam Francorum regis, et Ysabellis quondam uxoris nostre, olim Francorum regine, ac predecessorum nostrorum, et
pietatis intuitu, quod prefati religiosi predicta
acquisita possint in perpetuum tenere et possidere
pacifice et quiete, sine coactione aliqua vendendi,
vel extra manum ponendi. salvo in aliis jure nostro
et jure in omnibus quolibet alieno. Quod ut ratum
et stabile permaneat in futurum presentibus litteris
nostrum fecimus apponi sigillum. Actum Parisiis,
anno Domini millesimo ducentesimo octogesimo
secundo, mense marcio. (Archives du château de
La Norville.)

XXXV

A tous ceux qui ces présentes lettres varront
Gilles de Compiègne, garde de la prévosté de Paris,
salut. Nous faisons à savoir que par devant nous
vint Renaut de Frangeville, escuier, et requerant
en droit que comme li et Ysabel, sa fame, eussent
vendu au prieur et au couvent de Vauvert de les

Paris, de l'ordre de Chartreuse, quatorze livres de
menu cens par an à Lanorville franches et quittes
dou propre heritaige de la dite Ysabel, mouvans de
nostre seigneur le Roi de France nu à nu, et seurs
Pernelle et Johanne sa seur, sereurs à la dite
Ysabel, nonains de Villiers, eussent en ces quatorze
livres cinquante sols parisis, si comme elles di-
saient, chascun an à leur vie tanseulement, laquelle
chose ne fut pas dite, ne requonnue à la vente feite,
si commé le dit Renaut disait, pour desdommachier
les devant dis le prieur et le couvent le dit Renaut,
en non de li et de sa fame, si comme il disait, se
oblige et promist par devant nous à paier tous les
ans tant comme les deux nonains vivront ou cele
qui seurvivra, au jour de la Saint Remi, à Lanorville, au dis religieux de Vauvert cinquante sols de
Paris, ou landemain à Vauvert en leur maison et,
se il en fallait, il veut et promet de chascune journée, jusques à tant qu'il paic le principal, pour
paines paier sis sols de Paris, trois au Roi et trois
au dis religieux avècques tous les dépans que ils
feront pour ce pourchacier et en serait tenu à croire
à la simple parole de leur messaige, et promist par
son léal créant par devant nous à tenir toutes ces
choses de sus dites et quand à ce tenir fermement
il a obligé et soumis li et ses hoirs, tous ses biens et
les biens de ses hoirs muebles, et non muebles pré-
sens et à venir ou que qu'ils soient et espéciamment
environ dis arpens de terre graignable, qui fu jadis
au rémois, que ledit Renaut avait, si comme il disait, tenant dou long des terres mon seigneur Jehan
de Cheintrians chevalier et d'autre part au terres
feu Salot le Grier, si comme il disait, et vignes
qu'il avaient à Yssi de les Paris, les quelles l'on

apele les vignes du pressoir a justicier au prévost
de Paris ou au seigneur suzerain qui issereent
trouvés, des quieus dis arpents et des quieus vignes
le dit Renaut se dessaisi des ores en droit en nostre
main par le bail de ceste lettre à justicier en la manière qu'il est dit dessus en tele manière qu'il ne
les puisse vendre, despendre, donner, aumôner, ne
mettre hors de sa main sans la volonté des religieus
hommes desus dis devant après la mort des dueus
nonains dessus nommées : et quant à ce fet li dit
Renaut tant au non de li comme de sa fame, si
comme il disait, a renoncés à tous privilège de
croix prise ou à prendre, à tous engins et à toutes
decevances et à toutes les choses qui aidier le pourraient en ce cas. Et en tesmoing de ce nous avons
mis le scel de la prévosté de Paris en ces lettres,
l'an de grâce mil et deux cens et quatre vins et trois
au mois de février.

XXXVI

A tous ceux qui ces présentes lettres verront
Gilles de Compiègne, garde de la prévosté de Paris
et bailly de Montleheri, salut : Nous faisons à savoir
que comme Renaut de Frangeville écuyer et damoiselle Ysabel, sa fame, eussent vendu, octroié et
quitté par non de perpétuelle vente à religieus
hommes et honestes au prieur et au couvent de
Vauvert de les Paris de l'ordre de Chartreuse, pour
208ˡ de Paris, leurs quites quatorze livres de Paris
de menu cens que ils avaient et percevaient chascun
an de l'héritaige de la dite Ysabel, le jour de la
Saint Remi, à Lanorville et au terroir d'icelle ville
sur fiefs, sur vignes avecques la seignorie, ventes

et censives, exploits et esmoluments, tous qui pour restant de ces choses leur avenaient ou pouvaient advenir et eschoir, des quieus quatorze livres de menu cens et de tous les émolumens qui en portent effet li devant dis Renaut et sa fame ne s'estaient pas dessesis en notre main et la dite Ysabel fut en tel état que elle ne povait mie venir sainement par devant nous, pour ce fere donnons procuration a nostre sire Guillaume Thibout, prevost de Montleheri, espécialement pour prendre la dessaisine dou dit escuier et de Ysabel sa fame, et il prist la dessaisine, la nous raporta en nostre main, et nous, du comàndement especial de notre seigneur Louis de France, qui en pure aumosne aux devant dis religieus ces quatorze livres de menu cens a voulu amortir, iceux devant dis religieus en avons mis en saisine, sauf le droit de notre seigneur lou roy en autres choses et l'autrui. Et en tesmoing de ce nous avons mis le scel de la prévosté de Paris en ces lettres, l'an de grâce mil cc quatre vins et trois, le samedi après la Saint Jean Baptiste. (Archives du château de La Norville.)

XXXVII

Universis presentes litteras inspecturis Ranulphus, permissione divina parisiensis ecclesie minister indignus, salutem in Domino. Noveritis quod in nostra presentia constitutus Petrus, rector ecclesie de Lanorvilla, confessus fuit quod cum inter ipsum suo et ecclesie sue nomine ex una parte, Reginaldum de Frangevilla armigerum, priorem et fratres Vallis viridi, prope Parisiis, ordinis Cartu-

siensis, ex altera, contentio oriretur super sexdecim solidis parisiensibus annui redditûs quos dictus
rector suo et ecclesie sue predicte nomine dicebat
se debere percipere et habere singulis annis super
quatuordecim libris parisiensibus annui redditûs in
minuto censu, in villa de Lanorvilla, venditis a
dicto Reginaldo priori et fratribus supradictis, tandem de bonorum virorum consilio idem rector predictis armigero, priori et fratribus et omnibus aliis
ab ipsis in dicto censu causam habentibus dictos
sexdecim solidos remisit penitus et quittavit et
quidquid ab ipsis vel eorum altera ratione dictorum
sexdecim solidorum et arreragiorum eorum posset
petere pro omni tempore retroacto, pro dicta autem
quitatione predictus armiger dicto rectori dedit
sexdecim libras parisienses implicandas et commu-
tandas in augmentationem et utilitatem presbyterii
ecclesie supradicte, super quibus idem rector se
tenuit coram nobis plenarie pro pagato. Nos autem,
quia in premissis utilitatem ecclesie vidimus supradicte, predictas quittationem et remissionem
ratas habuimus et habemus et authoritate nostra
confirmamus. In cujus rei testimonium sigillum
nostrum presentibus litteris duximus apponendum.
Actum et datum apud Gentiliacum anno Domini
millesimo ducentesimo octogesimo octavo, die do-
minica post Trinitatem. (Archives du château de La
Norville.)

Lettre de Charles VIII.

XXXVIII

Charles, par la grâce de Dieu roy de France, a
nos amés et féaulx les gens tenant et qui tiendront

parlement à Paris, salut et dilection. Humble supplication de notre amé et féal notaire et serviteur maistre Pierre Le Prince entendue que puis certain temps en çà s'est meu procès tant en notre dite Cour que pardevant nos amés et féaulx conseilliers les gens tenant les requestes de notre palais à Paris et ailleurs entre nos bien amés les religieux, prieur et couvent de Notre-Dame de Vauvert, de l'Ordre chartreux d'une part et le dit suppliant de l'autre, sur les quels procès qui sont encore indécis les dites parties, pour nourrir paix et amour entre elles, accorderaient volontiers, mais elles doubtent que faissiez difficulté de les recevoir à passer le dit accord et appoinctement en notre dite cour, obstant certaines appellations relevées en icelle, lesquelles ne nous touchent rien fors l'amende, si en fin de cause il estait dit mal appelé, sans suivre leur octroier nos congié et licence humblement requérant iceulx. Pourquoy nous, ces choses considérées, voulant échuier plais et procès et nourrir paix et amour entre nos subjects aux dites parties avons en dit cas donné et octroié, donnons et octroions de grâce espécial par ces présentes congié et licence de pacifier et accorder ensemble de toutes les dites causes et d'icelles de partir de notre dite cour et de tous procès sans amende en rapportant l'accord sur ce fait par devers ladite cour pour y avoir tel égard que de raison pourvuque sur ce aucun arrest ou jugement ne s'en soit ensuivi ; et vous mandons que de notre congié et licence vous faites, souffrez et laissez les dites parties jouir et user plainement et paisiblement sans sur ce leur mettre, ou donner, ni souffrir être mis, ou donné contredit ou empeschement au contraire, non obstant quelconques lettres impétrées ou à impétrer à ce contraires. Donné à Paris le XVe jour de mars, l'an de grâce mil quatre cent quatre vingt et quatre et de notre régne le deuxième. (Archives du château de La Norville.)

Inscription d'une pierre tombale dans l'église de La Norville.

Cy devant gist venerable et discrette persone maistre Loys Jubin prêtre natif de cette parroisse en son vivant vicaire de Leudeville qui trespassa aud'lieu de Leudeville le VIe jour doctobre lan mil V^cXL lequel a fondé troys obis solenelz assavoir vigilles a neuf pseaulmes et IV lesons et recomandasses messe heaulte de requien et libera le tout a chappes diacre et sobz diacre pain et vin a loffrande fondez de chacun seize soulz pisis de rentes rachetables cest assavoir lun desd' obis en lesglise de ceans qui se dira pour chacun an le VIe jour doctobre lautre en lesglise dud'lieu de Leudeville qui se dira pour chacun an le VIe jour de febvrier et lautre en lesglise de St Germain qui se dira pour chacun an le VIe jour de juing pour lame dud' deffunt et de ses amis trépassés et pour se faire led' deffunt a oblige lous heritaiges assis sur lesd'lieus tant que les marguilliers seront tenus pour gerant et la ou lesd' rentes seront rachetez lesdis marguilliers desdis lieus ou leurs successeurs seront tenus remployer les deniers du rachapt en autres rentes bonnes et valables en appelant préalablement deulx ou troys des prochains parens dud' deffunt affin que lesdis services soit dictz par chacun an et continuez à tous jours.

Érection de la croix St Claude.

L'an de grâce 1671, le 16 de Novembre, fut apportée dans l'église de ce lieu de La Norville une
grande croix de bois par les nommés Claude Pillas,
Antoine Rault et Louis Julien demeurant à Chastres,
à la prière et réquisition des quels j'ai icelle croix
bénite, suivant les pouvoirs à moi donnés par
Mgr l'archevêque de Paris en date du 13 du mois de
Novembre, an présent, après laquelle bénédiction
ont icelle croix portée et plantée sur le terroir de
ce lieu au carrefour qui sépare le chemin de Leudeville et celui de Marolles, ce que j'ai inscrit, pour
servir de mémoire à la postérité, les jour, mois et
an sus dits.   DE VALSEMÉ, curé.

(Archives communales.)

Rétablissement de la succursale après le Concordat

*Assemblée du Conseil municipal de La Norville. —
Séance publique du 26 thermidor an XII (24 juillet 1804).*

Le Conseil municipal de la commune de La Norville, canton d'Arpajon, étant assemblé sur la convocation du maire de ladite commune, celui-ci a
donné lecture d'une lettre du conseiller d'État préfet
du département de Seine-et-Oise datée du 16 du
présent mois par laquelle il est demandé au Conseil
s'il y a lieu de supprimer la succursale de la com-

mune et, dans le cas où la suppression serait décidée, de dire à quelle commune le Conseil pense que La Norville devrait être réunie pour le culte. Dans le cas où il y aurait lieu de conserver ladite succursale, la lettre préfectorale demande s'il ne serait pas convenable de réunir à La Norville une ou plusieurs succursales voisines et aussi les raisons qui pourraient déterminer cette réunion.

Ledit Conseil, après avoir délibéré et pris l'avis de chacun de ses membres, a été d'avis de répondre à monsieur le Préfet, sur la première question, qu'il n'y avait pas lieu de supprimer la succursale de La Norville, cette commune, composée de 500 âmes, n'étant voisine d'aucune autre ayant un desservant et ne pouvant être réunie à la commune d'Arpajon, la plus proche, sans les plus grands inconvénients détaillés dans la réponse faite à Monsieur l'évêque de Versailles qui a consulté la commune sur le même objet.

Pour obéir à la demande de monsieur le Préfet, le Conseil a résolu de répondre à la seconde question qu'il n'y avait dans le voisinage de La Norville que deux succursales susceptibles d'être réunies à notre commune; l'une, celle de Guibeville, dont les habitants, avant leur réunion à la commune de Marolles, ont loué des bancs et rendu le pain bénit à La Norville; l'autre, celle de La Bretonnière, dont les habitants ont aussi loué des places dans notre église.

Le Conseil a finalement arrêté de supplier monsieur le Préfet de vouloir bien conserver la succursale de La Norville. Tous les habitants sont fort attachés à leur religion et à son culte, et ils verraient avec la plus grande peine une réunion qui les for-

cerait à s'en éloigner et à ne plus en remplir exactement les devoirs. Fait et arrêté en l'assemblée le
26 thermidor an XII.

> DESBRUÈRES, maire ; RONDIN, ad-
> joint ; DIJON, Pierre AVENARD,
> BOUTELOUP, François PRUNIER,
> BRULÉ, MONTET, CARQUEVILLE,
> HUET, BEDEAU, Laurent AVE-
> NARD, MONTET.

(Archives communales.)

Baillis de La Norville.

DELABARRE, 1610.
VACHER, 1620.
DUPONT, 1636.
Jean LEROY, 1664.
DE SARTES, 1682.
François LEROY, 1698.
DAUTRIVE, 1750.

Maires.

Pierre RENARD, 1790.
Jean GILLET, 1791.
Pierre AVENARD, 1792.
Jacques-Étienne MONTET, 1794.
René-Michel DESBRUÈRES, 1799.
Laurent AVENARD, 1806.
Comte Louis DE Castries, 1813.
Comte Eugène DE CASTRIES, 1817.

Étienne-Albert Dautrive, 1825.
Aubertin Lochard, 1839.
Albert-Aimé Dautrive, 1844.
Aubertin Lochard, 1858.
Charles Lefèvre 1878.

Curés.

Bernard, 1245.
Pierre, 1282.
Martin de Cheriens, 1309.
Nicolas Gouin, 1482.
Nicolas Hersant, 1505.
Mathurin Stable, 1580.
Jean Noblet, 1585.
Thomas Simon, 1587.
Jean Revel, 1611.
Jean Darras, 1619.
Firmin Lemoyne, 1622.
Jean Gomard, 1632.
Jean Lesne, 1635.
Nicolas Auvray, 1636.
Jean Camél, 1646.
René Loppé, 1650.
Sébastien de Valsemé, 1651.
Denis Poulain, 1673.
Noël Le Hée, 1680.
Antoine Goullon, 1686.
Jean-Marie de Villerval, 1726.
François Adam, 1730.
Guillaume Le Chevalier, 1738.
Gabriel Belair de la Chapelle, 1740.
Louis Nicolas Le Conte, 1753.

Jacques OUDET, 1776.
Patrice CALLAN DE CAPRAGH, 1784.
Jacques GUILLAUMEY, 1789-93.
Charles AUBERT, 22 juin 1795.
DE BÉRINGUIER, 1812.
Pierre MARTIN, 1815.
Antoine MEUNIER, 1826.
Jean-Baptiste AGUETTAND, 1848.
Jacques CROZEMARIE, 1857.
Alphonse NENTIEN, 1868.
Eugène GENTY, 1879.

Instituteurs.

Toussaint COURBOYS, 1677.
Claude LOUVAIN, 1685.
Jean GILLETON, 1688.
Simon HOUDIN, 1718.
Jean-Baptiste DE LA CLEF, 1733.
Gabriel AUVERT, 1734.
Hugues POUSSEPIN, 1741.
Louis ONFROY, 1744.
Simon HOUDIN, 1751.
Gabriel DELTON, 1766.
Claude-François GASTEL, 1772.
Pierre PILLON, 1774.
Jean LAHOUSSAYE, 1776.
Pierre-Mathieu CHAUDET, 1779.
Louis BOUDIER, 1784.
Louis-François SARREAU, 1787.
Antoine LAISNÉ, 1790.
Jean-François HARMAND, 1792.
Jacques DELABARRE, 1804.

Antoine FAVEREAU, 1808.
Jean-Baptiste DAVID, 1817.
Charles CHANTOISEAU, 1824.
Antoine FAVRÉ, 1833.
Léon ÉGASSE, 1873.
Claude THOUILLOT, 1875.

IMP. ALPH. LE ROY FILS, RENNES.